Härting
Online-Shops und Startups

Online-Shops und Startups

Plattformen rechtssicher gründen und betreiben

von

Niko Härting

1. Auflage

Zum Autor:

Prof. Niko Härting

befasst sich seit mehr als fünfzehn Jahren mit dem Internetrecht und der anwaltlichen Beratung von Start-Ups. Er ist Gründungspartner von HÄRTING Rechtsanwälte in Berlin und Honorarprofessor an der Hochschule für Wirtschaft und Recht sowie Autor zahlreicher Publikationen zu Rechtsfragen des Internets, des E-Commerce und des Datenschutzes.

www.beck.de

ISBN 978-3-406-69050-1

© 2016 Verlag C.H. Beck oHG
Wilhelmstraße 9, 80801 München

Satz: Fotosatz Buck, Zweikirchener Str. 7, 84036 Kumhausen
Druck: Druckhaus Nomos, In den Lissen 12, 76547 Sinzheim
Umschlaggestaltung: Ralph Zimmermann – Bureau Parapluie
Bildnachweis: ©momius – fotolia.com

Gedruckt auf säurefreiem, alterungsbeständigem Papier
(hergestellt aus chlorfrei gebleichtem Zellstoff)

So nutzen Sie dieses Buch

Um Ihnen das Lesen und Arbeiten mit diesem Buch zu erleichtern, hat der Autor verschiedene Stilelemente verwendet, die Ihnen das schnellere Auffinden bestimmter Texte ermöglichen. So finden Sie die Tipps und Musterformulare sofort.

✔ Hier finden Sie Tipps, Aufzählungen und Checklisten.

 So sind „Merksätze" gekennzeichnet.

🔍 Hier finden Sie Beispiele, die das Beschriebene plastisch erläutern und verständlich machen.

§ Hier finden Sie Definitionen, Rechtsnachweise oder Gesetzestexte.

⊕ Die Zielscheibe kennzeichnet Zusammenfassungen und ein Fazit zum Kapitelende.

Vorwort

Der digitale Wandel und die Start-Up-Landschaft sind Zwillinge. Denn die Digitalisierung und die Plattformisierung erleichtern die Unternehmensgründung. Der Weg zum Kunden ist heute so leicht und direkt wie noch nie. Und der technische Wandel beflügelt die Kreativität der Gründer und ebnet den Weg zu immer neuen Geschäftsmodellen und Geschäftsideen.

Ich habe in den letzten fünfzehn Jahren als Anwalt sowie im Rahmen meiner Lehrtätigkeit und auch im Zusammenhang mit ehrenamtlichen Aktivitäten Hunderte von – oft studentischen oder universitätsnahen – Start-Ups betreut. Die Rechtsfragen, die die Gründer stellen, ändern sich ständig. Im Kern jedoch geht es meist um Fragen des Gesellschaftsrechts und um den Online-Vertrieb mit zahlreichen Facetten. Auch Marken und Domains spielen in der Beratung eine wichtige Rolle.

Mit diesem Buch sollen die meisten Rechtsfragen beantwortet werden, die Unternehmensgründer typischerweise stellen. Dies – hoffentlich – in einer Sprache, die man auch ohne ein Jurastudium verstehen kann.

Das Recht ist für junge Gründer oft ein Dickicht, die Sorge vor versteckten Haftungsfallen groß. Wer dieses Buch zur Hand nimmt, kann sich im Dschungel der Paragraphen ein wenig orientieren, ruhiger schlafen und am nächsten Tag unbesorgt die Arbeit an Ideen, Konzepten und Strategien fortsetzen.

Das Buch ist ein Gemeinschaftswerk meiner Kanzlei. Mein Kollege Stefan Kaske hat gemeinsam mit Lars Thiess maßgeblich an dem Kapitel zum Gesellschaftsrecht mitgewirkt. Bei dem Abschnitt zum

Vorwort

Marken- und Domainrecht hat mich Lasse Junghänel unterstützt. Und bei dem langen Kapitel zum Online-Vertrieb hatte ich das Glück, zwei außerordentlich befähigte studentische Mitarbeiter zu haben, die mir mit mehr als tatkräftiger Hilfe zur Seite stand. Patrick Goessling und Felix Recke bin ich zu besonderem Dank verpflichtet.

Berlin, im Januar 2016   Nico Härting

Inhalt

1. Kapitel: Ein Startup gründen 19
   I. Die Gründung einer Gesellschaft 19
      1. Die Wahl der richtigen Rechtsform 19
         a) Entscheidungskriterien 19
         b) Gesellschaftsformen im Überblick 20
            aa) Personengesellschaften 20
            bb) Kapitalgesellschaften 23
         c) Kapitalgesellschaft vs Personengesellschaft
            (Vor- und Nachteile) 26
         d) Unterschiede zwischen den verschiedenen Kapital-
            gesellschaften 26
      2. Step by Step: Schritte zur Gründung einer GmbH bzw.
         UG (haftungsbeschränkt) 27
         a) Phasen der Gründung und Gesellschafterhaftung
            im Gründungsstadium 27
            aa) Die Vorgründungsgesellschaft 28
            bb) Die Vor-GmbH 29
            cc) Die Entstehung der GmbH durch
                Handelsregistereintragung 30
         b) Der Ablauf der Gründung 31
         c) Der Gesellschaftsvertrag 32
            aa) Regelungen zu Firma und Sitz der Gesell-
                schaft 33
            bb) Regelungen zum Unternehmensgegenstand . 33
            cc) Regelungen zu Stammkapital und Geschäfts-
                anteilen 34
            dd) Regelungen zum Zeitpunkt der Kapitalauf-
                bringung 36

ee) Regelungen zur Geschäftsführung und Vertretung 36
ff) Gesellschafterversammlung und Gesellschafterbeschlüsse 38
gg) Ladungsfristen und -formalien 39
hh) Beschlussfähigkeit der Versammlung; Stimmabgabe durch Vertreter 40
ii) Gesellschafterbeschlüsse 40
jj) Gewinnverwendung und -verteilung 41
kk) Verfügung über Geschäftsanteile 42
ll) Kündigung/Austritt eines Gesellschafters ... 42
mm) Einziehung/Zwangsabtretung von Geschäftsanteilen 43
nn) Abfindungsregelungen 43
oo) Wettbewerbsverbote 44
3. Die Beteiligung von Investoren 44
   a) Gängige Finanzierungsformen 45
      aa) Die stille Gesellschaft 45
      bb) Partiarisches Darlehen 46
      cc) Wandeldarlehen 46
      dd) Die direkte Beteiligung am Stammkapital der Gesellschaft 46
   b) Der Ablauf des Beteiligungsprozesses 47
   c) Der Beteiligungsvertrag und seine (üblichen) Regelungen 48
      aa) Konditionen des Einstiegs 49
      bb) Verwässerungsschutz 50
      cc) Garantien der Gründer 51
      dd) Stimmrechte (Mehrheitserfordernisse und Veto-Rechte) 51
      ee) Berichtspflichten Gründer/Informationsrechte Investoren 51
      ff) Beteiligungen der Gründer/Vesting 52
      gg) Veräußerungsregelungen im Exit-Fall 52
      hh) Exit-/Liquidationspräferenzen 53
   d) Tipps für die Vertragsverhandlungen 54
II. Marken und Domains 54
   1. Die Markenanmeldung 54
      a) Was versteht man unter einer Marke? 55
      b) Markenschutz nur in Deutschland? 58
      c) Die verschiedenen Klassen im Markenrecht 59
      d) Die Unterscheidungskraft des Kennzeichens 60

e)	Recherche nach älteren Kennzeichenrechten	61
f)	Kosten der Markenanmeldung	63
g)	Der Markenschutz	63
2. Domains		63
a)	Vergabeverfahren	64
b)	Registrierung	66
c)	Domainrecht	67
	aa) Prioritätsprinzip	67
	bb) Domain-Grabbing	67
	cc) Marke ./. Domain	68
	dd) Name ./. Domain	70
	ee) Streit unter Gleichnamigen	72

2. Kapitel: Online-Vertrieb 75

I. Die Gestaltung eines Online-Shops 75
  1. Impressum 75
    a) Impressumspflicht und Auffindbarkeit 75
    b) Inhalt des Impressums 77
       aa) Name und Anschrift 78
       bb) Kontaktinformationen 79
       cc) Angabe der Aufsichtsbehörde 79
       dd) Angabe des Registers 80
       ee) Berufsrechtliche Angaben 80
       ff) Umsatzsteuer- und Wirtschafts-
            Identifikationsnummer 81
       gg) Liquidationsvermerk 81
    c) Nichtbeachtung der Impressumspflicht 81
    d) Disclaimer und andere Zusatzangaben 82
  2. AGB und Datenschutzerklärung 82
    a) AGB 82
       aa) Was sind AGB? 82
       bb) Erforderlichkeit von AGB 83
       cc) Einbeziehung von AGB 84
       dd) Inhalt von AGB 87
       ee) Beispiele für unwirksame AGB-Klauseln 87
    b) Datenschutzerklärung 92
       aa) Was sind personenbezogene Daten? 93
       bb) Was bedeutet Verarbeitung und Nutzung von
            Daten? 94
       cc) Welche datenschutzrechtlichen Verpflichtun-
            gen ergeben sich bei der Erhebung, Verarbei-

tung und Nutzung von personenbezogenen
Daten? 96
dd) Gesetzliche Erlaubnistatbestände 96
ee) Bestands- und Nutzungsdaten 96
ff) Inhaltsdaten 97
gg) Einwilligung des Betroffenen 98
hh) Nutzungsprofile, Cookies, IP-Adressen 99
3. Nutzungsbedingungen und Registrierung 103
a) Was sind Nutzungsbedingungen? 103
b) Warum Registrierung? 103
4. Internationalisierung des Shops 107
a) Erweiterung des Kundenkreises 107
b) Rechtswahlklauseln 108
c) Gerichtsstandsklauseln 110
II. Die Gestaltung einer Plattform 111
1. Die Plattform als Geschäftsmodell 112
a) Pflichten des Plattformbetreibers 112
b) Nutzungsbedingungen 113
c) Vergütung 115
d) Sanktionen 116
e) Haftung des Plattformbetreibers 117
2. Die Plattform als Vertriebskanal 118
3. Die Kündigung 119
III. Die Gestaltung einer App 120
1. Der App-Vertrag 121
2. Informations- und Gestaltungspflichten 122
3. Allgemeine Geschäftsbedingungen 127
4. Datenschutzbestimmungen 128
5. Standortdaten 129
IV. Der Vertrag mit dem Kunden 130
1. Übersicht über die Informationspflichten 130
2. Vorvertragliche Pflichtangaben 132
a) Produktbeschreibung (Spezialgesetze und die
wichtigsten Beispiele) 132
aa) Lebensmittel 133
bb) Elektronik 136
cc) Verpackungsverordnung 138
dd) Arzneimittel 139
ee) Bücher 140
ff) Textilien 142
gg) Kosmetik........................... 143
hh) Jugendschutz 145

b)	Preisangaben	147
c)	Mindestlaufzeit von Verträgen/Kündigung	150
d)	Lieferbeschränkungen und -vorbehalte	151
e)	Lieferzeitangabe	152
f)	Angabe der Zahlungsmittel und -bedingungen	155
g)	Information über AGB	156
h)	Kosten für die Verwendung von Kommunikationsmitteln	156
i)	Belehrung über gesetzliche Gewährleistungsrechte	156
j)	Information über Kundendienst und Garantien	157
k)	Informationen über das Widerrufsrecht	157
3.	Nachvertragliche Information	158
4.	Rechtliche Vorgaben beim Bestellprozess	159
	a) Gestaltung des Bestellprozesses	159
	b) Warenkorb	160
	c) Entgeltliche Zusatzleistungen und Nebenleistungen	161
	d) Eingabe der Versandadresse	162
	e) Rechnungsadresse und Zahlungsmittel	162
	f) Bestellübersicht/Kontrollseite	162
	g) Bestellbutton	163
	h) Empfangsbestätigung	164
	i) Annahme des Angebots durch den Händler	165
V.	Die Abwicklung des Vertrages mit dem Kunden	166
1.	Die Lieferung	166
2.	Der Widerruf	167
	a) Wer ist eigentlich Verbraucher?	167
	b) Die Widerrufsbelehrung	169
	c) Die Erklärung des Widerrufs	169
	d) Widerrufsfrist	170
	e) Ausnahmen vom Widerrufsrecht	171
	f) Folgen des Widerrufs	176
	aa) Rücksendung	176
	bb) Rückzahlung	177
	cc) Wertersatz	177
3.	Die Gewährleistung	178
	a) Der Mangel	179
	b) Folgen eines Mangels	180
	aa) Nacherfüllung	180
	bb) Rücktritt	180
	cc) Minderung	181

dd) Schadensersatz 181
c) Verjährung der Gewährleistungsrechte 182
d) Freiwillige Garantieerklärung 182
VI. Einbinden von Inhalten 183
1. Urheberrecht 184
   a) Was ist denn eigentlich Urheberrecht? 184
   b) Was ist durch das Urheberrecht geschützt? 184
      aa) Texte 185
      bb) Bilder und Fotografien 186
      cc) Video 186
      dd) Zeichnungen, Karten, Stadtpläne 187
      ee) Musik 187
      ff) Design 187
      gg) Datenbanken 188
   c) Wer ist Urheber? 188
      aa) Urhebernennung 189
      bb) Öffentliche Zugänglichmachung 189
      cc) Vervielfältigungsrecht 190
      dd) Entstellung, Verfremdung 191
      ee) Bearbeitung 191
   d) Was heißt Zustimmung? 192
      aa) Nutzungsrecht 192
      bb) Einwilligung 192
   e) Zustimmung bei Fotos 193
2. Links, Framing, Embedded Content 195
   a) Links 195
   b) Framing und Embedded Content 196
   c) Gibt es eine Haftung für Links? 196
3. Blogs, Foren und User Generated Content 197
   a) Zu Eigen machen von fremden Inhalten 198
   b) Kenntnis vom Rechtsverstoß 199
   c) Was bedeutet Haftung? 199
VII. Den Online-Shop bewerben 202
1. E-Mail-Werbung 202
   a) Einholen des Einverständnisses 204
   b) Werbung bei bestehenden Kundenbeziehungen .. 208
   c) Empfehlungsmarketing 208
   d) Weitere Formen von E-Mail-Werbung 209
2. Suchmaschinen-Werbung und Suchmaschinen-Optimierung 210
   a) Anzeige in einer Suchmaschine 211
   b) Suchmaschinen-Optimierung 213

3. Andere Formen von Werbung 215
4. Bewertungsportale 216
   a) Aufforderung zu einer Bewertung 216
   b) Beeinflussung von Bewertungen 217
   c) Reaktion auf negative Bewertungen 217
VIII. Abmahnungen verhindern 220
   1. Was sind Abmahnungen? 220
   2. Übliche Abmahnfälle 222
      a) Anbieterkennzeichnung (Impressum) 222
      b) Widerrufsrecht 223
      c) Preisangabe-, Kennzeichnungs- und sonstige
         Informationspflichten 223
      d) Fehlerhafte AGB-Klauseln 224
      e) Sonstige Abmahngründe 224
   3. Was tun bei Abmahnungen? 224
      a) Reaktionsmöglichkeiten 225
      b) Abmahnfrist 225
      c) Rechtmäßigkeit der Abmahnung 226
      d) Die Unterlassungserklärung 226
      e) Muss ich die Kosten des Abmahnenden begleichen? 228
      f) Die Folgen einer Unterlassungserklärung 228
      g) Gerichtlicher Rechtsschutz 229
IX. Muster-Verträge und Erklärungen 230
   1. Allgemeine Geschäftsbedingungen (Online-Shop) ... 230
   2. Datenschutzerklärung 238
   3. Plattform – Nutzungsbedingungen (Beispiel: Social Network) 243

Stichwortverzeichnis 251

Abkürzungsverzeichnis

Abs. .... Absatz
AG .... Aktiengesellschaft, Amtsgericht
AGB .... Allgemeine Geschäftsbedingungen
AMG .... Arzneimittelgesetz
ApoG .... Apothekengesetz
Art. .... Artikel

BDSG .... Bundesdatenschutzgesetz
BGB .... Bürgerliches Gesetzbuch
BGH .... Bundesgerichtshof
B2B .... Business to Business
B2C .... Business to Consumer

dh .... das heißt

EGBGB .... Einführungsgesetz zum Bürgerlichen Gesetzbuch
EU .... Europäische Union
EuGH .... Gerichtshof der Europäischen Union
EuGVVO .... Verordnung des Rates über die gerichtliche Zuständigkeit und die Anerkennung und Vollstreckung von Entscheidungen in Zivil- und Handelssachen

GbR .... Gesellschaft bürgerlichen Rechts
GEMA .... Gesellschaft für musikalische Aufführungs- und mechanische Vervielfältigungsrechte
ggf. .... gegebenenfalls
GmbH .... Gesellschaft mit beschränkter Haftung

Abkürzungsverzeichnis

HGB .... Handelsgesetzbuch
HWG .... Heilmittelwerbegesetz

iSd .... im Sinne des
iVm .... in Verbindung mit

JuSchG .... Jugendschutzgesetz

KG .... Kommanditgesellschaft
KUG .... Kunsturhebergesetz

LG .... Landgericht
LMIV .... Lebensmittel-Informationsverordnung

OHG .... Offene Handelsgesellschaft
OLG .... Oberlandesgericht

PAngV .... Preisangabenverordnung
ProdHaftG ...... Produkthaftungsgesetz

ROM-I VO .... Verordnung (EG) Nr. 593/2008 des Europäischen Parlaments und des Rates über das auf vertragliche Schuldverhältnisse anzuwendende Recht
RVG .... Rechtsanwaltsvergütungsgesetz

StGB .... Strafgesetzbuch

TMG .... Telemediengesetz

ua .... unter anderem
UrhG .... Urhebergesetz
UWG .... Gesetz gegen den unlauteren Wettbewerb

zB .... zum Beispiel

1. Kapitel

Ein Startup gründen

I. Die Gründung einer Gesellschaft

Nach der Idee kommt die Umsetzung. Wer seine eigene Online-Plattform aufbauen und damit am Wirtschaftsverkehr teilnehmen möchte, wird an die Gründung eines Unternehmens denken.

Bei Startup-Unternehmen sind die Gestaltungsmöglichkeiten zunächst groß und eine Gesellschaftsgründung nach den individuellen Bedürfnissen und Voraussetzungen möglich. Dies bedeutet aber auch, dass schon bei der Gründung viele Details (auch zukünftige Erwartungen) beachtet werden sollten, um den besten Start in die unternehmerische Tätigkeit hinzulegen und um nicht später an kleinen Problemen zu verzweifeln.

1. Die Wahl der richtigen Rechtsform

Am Anfang einer Unternehmensgründung steht zunächst immer die Wahl der Rechtsform. Gerade die Fülle der verschiedenen Gesellschaftsformen zeigt, dass jedes Geschäftsmodell auf verschiedene Arten vorangetrieben werden kann. Dabei haben die verschiedenen Gesellschaftsformen jeweils Vor- und Nachteile.

a) Entscheidungskriterien

Welche Rechtsform für ein Startup-Unternehmen die richtige ist, hängt von den Umständen des Einzelfalls ab, wobei sich gewisse Faktoren zur Entscheidungsfindung herauskristallisieren lassen.

1. Kapitel Ein Startup gründen

Entscheidungskriterien sind insbesondere
- die finanziellen Voraussetzungen der Gründer
- der Finanzbedarf und die (zukünftig angestrebten) Finanzierungsmöglichkeiten des Unternehmens
- Haftungsgesichtspunkte
- die Gestaltung von Entscheidungsprozessen innerhalb der Gesellschaft
- die Gründungskosten und der laufende administrative Aufwand
- die Außenwirkung gegenüber Geschäftspartnern/Dritten
- Fragen des IP-Managements (Marken, Patente, Urheberrechte etc.)
- die Beteiligungs- und Exit-Möglichkeiten für Investoren
- steuerrechtliche Aspekte

b) Gesellschaftsformen im Überblick

Die Wahl der „richtigen" Gesellschaftsform orientiert sich zweckmäßigerweise an den vorgenannten Entscheidungskriterien und ist davon abhängig, welche Bedeutung die Gründer den einzelnen Faktoren für ihr Gründungsvorhaben und die daran anknüpfende unternehmerische Tätigkeit beimessen.

Von ihrer typologischen Klassifizierung und Funktionsweise lassen sich drei Gesellschaftsarten unterscheiden, nämlich

- **Personengesellschaften**, zB GbR, OHG und KG
- **Kapitalgesellschaften**, zB AG, GmbH und UG (haftungsbeschränkt)
- **Mischformen**, zB GmbH & Co. KG und KGaA

Zur Einordnung dazu der nachstehende Überblick mit den wesentlichen Merkmalen der verschiedenen Gesellschaftsformen:

aa) Personengesellschaften

Personengesellschaften bestehen immer aus mehreren (mindestens zwei) Personen und zeichnen sich dadurch aus, dass bei ihnen die beteiligten Gesellschafter im Mittelpunkt stehen. Der Zusammen-

I. Die Gründung einer Gesellschaft

schluss beruht auf dem persönlichen Vertrauen der einzelnen Gesellschafter und ist grundsätzlich von der Zusammensetzung des Personenkreises der Gesellschafter abhängig.

Die Personengesellschaft wird gegenüber anderen Rechtsteilnehmern durch ihre Gesellschafter vertreten. Gegenüber den Gläubigern der Gesellschaft haften die Gesellschafter einer Personengesellschaft grundsätzlich auch mit ihrem Privatvermögen und zwar in vollem Umfang. Eine Ausnahme bildet der Kommanditist bei der Kommanditgesellschaft, dessen Haftung auf die im Handelsregister eingetragene Haftungssumme beschränkt ist.

Personengesellschaften sind keine juristischen Personen, wie es die Kapitalgesellschaften sind, ihnen jedoch angenähert. Als Personenvereinigung sind Personengesellschaften mit der Fähigkeit ausgestattet, Rechte zu erwerben und Verbindlichkeiten einzugehen (§ 14 BGB). Als solche nimmt die Personengesellschaft als eigene Rechtspersönlichkeit am Rechtsverkehr teil und kann im eigenen Namen klagen bzw. verklagt werden.

Die GbR

Die wohl bekannteste Personengesellschaft ist die Gesellschaft bürgerlichen Rechts (GbR oder auch BGB-Gesellschaft). Sie entsteht durch einen Gesellschaftsvertrag, indem sich mehrere Personen (die Gesellschafter) dazu verpflichten, die Erreichung eines gemeinsamen Zwecks durch gegenseitige Leistung zu fördern (§ 705 BGB).

> An den Gesellschaftsvertrag stellt das Gesetz keine formalen Anforderungen, weshalb auch ein stillschweigender oder mündlicher Vertragsschluss genügen kann, soweit er kein formbedürftiges Leistungsversprechen (zB die Einbringung eines Grundstücks) enthält. Dennoch ist unbedingt die Abfassung eines schriftlichen Vertrages zu empfehlen. Zum einen zu Nachweiszwecken, zum anderen, weil naturgemäß individuelle Regelungen notwendig sind, die eine dezidierte vertragliche Ausgestaltung erfordern.

Die gesetzliche Regelung des § 709 Abs. 1 BGB sieht vor, dass die GbR von allen Gesellschaftern gemeinsam geführt wird. Dieser sogenannte Grundsatz der Gesamtgeschäftsführung kann im Gesellschaftsvertrag abbedungen und die Geschäftsführungsbefugnis einem Gesellschafter oder einer Gruppe von Gesellschaftern übertragen werden (§§ 709 Abs. 2, 710, 711 BGB).

Von der Geschäftsführung (im Innenverhältnis) ist die Vertretungsbefugnis im Außenverhältnis zu unterscheiden. Die Befugnis, im Namen der Gesellschaft mit Wirkung für und gegen alle Gesellschafter, Rechtsgeschäfte abzuschließen, steht nach den §§ 714, 709 BGB den geschäftsführenden Gesellschaftern gemeinsam zu (Gesamtvertretung). Abweichendes kann im Gesellschaftsvertrag vereinbart werden.

Nicht beschränken lässt sich hingegen im Gesellschaftsvertrag die Haftung der GbR-Gesellschafter für Verbindlichkeiten der Gesellschaft. Nach der Rechtsprechung des BGH (Urteil vom 27.9.1999 – II ZR 371/98) lässt sich eine Begrenzung der Haftung auf das Gesellschaftsvermögen nur durch eine ausdrückliche individuelle Vereinbarung mit dem Geschäftspartner erreichen. In der Praxis bedeutet dies regelmäßig, dass jeder GbR-Gesellschafter auch mit seinem gesamten Privatvermögen für die Verbindlichkeiten der GbR haftet.

Die OHG

Die offene Handelsgesellschaft ist ähnlich der GbR eine Personengesellschaft, in der sich mehrere – natürliche und/oder juristische – Personen zur Erfüllung eines gemeinsamen Zwecks zusammenschließen. Anders als bei der GbR muss nach § 105 Abs. 1 HGB dieser Zweck jedoch im Betrieb eines Handelsgewerbes unter einer gemeinschaftlichen Firma liegen.

§ *Handelsgewerbe* ist jeder Gewerbebetrieb, es sei denn, dass das Unternehmen nach Art oder Umfang einen in kaufmännischer Weise eingerichteten Geschäftsbetrieb nicht erfordert, § 1 Abs. 2 HGB).

§ Die **Firma** eines Kaufmanns ist der Name, unter dem er seine Geschäfte betreibt und die Unterschrift abgibt (§ 17 Abs. 1 HGB).

Genau wie die GbR entsteht die OHG durch Abschluss eines Gesellschaftsvertrages. Sie entfaltet Ihre Wirkung zur Wirtschaftswelt mit der Eintragung in das Handelsregister oder mit Aufnahme ihrer Geschäftstätigkeit vor der Handelsregistereintragung (§ 123 Abs. 1 und 2 HGB). Zur Vertretung der OHG nach außen ist jeder Gesellschafter einzeln berechtigt, wenn seine Vertretungsmacht nicht im Gesellschaftsvertrag abweichend geregelt ist (§ 125 HGB).

I. Die Gründung einer Gesellschaft

Für die Verbindlichkeiten der OHG haftet neben der Gesellschaft (§ 124 Abs. 1 HGB) auch jeder Gesellschafter nach den §§ 128, 124 Abs. 1 HGB persönlich und unbeschränkt mit seinem Privatvermögen.

Die KG

Für die Kommanditgesellschaft gelten die Ausführungen zur OHG entsprechend, mit einem Unterschied:

Bei einem oder mehreren Gesellschaftern (den Kommanditisten) ist die Haftung auf die in das Handelsregister eingetragene Hafteinlage beschränkt (§ 171 Abs. 1 Hs. 2 HGB). Mindestens ein Gesellschafter der KG (der Komplementär) haftet hingegen persönlich mit seinem gesamten Vermögen für die Verbindlichkeiten der Gesellschaft.

In der Praxis häufig anzutreffen ist die Konstellation, dass der persönlich und unbegrenzt haftende Gesellschafter (Komplementär) keine natürliche Person, sondern eine haftungsbeschränkte Kapitalgesellschaft (zB GmbH) ist. Ziel dieser Konstruktion ist es, Haftungsrisiken für die hinter der Gesellschaft stehenden Personen auszuschließen bzw. zu begrenzen. Klassisches Beispiel für eine solche gesellschaftsrechtliche Mischform ist die GmbH & Co. KG, bei welcher die GmbH die Funktion des Komplementärs innehat.

bb) Kapitalgesellschaften

Im Gegensatz zu den Personengesellschaften sind Kapitalgesellschaften nicht durch die persönliche Verbindung der Gesellschafter geprägt, sondern durch das eingebrachte Kapital. Während bei der Personengesellschaft – vorbehaltlich abweichender Regelungen im Gesellschaftsvertrag – jeder Gesellschafter bei internen Entscheidungen eine Stimme hat und jede Stimme gleiches Gewicht hat, hängt die Anzahl der Stimmen des Kapitalgesellschafters grundsätzlich von der Summe des Geldes ab, das er in die Gesellschaft einbringt.

> **i** Im Rahmen von Kapitalgesellschaften beschränkt sich die Haftung der Gesellschafter grundsätzlich auf die Einlageverpflichtung. Eine darüber hinausgehende Haftung – etwa mit dem Privatvermögen – für Verbindlichkeiten der Gesellschaft besteht grundsätzlich nicht.

Die AG

Die Aktiengesellschaft (AG) zählt zu den weit verbreiteten Kapitalgesellschaften in Deutschland. Als Unternehmensform wird sie häufig von Wirtschaftsunternehmen mit großem Kapitalbedarf gewählt.

Als juristische Person des Privatrechts ist die AG rechtsfähig, also selbst Träger von Rechten und Pflichten. Anders als bei den Personengesellschaften haftet bei der AG allein das Gesellschaftsvermögen für die Gesellschaftsverbindlichkeiten (§ 1 Abs. 1 Satz 2 AktG).

> **Tipp!**
> Das Mindestgrundkapital der AG beträgt 50.000 EUR. Die Gründung der Gesellschaft ist auch mit nur einem Gesellschafter möglich.

Als Organe der AG fungieren der Vorstand, der Aufsichtsrat sowie die Hauptversammlung der Aktionäre. Der Vorstand ist unter anderem für die Geschäftsführung und Vertretung der Gesellschaft sowie die Einberufung der Hauptversammlung mit allen Aktionären zuständig. Er wird vom Aufsichtsrat bestellt und überwacht. Der Aufsichtsrat hat keine selbständige Geschäftsführungsbefugnis, sondern ist lediglich eine Kontrollinstanz. Satzungsänderungen, Kapitalerhöhungen und sonstige Gesellschafterbeschlüsse können nur durch die Aktionäre in der Hauptversammlung beschlossen werden.

Die GmbH

Die bekannteste und häufigste Gesellschaftsform in Deutschland ist ohne Zweifel die GmbH. Sie ist bei kleinen und mittelständischen Unternehmen sowie Startups überaus beliebt. Das hat Gründe:

Eine GmbH kann zu jedem gesetzlich zulässigen Zweck durch eine oder mehrere Personen errichtet werden, § 1 GmbHG. Eine Gründung ist bereits mit einem Stammkapital von 25.000 EUR möglich (wobei bei Gründung nur das hälftige Stammkapital tatsächlich eingezahlt werden muss). Als Organe der GmbH fungieren der Geschäftsführer und die Gesellschafterversammlung. Ein Aufsichtsrat muss – ausnahmsweise – nur gebildet werden, wenn die GmbH mehr als 500 Arbeitnehmer beschäftigt.

Die Gesellschafterversammlung beschließt über alle Angelegenheiten, die ihr durch Gesetz (§ 46 GmbHG) oder aufgrund des Gesellschaftsvertrages zugewiesen sind. Die Geschäftsführung und Vertretung der Gesellschaft erfolgt durch den/die Geschäftsführer. Im Außenverhältnis (dh gegenüber Dritten) ist die Vertretungsbefugnis des Geschäftsführers nicht beschränkbar.

> **Tipp!**
> Der Aufwand für die Gründung und der laufende administrative Aufwand sind bei der GmbH zwar etwas höher als bei den Personengesellschaften. Auch stellt das GmbH-Gesetz höhere formale Anforderungen an Form und Inhalt des Gesellschaftsvertrags oder die Übertragung von GmbH-Anteilen (jeweils notarielle Beurkundung erforderlich). Dafür haftet – im Gegensatz zu den Personengesellschaften – für die Verbindlichkeiten der GmbH nur das Gesellschaftsvermögen (§ 13 Abs. 2 GmbHG).

Die UG (haftungsbeschränkt)

Der „kleine Bruder" der GmbH ist die Unternehmergesellschaft (haftungsbeschränkt) oder auch Mini-GmbH genannt. Die Unterschiede zur „normalen" GmbH ergeben sich aus § 5a GmbHG:

- Stammkapital unterhalb 25.000 EUR (ab 1 EUR)
- Stammkapital muss bei Gründung voll eingezahlt werden
- keine Sacheinlagen möglich
- zwingender Rechtsformzusatz: „Unternehmergesellschaft (haftungsbeschränkt)" oder „UG (haftungsbeschränkt)"
- keine volle Gewinnausschüttung, sondern gesetzliche Verpflichtung zur Rücklagenbildung (jeweils ¼ des Jahresüberschusses)
- Pflicht des Geschäftsführers zur Einberufung der Gesellschafterversammlung bereits bei drohender Zahlungsunfähigkeit (§ 18 InsO)

Diese Sonderregelungen entfallen erst, wenn das Stammkapital der Unternehmergesellschaft auf mindestens 25.000 EUR heraufgesetzt worden ist, sei es im Wege der Kapitalerhöhung aus Gesellschaftsmitteln unter Verwendung der Rücklage oder durch weitere Einlagen der Gesellschafter.

1. Kapitel Ein Startup gründen

c) Kapitalgesellschaft vs Personengesellschaft (Vor- und Nachteile)

Personengesellschaften lassen sich in der Regel unproblematischer gründen (kein Mindestkapital oder Beurkundung des Gesellschaftsvertrages erforderlich) und zeichnen sich auch im laufenden Geschäftsbetrieb durch ein einfacheres Handling aus (keine Bilanzierungs- und Veröffentlichungspflichten). Diesen (vermeintlichen) Vorteilen stehen aber zumeist erhebliche **Nachteile der Personengesellschaft** gegenüber, insbesondere die folgenden Aspekte:

- die persönliche und unbeschränkte Haftung der Gesellschafter mit dem Privatvermögen

- die in der Regel – wegen der fehlenden Transparenz und den Haftungsrisiken – abgeschnittene Möglichkeit der (späteren) Beteiligung von Investoren bzw. der Kapitalaufnahme bei VC (Venture Capital)-Gebern

Tipp!
Die bessere Alternative – vor allem für Startups – stellt deshalb im Normalfall die Gründung einer Kapitalgesellschaft dar. Die **Vorteile der Kapitalgesellschaft** liegen auf der Hand:

- die Gesellschaft besitzt eine eigene Rechtspersönlichkeit (juristische Person)

- keine persönliche Haftung der Gesellschafter

- Aufbringung eines Mindestkapitals (das unmittelbar als working capital zur Verfügung steht)

- Beteiligung von Investoren problemlos möglich

- Fremdgeschäftsführung durch externen Dritten möglich

d) Unterschiede zwischen den verschiedenen Kapitalgesellschaften

Hat man als Startup-Gründer einmal die grundsätzliche Entscheidung für eine Kapitalgesellschaft getroffen, steht man vor der Wahl, ob man eine AG, GmbH oder UG (haftungsbeschränkt) als Unternehmensträger etabliert.

I. Die Gründung einer Gesellschaft

Die Entscheidungsfindung hängt von verschiedenen Faktoren und den individuellen Anforderungen ab, wobei insbesondere folgende Punkte zu berücksichtigen sind:

- Mindeststammkapital:

AG	50.000 EUR
GmbH	25.000 EUR
UG (haftungsbeschränkt)	1 EUR

- AG – erfordert zwingend einen Aufsichtsrat von mindestens 3 Personen
- GmbH/UG im Vergleich zur AG etwas weniger formalistisch
- Anteilsübertragung bei der AG durch einfachen Vertrag möglich (bei GmbH und UG notarielle Beurkundung erforderlich)
- soweit Börsen-Exit/IPO beabsichtigt, wird hierzu Rechtsform der AG benötigt (diese kann aber ggf. auch zu einem späteren Zeitpunkt durch formwechselnde Umwandlung hergestellt werden)

In der Praxis entscheidet sich der weit überwiegende Teil der Startup-Gründer (über 90 %) für die Rechtsform der GmbH bzw. Mini-GmbH in Form der UG (haftungsbeschränkt). Vor diesem Hintergrund konzentrieren sich die nachfolgenden Betrachtungen auf den – in der Praxis häufigsten – Fall der GmbH-Gründung.

2. Step by Step: Schritte zur Gründung einer GmbH bzw. UG (haftungsbeschränkt)

Die Schritte zur Gründung einer GmbH folgen einem schematischen Ablauf. Der Ablauf gilt im Wesentlichen auch für die UG (haftungsbeschränkt), auf die grundsätzlich dieselben Bestimmungen anwendbar sind.

a) Phasen der Gründung und Gesellschafterhaftung im Gründungsstadium

Die Gründung der GmbH vollzieht sich in mehreren Phasen, als Gesellschaft entsteht sie erst mit der Eintragung im Handelsregister (§ 11 Abs. 1 GmbHG).

aa) Die Vorgründungsgesellschaft

Bis zum Abschluss des notariellen Gesellschaftsvertrages besteht eine sogenannte Vorgründungsgesellschaft, die durch eine formlose Gründungsabsprache der Gesellschafter entsteht und in deren Rahmen häufig bereits entsprechende Verabredungen im Hinblick auf das Ziel und die Struktur der Gesellschaft getroffen werden.

> Für eine Vorgründungsgesellschaft reicht noch nicht die bloße Intention einer gemeinsamen Gesellschaftsgründung. Die späteren Gesellschafter müssen vielmehr mit Rechtsbindungswillen die Entstehung eines gemeinsamen Unternehmens herbeiführen wollen. Dies ist grundsätzlich der Fall, sobald die Verhandlungen über die Gründung der GmbH ihren unverbindlichen Charakter verloren haben und zum Beispiel Vereinbarungen über den Zweck und die Höhe des Stammkapitals getroffen werden.

Haftung der Gesellschafter einer Vorgründungsgesellschaft

Bei der Vorgründungsgesellschaft handelt es sich in der Regel um eine Gesellschaft bürgerlichen Rechts, deren Zweck die Vorbereitung der GmbH-Gründung ist. Die entstandene GbR hat rechtlich mit der späteren GmbH jedoch nichts gemeinsam. Sie ist eine normale GbR oder OHG (sofern ein Handelsgewerbe betrieben wird), bei der die Gesellschafter unbeschränkt und persönlich für alle Verbindlichkeiten der Gesellschaft haften. Das GmbH-Recht findet noch keine Anwendung. Dies hat auch zur Folge, dass alle erworbenen Rechte und Pflichten der Vorgesellschaft nicht automatisch auf die Vor-GmbH oder die spätere GmbH übergehen.

> Mit der Vorgründungsgesellschaft entsteht nur eine herkömmliche GbR oder OHG, auf die **nicht** bereits die späteren Haftungsprivilegien der GmbH Anwendung finden. Für unternehmensbezogene Geschäfte, die in dieser Phase abgeschlossen werden, haften die Gründer grundsätzlich in vollem Umfang persönlich.

Tipp!
Um eine persönliche Haftung der Gründer für die bereits in der Vorgründungsphase eingegangenen Verbindlichkeiten zu vermeiden, kann nach der Entstehung der Vor-GmbH bzw. Eintragung der GmbH eine befreiende Schuldübernahme (§ 414 BGB) mit der

ered werden.

Vor-GmbH/GmbH – mit Einwilligung des jeweiligen Gläubigers – vereinbart werden.

bb) Die Vor-GmbH

Mit dem Abschluss des notariellen Gesellschaftsvertrages (§ 2 ff. GmbHG) beginnt die zweite Gründungsphase. Es entsteht eine Vorgesellschaft, die sogenannte „Vor-GmbH" oder auch GmbH in Gründung (GmbH i.G.). Die Vor-GmbH ist ein Zwischenstadium bis zur Eintragung der Gesellschaft im Handelsregister. Erst dann entsteht die „richtige" GmbH als juristische Person.

> Die Vor-GmbH ist eine Personenvereinigung eigener Art. Sie kann Träger von Rechten und Pflichten sein und ist unbeschränkt handlungsfähig (dh sie kann zB ein Bankkonto eröffnen oder in das Grundbuch eingetragen werden). Auf die Vor-GmbH finden bereits die Regeln des GmbH-Rechts Anwendung, soweit diese Regeln nicht die Eintragung in das Handelsregister voraussetzen.

Haftung der Gesellschafter einer Vor-GmbH

Nach dem Abschluss des Gesellschaftsvertrages und vor Eintragung der Gesellschaft in das Handelsregister, also in der Phase der Vor-GmbH, ist es oft unvermeidbar, dass die Gründungsgesellschafter Verträge mit Dritten schließen oder andere Rechtsgeschäfte durchführen, die entweder im Zusammenhang mit der Entstehung der Gesellschaft oder dem späteren Geschäft der GmbH stehen.

Wer vor der Eintragung der GmbH Verträge für die GmbH abschließt, haftet unbeschränkt mit seinem Privatvermögen, § 11 Abs. 2 GmbHG. Diese Haftung betrifft jedoch nur den handelnden Geschäftsführer bzw. Personen, die als Geschäftsführer auftreten (Handelndenhaftung). Gesellschafter, die nicht selbst gehandelt haben, jedoch der Handlung zugestimmt haben, fallen nicht unter § 11 Abs. 2 GmbHG (BGH Urteil vom 26.1.1967 – II ZR 122/64). Mit Eintragung der GmbH entfällt die persönliche Handelndenhaftung, soweit die für die Gesellschaft getätigten Geschäfte mit Ermächtigung aller Gründer abgeschlossen wurden (BGH Urteil vom 16.3.1981 – II ZR 59/80).

Neben die Handelndenhaftung tritt die Verpflichtung der Gesellschafter, alle bis zu der Entstehung der GmbH (durch Handelsregistereintragung) eingetretenen Verluste im Verhältnis ihrer Kapitalanteile auszugleichen. Bis zur Eintragung der GmbH besteht diese Haftung unbeschränkt (Verlustdeckungshaftung). Nach erfolgter Eintragung beschränkt sich die Haftung auf die Differenz zwischen dem Stammkapital und dem Wert des Gesellschaftsvermögens zum Zeitpunkt der Eintragung (Vorbelastungshaftung). Verlustdeckungs- und Vorbelastungshaftung der Gesellschafter bestehen nur im Innenverhältnis gegenüber der Vor-GmbH (nicht gegenüber den Vertragspartnern der Vor-GmbH).

Auch in der Vor-GmbH haftet grundsätzlich die Gesellschaft für alle Verbindlichkeiten mit dem Gesellschaftsvermögen. Daneben haftet der handelnde Geschäftsführer unbeschränkt mit seinem Privatvermögen. Die übrigen Gesellschafter sind im Innenverhältnis zur Verlustdeckung entsprechend ihrer Kapitalanteile verpflichtet, wobei die Haftung – nach erfolgter Eintragung – auf die Höhe des Stammkapitals begrenzt ist.

Tipp!
Es ist ratsam, die Phase der Vor-GmbH mit der Eintragung der GmbH in das Handelsregister zügig abzuschließen, um die Haftungsrisiken für Geschäftsführer und Gesellschafter zu minimieren. Mit Hilfe des Notars sollte der Geschäftsführer die Eintragung in das Handelsregister gleich nach Unterzeichnung des notariellen Gesellschaftsvertrages beim Registergericht beantragen.

cc) Die Entstehung der GmbH durch Handelsregistereintragung

Mit der Eintragung in das Handelsregister wird die Vor-GmbH zur richtigen GmbH. Das Gesellschaftsvermögen geht mit allen für die Vorgesellschaft begründeten Rechten und Verbindlichkeiten auf die GmbH über. Das geschieht im Wege der Gesamtrechtsnachfolge, ohne dass es einer besonderen Übertragung des Aktivvermögens oder einer Übernahme der Verbindlichkeiten bedarf.

Haftung der GmbH-Gesellschafter

Mit Eintragung/Entstehung der GmbH erlischt die Handelndenhaftung gemäß § 11 Abs. 2 GmbHG. Für die durch die Vor-GmbH bereits begründeten Verbindlichkeiten haftet den Gläubigern nur noch das Gesellschaftsvermögen (§ 13 Abs. 2 GmbHG).

Die Gesellschafter selbst unterliegen – im Außenverhältnis – grundsätzlich keiner Haftung mehr. Allenfalls im Innenverhältnis (dh gegenüber der Gesellschaft) kann unter dem Gesichtspunkt des Vorbelastungsverbotes eine Haftung für das vor Eintragung durch Aufnahme des Geschäftsbetrieb verlorene Stammkapital bestehen (siehe oben die Ausführungen zur Vorbelastungshaftung).

Außerdem greift eine Innenhaftung im Ausnahmefall des § 9a GmbHG ein. Danach haften die Gesellschafter und Geschäftsführer der Gesellschaft als Gesamtschuldner, wenn sie zum Zweck der Errichtung der Gesellschaft falsche Angaben zur Einlagenleistung gemacht haben.

b) Der Ablauf der Gründung

Die Gründung der GmbH vollzieht sich in einer **Gründungsversammlung**, welche regelmäßig zwei Themen zum Gegenstand hat:

- die notarielle Beurkundung des Gesellschaftsvertrages
- die Bestellung der ersten Geschäftsführer und Festlegung ihrer Vertretungsbefugnisse

Sofern nicht ausschließlich Bareinlagen geleistet werden, sind **bei einer Sachgründung zusätzlich erforderlich:**

- Verträge über die Einbringung der Sacheinlage
- Nachweise über die Wertigkeit der Sacheinlage
- Sachgründungsbericht der Gesellschafter

Die Eintragung der GmbH im Handelsregister erfolgt auf Grundlage einer entsprechenden Anmeldung durch sämtliche Geschäftsführer. Die Anmeldung darf erst erfolgen, wenn auf jeden Geschäftsanteil, soweit nicht Sacheinlagen vereinbart sind, mindestens ein Viertel des Nennbetrags auf dem Konto der Gesellschaft eingegangen ist, § 7 Abs. 2 Satz 1 GmbHG. Der Gesamtbetrag der erbrachten Bareinlagen zuzüglich der Sacheinlagen muss jedoch mindestens 12.500 EUR erreichen (§ 7 Abs. 2 Satz 2 GmbHG).

Die **Handelsregisteranmeldung** ist notariell zu beglaubigen. Im Rahmen der Anmeldung sind eine inländische Geschäftsanschrift sowie die Art und der Umfang der Vertretungsbefugnis der Geschäftsführer anzugeben (§ 8 Abs. 4 GmbHG).

Mit der Handelsregisteranmeldung sind die in § 8 Abs. 1 GmbHG genannten – in der nachstehenden Checkliste aufgeführten – Unterlagen einzureichen.

Der Handelsregisteranmeldung sind beizufügen:

☐ der Gesellschaftsvertrag oder eine beglaubigte Abschrift;

☐ die Legitimation der Geschäftsführer, sofern diese nicht im Gesellschaftsvertrag bestellt worden sind;

☐ eine von den Anmeldenden unterschriebene Liste der Gesellschafter, aus welcher Name, Vorname, Geburtsdatum und Wohnort der Gesellschafter sowie die Nennbeträge und die laufenden Nummern der von einem jeden derselben übernommenen Geschäftsanteile ersichtlich sind;

☐ bei Sachgründungen die Vereinbarung(en) über die Einbringung der Sacheinlage(n), Nachweise über die Wertigkeit der Sacheinlage(n) sowie der entsprechende Sachgründungsbericht der Gesellschafter.

c) Der Gesellschaftsvertrag

Der Gesellschaftsvertrag ist Grundlage und „Herzstück" der Zusammenarbeit zwischen den Gesellschaftern. Das Gesetz stellt in § 3 GmbHG nur wenige zwingende Anforderungen an den Inhalt des Gesellschaftsvertrages **(Pflichtinhalte).**

Die Gesellschafter müssen sich jedenfalls einigen über:

☐ die Firma und den Sitz der Gesellschaft

☐ den Gegenstand des Unternehmens

☐ den Betrag des Stammkapitals

☐ die Zahl und die Nennbeträge der Geschäftsanteile, die jeder Gesellschafter gegen Einlage auf das Stammkapital (Stammeinlage) übernimmt.

aa) Regelungen zu Firma und Sitz der Gesellschaft

Die Firma ist der Name der Gesellschaft und muss gemäß § 4 GmbHG die Bezeichnung „Gesellschaft mit beschränkter Haftung" oder eine allgemein verständliche Abkürzung dieser Bezeichnung (zB GmbH) enthalten. Im Übrigen steht der GmbH die Wahl des Gesellschaftsnamens grundsätzlich frei. Neben einer Personen-, Sach- oder Mischfirma kann daher auch ein Fantasiename gewählt werden, solange der Name zur Kennzeichnung und Unterscheidung im Rechtsverkehr geeignet ist und nicht gegen das Irreführungsverbot verstößt (§ 18 HGB).

Der Sitz einer Gesellschaft ist meist der Ort, an dem die Gesellschaft ihrer Tätigkeit nachgeht oder an dem die Geschäftsleitung oder Verwaltung ansässig ist. Es ist zulässig, dass Satzungssitz und Verwaltungssitz auseinanderfallen. Der Satzungssitz kann jedoch nur ein Ort in Deutschland sein.

> Mehrere Personen beschließen, ein Startup-Unternehmen in Form einer GmbH zu gründen. Das Startup möchte vegetarische Rezepte und Produkte online vertreiben. Die Gesellschafter schließen einen Gesellschaftsvertrag. Die Firma der Gesellschaft soll VEGGI GmbH lauten. Die Gesellschaft sitzt in Berlin.

bb) Regelungen zum Unternehmensgegenstand

Der Unternehmensgegenstand bezeichnet den Bereich und die Art der Betätigung der Gesellschaft. Er kann sowohl wirtschaftlich als auch nicht-wirtschaftlich (ideell) sein. Eine unzureichende Individualisierung des Gegenstandes ist ein Eintragungshindernis für das Handelsregister, § 9c Abs. 2 Nr. 1 GmbHG.

> Die Angabe des Unternehmensgegenstands dient dem Schutz der Gesellschafter und der Information der Öffentlichkeit. Sie legt die Tätigkeit der Gesellschaft auf einen bestimmten Geschäftsbereich fest. Nach außen hin soll der Schwerpunkt der Geschäftstätigkeit hinreichend erkennbar werden.

Zwar ist die Vertretungsmacht des Geschäftsführers nach außen hin durch den Unternehmensgegenstand nicht beschränkt. Im Innenverhältnis ist der Geschäftsführer gegenüber den Gesellschaftern jedoch dazu verpflichtet, die sich aus dem Unternehmensgegenstand ergebenden Beschränkungen einzuhalten (§ 37 Abs. 1 GmbHG). Ansonsten kann er sich schadensersatzpflichtig machen.

Gegenstand des Unternehmens VEGGI ist der Betrieb einer Online-Plattform zur Information der Verbraucher über die vegetarische Küche und der Vertrieb von vegetarischen Produkten. Die Gesellschaft darf alle Geschäfte betreiben, die geeignet sind, diesen Unternehmensgegenstand zu fördern.

cc) Regelungen zu Stammkapital und Geschäftsanteilen

Das Stammkapital der GmbH muss mindestens 25.000 EUR betragen (§ 5 Abs. 1 GmbHG), wobei vor der Anmeldung zur Eintragung in das Handelsregister jeder Gesellschafter mindestens ein Viertel seines Nennbetrages und alle Gesellschafter zusammen mindestens 12.500 EUR einbezahlt haben müssen, § 7 Abs. 2 GmbHG. Ein Gesellschafter kann auch mehrere Geschäftsanteile übernehmen (§ 5 Abs. 2 Satz 2 GmbHG).

Statt der Einlage von (Bar-)Geld kann vereinbart werden, dass ein Gesellschafter Sachgegenstände als Einlage in die Gesellschaft einbringt (Sacheinlage). Sollen Sacheinlagen geleistet werden, so müssen im Gesellschaftsvertrag der Gegenstand der Sacheinlage und der Nennbetrag des Geschäftsanteils, auf den sich die Sacheinlage bezieht, festgesetzt sein (§ 5 Abs. 4 Satz 1 GmbHG). Es muss somit im Vorfeld ermittelt und festgelegt werden, welchen Wert die Sacheinlage hat. Zudem ist ein Sachgründungsbericht nach § 5 Abs. 4 Satz 2 GmbHG zu erstellen. Alle Sacheinlagen sind vor der Anmeldung der Gesellschaft vollständig zu bewirken, § 7 Abs. 3 GmbHG.

Das Stammkapital der Gesellschaft beträgt 25.000 EUR.

Von dem Stammkapital übernehmen Herr A 12.500 Geschäftsanteile im Nennbetrag von je EUR 1 mit den Nummern 1 bis 12.500 und Frau B 12.500 Geschäftsanteile im Nennbetrag von je EUR 1 mit den Nummern 12.501 bis 25.000.

Neben diesen Pflichtinhalten des § 3 GmbHG herrscht zwischen den Gesellschaftern weitestgehend Vertragsfreiheit, dh es steht den Gesellschaftsgründern weitgehend frei, ob und welche Regelungen in den Gesellschaftsvertrag aufgenommen werden sollen. Treffen die Gesellschafter keine besonderen Regelungen, gelten die gesetzlichen Bestimmungen.

I. Die Gründung einer Gesellschaft

Tipp!
Da die gesetzlichen Bestimmungen häufig wenig ergiebig oder zur Streitvermeidung nicht hinreichend geeignet sind, sind **individualvertragliche Regelungen**, die sich an den persönlichen Anforderungen der Gründer ausrichten, regelmäßig zweckmäßig und erforderlich.

Insbesondere zu den folgenden Punkten sollten im Gesellschaftsvertrag Regelungen getroffen werden:

- Zeitpunkt der Kapitalaufbringung und spätere Einforderung
- Geschäftsführung und Vertretung
  - Welche Vertretungsbefugnis gilt bei mehreren Geschäftsführern?
  - Option zur Befreiung von § 181 BGB (Verbot Insichgeschäft)?
  - Soll zugunsten eines Gesellschafters ein satzungsmäßiges Geschäftsführungssonderrecht bestehen?
  - ggf. Zustimmungskataloge für Geschäftsführer (Wann muss die Gesellschafterversammlung zustimmen?)
- Einberufung und Durchführung von Gesellschafterversammlungen und Beschlussfassungen
  - Ladungsfristen und -formalien, Versammlungsleitung etc.
  - Mehrheitsanforderungen und Stimmrechte
  - Stimmrechtsausübung durch Vertreter
  - Beschlussfähigkeit der Versammlung
  - Option einer kombinierten Beschlussfassung
  - Beschlussanfechtung
- Gewinnverwendung und -verteilung
- Verfügungsbeschränkungen hinsichtlich der Geschäftsanteile
- ggf. Kündigung/Austritt eines Gesellschafters
- Einziehung/Zwangsabtretung von Geschäftsanteilen (zB bei Insolvenz, Tod, Wettbewerbsverstößen oder sonstigen schweren Verfehlungen eines Gesellschafters)

- Abfindungsregelungen (möglichst fallabhängig/differenziert ausgestalten und die Berechnungsgrundlage genau festlegen)
- Wettbewerbsverbote

dd) Regelungen zum Zeitpunkt der Kapitalaufbringung

Nach § 7 Abs. 2 GmbHG haben alle Gesellschafter vor der Anmeldung zur Eintragung in das Handelsregister mindestens ein Viertel ihres Nennbetrages und zusammen mindestens 12.500 EUR einzuzahlen. Daher sollte schon im Gesellschaftsvertrag festgesetzt werden, wann die Gesellschafter ihre Einlagen zu leisten haben.

Im Folgenden sollen nun Beispiele für Klauseln im Gesellschaftsvertrag folgen:

„Die Einlagen sind in Geld zu leisten. Auf jeden Geschäftsanteil ist die Hälfte des Nennbetrages sofort einzuzahlen, der Rest nach Anforderung durch die Geschäftsführung aufgrund eines Beschlusses der Gesellschafterversammlung."

ee) Regelungen zur Geschäftsführung und Vertretung

Die GmbH muss mindestens einen Geschäftsführer bestellen. Dies kann durch die Gesellschafter im Gesellschaftsvertrag (§ 6 Abs. 3 Satz 2 GmbHG), im Gründungsprotokoll oder durch gesonderten Gesellschafterbeschluss erfolgen.

Beispiel (für Gesellschafterbeschluss):

Herr A (Wohnort, Geburtsdatum) und Frau B (Wohnort, Geburtsdatum) werden zu Geschäftsführern der Gesellschaft benannt. Herr A ist berechtigt die Gesellschaft einzeln zu vertreten und ist dabei von den Beschränkungen des § 181 BGB befreit.

Nach § 24 Abs. 1 Handelsregisterverordnung (HVR) ist die Angabe des Geburtsdatums des Geschäftsführers zur Eintragung ins Handelsregister erforderlich. Nicht erforderlich ist die Angabe einer vollständigen Privatanschrift, es genügt die Angabe des Wohnortes.

Im Gesellschaftsvertrag sollte eine Bestellung des Geschäftsführers nur erfolgen, wenn einzelnen Gesellschaftern ein Sonderrecht auf die Geschäftsführung eingeräumt werden soll. Sonderrechte der Gesellschafter sind materielle Satzungsbestandteile und können nur durch einen den Gesellschaftsvertrag ändernden Beschluss geändert werden.

Auch wenn bei Gründung nur ein Geschäftsführer bestellt werden soll, empfiehlt es sich stets, allgemeine Regelungen für den Fall der Bestellung weiterer Geschäftsführer in den Gesellschaftsvertrag aufzunehmen. Da das Gesetz in § 35 Abs. 2 Satz 1 GmbHG bei mehreren Geschäftsführern eine gemeinschaftliche Vertretung vorsieht, lässt sich eine starre Vertretung durch sämtliche Geschäftsführer nur durch eine entsprechende Satzungsregelung vermeiden. In der Praxis bewährt haben sich so genannte Öffnungsklauseln, welche – im Gesellschaftsvertrag verankert – ein Höchstmaß an Flexibilität gewähren (dies gilt gleichermaßen für die Befreiung des Geschäftsführers von dem Verbot des § 181 BGB).

Ein Gesellschaftsbeschluss kann lauten:

„Die Gesellschaft hat einen oder mehrere Geschäftsführer. Ist nur ein Geschäftsführer bestellt, so vertritt dieser die Gesellschaft allein. Sind mehrere Geschäftsführer bestellt, wird die Gesellschaft durch zwei Geschäftsführer gemeinsam oder durch einen Geschäftsführer in Gemeinschaft mit einem Prokuristen vertreten. Die Gesellschafterversammlung kann einem oder mehreren Geschäftsführern jeweils Einzelvertretungsbefugnis und Befreiung von den Beschränkungen des § 181 BGB erteilen."

Die Vertretungsmacht des GmbH-Geschäftsführers kann im Außenverhältnis nicht beschränkt werden. Im Innenverhältnis (gegenüber den Gesellschaftern) schon. Von dieser Möglichkeit wird verbreitet dadurch Gebrauch gemacht, dass im Gesellschaftsvertrag – in Form eines Kataloges zustimmungspflichtiger Geschäfte – festgelegt wird, zu welchen Vertretungshandlungen der Geschäftsführer im Innenverhältnis die Zustimmung der Gesellschafter benötigt.

„Die Geschäftsführer bedürfen zur Vornahme folgender Handlungen der vorherigen Zustimmung der Gesellschafterversammlung:

- Einstellung und Entlassung von Mitarbeitern sowie der Abschluss bzw. die Änderung entsprechender Arbeitsverträge;

- die Erteilung und der Widerruf von Prokuren und Handlungsvollmachten;
- der Abschluss von Darlehensverträgen, Garantien und Bürgschaften;
- der Abschluss von Rechtsgeschäften, welche die Gesellschaft einmalig mit einem Betrag von mehr als 5.000,00 EUR verpflichten oder monatlich laufende Verpflichtungen von mehr als 2.500,00 EUR begründen;
- Erwerb und Veräußerung von Beteiligungen an anderen Unternehmen;
- die Veräußerung des Betriebs im Ganzen;
- der Abschluss von Betriebspachtverträgen;
- alle grundlegenden strategischen Entscheidungen über die Ausrichtung des Unternehmensgegenstandes und der Tätigkeit der Gesellschaft;
- Abschluss, Änderung und Beendigung von stillen Beteiligungen an der Gesellschaft.

Der vorstehende Zustimmungskatalog ist materiell kein Satzungsbestandteil. Er soll durch einfachen Gesellschafterbeschluss jederzeit geändert, widerrufen oder ergänzt werden können."

Verstößt der Geschäftsführer gegen die ihm – im Innenverhältnis – durch den Gesellschaftsvertrag auferlegten Beschränkungen und entsteht der Gesellschaft hieraus ein Schaden, macht er sich schadensersatzpflichtig.

ff) Gesellschafterversammlung und Gesellschafterbeschlüsse

Die Gesellschafterversammlung (der Zusammenschluss aller Gesellschafter) ist das oberste Willensorgan der GmbH. In ihr werden die wesentlichen Entscheidungen der Gesellschaft getroffen, wobei sich das Stimmgewicht der Gesellschafter üblicherweise nach den Anteilen am Stammkapital richtet.

> Die Vertretung der Gesellschaft nach außen ist allein dem Geschäftsführer vorbehalten und kann daher nicht durch die Ge-

sellschafterversammlung erfolgen. Die Gesellschafter haben gegenüber dem Geschäftsführer jedoch – nach Maßgabe von § 37 GmbHG – ein Weisungsrecht. Dieses beinhaltet die Kompetenz der Gesellschafter, jeden Gegenstand der Geschäftsführung an sich zu ziehen und darüber zu beschließen.

Der Aufgabenkreis der Gesellschafterversammlung ergibt sich grundsätzlich aus § 46 GmbHG. Die Gesellschafter können in dem Gesellschaftsvertrag jedoch weitere Rechte und Aufgaben auf die Gesellschafter(-versammlung) übertragen (§ 45 Abs. 1 GmbHG).

Werden im Gesellschaftsvertrag keine besonderen Regelungen zur Beschlussfassung der Gesellschafter und der Abhaltung von Gesellschafterversammlungen getroffen, finden die gesetzlichen Regelungen (§§ 48-51 GmbHG) Anwendung.

Der Gesellschafter einer Einmann-GmbH kann – weil er stets eine Vollversammlung bildet – jederzeit ad hoc-Beschlüsse fassen, ist jedoch verpflichtet, die Gesellschafterbeschlüsse unverzüglich zu protokollieren und zu unterzeichnen (§ 48 Abs. 3 GmbHG).

gg) Ladungsfristen und -formalien

Nach §§ 49 Abs. 1, 51 Abs. 1 Satz 1 GmbHG hat der Geschäftsführer die Gesellschafterversammlung durch Einladung mittels eingeschriebenen Briefs einzuberufen. Die Ladung muss mindestens eine Woche vorher erfolgen (§ 51 Abs. 1 Satz 2 GmbHG). Von dem strengen Formerfordernis (eingeschriebener Brief) kann und sollte durch entsprechende gesellschaftsvertragliche Regelung abgewichen werden. Auch eine Verlängerung der gesetzlichen Ladungsfrist ist häufig sinnvoll.

„Gesellschafterversammlungen werden durch die Geschäftsführer einberufen. Jeder Geschäftsführer ist allein einberufungsberechtigt. Zur Gesellschafterversammlung sind alle Gesellschafter unter Beachtung einer Frist von zwei Wochen einzuladen; bei Eilbedürftigkeit kann die Einberufung mit angemessen kürzerer Frist erfolgen. Für die Berechnung der Einladungsfrist rechnet der Tag der Absendung des Einladungsschreibens und der Tag der Sitzung nicht mit. Die Einladung ist per E-Mail, Telefax oder mittels eingeschriebenen Briefes an die Gesellschafter zu bewirken. Die Gesellschafter haben zu diesem Zwecke ihre entsprechenden Kontaktdaten bei der Gesellschaft zu hinterlegen."

hh) Beschlussfähigkeit der Versammlung; Stimmabgabe durch Vertreter

Gerade bei größeren Gesellschaften kann es passieren, dass eine Versammlung unter Anwesenheit aller Gesellschafter nicht immer möglich ist. Um den abwesenden Gesellschaftern aber dennoch die Teilnahme an der Beschlussfassung und die Abgabe ihrer Stimme zu ermöglichen, sollte der Gesellschaftsvertrag entsprechend Vorsorge treffen.

„Eine Gesellschafterversammlung ist nur beschlussfähig, wenn alle Gesellschafter vertreten sind. Liegt danach eine Beschlussfähigkeit nicht vor, ist unter Beachtung der satzungsmäßigen Ladungsfristen und -formalien unverzüglich eine neue Gesellschafterversammlung mit der gleichen Tagesordnung einzuberufen. Diese ist ohne Rücksicht auf die Höhe des vertretenen Stammkapitals beschlussfähig.

Sind sämtliche Gesellschafter anwesend oder vertreten und mit der Beschlussfassung einverstanden, so können Beschlüsse auch dann gefasst werden, wenn die für die Einberufung und Ankündigung geltenden gesetzlichen oder gesellschaftsvertraglichen Vorschriften nicht eingehalten worden sind.

Jeder Gesellschafter kann sich in der Gesellschafterversammlung durch einen Mitgesellschafter oder durch eine sachkundige Person, die hinsichtlich der ihr zur Kenntnis kommenden Angelegenheiten einer beruflichen Schweigepflicht unterliegt, mit schriftlicher Vollmacht vertreten oder begleiten lassen."

ii) Gesellschafterbeschlüsse

Der Gesellschaftsvertrag sollte regelmäßig auch die Möglichkeit der Beschlussfassung der Gesellschafter außerhalb von Gesellschafterversammlungen vorsehen, die Mehrheitsanforderungen regeln sowie die Möglichkeit, Gesellschafterbeschlüsse nachträglich anzufechten, zeitlich limitieren.

„Die Gesellschafter fassen ihre Beschlüsse grundsätzlich in Gesellschafterversammlungen. Über den Verlauf der Versammlung ist eine Niederschrift anzufertigen, in welcher Ort und Tag der Sitzung, die Teilnehmer, die Gegenstände der Tagesordnung und die

I. Die Gründung einer Gesellschaft

Beschlüsse der Gesellschafter anzugeben sind. Die Niederschrift ist vom Vorsitzenden zu unterzeichnen. Jedem Gesellschafter ist eine Kopie der Niederschrift zu übersenden.

Außerhalb von Versammlungen können Beschlüsse, soweit nicht zwingendes Recht eine andere Form vorschreibt, durch schriftliche, fernschriftliche oder mündliche, auch fernmündliche Abstimmung, gefasst werden, wenn sich jeder Gesellschafter an der Abstimmung beteiligt. Über jeden außerhalb von Gesellschafterversammlungen gefassten Beschluss ist unverzüglich ein Feststellungsprotokoll anzufertigen, in welcher der Tag und die Form der Beschlussfassung, der Inhalt des Beschlusses und die Stimmabgaben anzugeben sind. Das Feststellungsprotokoll ist jedem Gesellschafter abschriftlich unverzüglich zuzusenden.

Gesellschafterbeschlüsse werden mit der Mehrheit der abgegebenen Stimmen gefasst, soweit nicht Gesetz oder Gesellschaftsvertrag eine größere Mehrheit vorsehen. Je 1,00 Euro eines Geschäftsanteiles gewähren eine Stimme. Stimmenthaltungen gelten als Nein-Stimme. Für jeden Geschäftsanteil kann nur einheitlich abgestimmt werden.

Eine Anfechtungsklage muss innerhalb von zwei Monaten nach Zugang der Versammlungsniederschrift bzw. des Feststellungsprotokolls erhoben werden."

jj) Gewinnverwendung und -verteilung

Die Gesellschafter beschließen gemäß § 46 Nr. 1 GmbHG mit der Feststellung des Jahresabschlusses regelmäßig über die Gewinnverwendung (Ausschüttung oder Thesaurierung), sofern hierüber nicht in der Satzung bereits eine Regelung getroffen wird.

Die Gewinnverteilung erfolgt gemäß dem gesetzlichen Regelfall des § 29 Abs. 3 Satz 1 GmbHG nach dem Verhältnis der Nennbeträge der Geschäftsanteile. Eine disquotale Ausschüttung ist (nur) zulässig, wenn dies im Gesellschaftsvertrag entsprechend festgelegt ist (§ 29 Abs. 3 Satz 2 GmbHG).

„Mindestens 25 % des Jahresüberschusses sind in die Gewinnrücklagen einzustellen. Mindestens 25 % des verbleibenden Restes sind an die Gesellschafter auszuschütten. Über die nicht in dem

Gesellschaftsvertrag festgelegte Ergebnisverwendungsquote entscheidet die Gesellschafterversammlung durch Gesellschafterbeschluss. Die vorstehenden Bestimmungen in diesem Absatz gelten nur dann nicht, wenn die Gesellschafter einstimmig und mit Zustimmung aller Gesellschafter eine abweichende Verwendung des Jahresergebnisses gemäß § 29 Abs. 1 und Abs. 3 GmbHG beschließen. An einem zur Verteilung gelangenden Gewinn nehmen die Gesellschafter nach dem Verhältnis der Nennbeträge ihrer Geschäftsanteile teil."

kk) Verfügung über Geschäftsanteile

Wenn der Gesellschaftsvertrag keine Regelungen trifft, kann jeder Gesellschafter über seine GmbH-Geschäftsanteile frei verfügen (§ 15 Abs. 1 GmbHG). Dies entspricht zumeist nicht dem Willen der Gesellschafter, die ein Interesse daran haben, das unerwünschte Eindringen gesellschaftsfremder Dritter in den Gesellschafterkreis verhindern zu können. Diesem Interesse dienen sogenannte Vinkulierungsklauseln, welche die freie Veräußerbarkeit von Geschäftsanteilen einschränken oder vollständig verbieten.

„Die Abtretung eines Geschäftsanteils oder eines Teils eines Geschäftsanteils bedarf zu ihrer Wirksamkeit eines einstimmigen Beschlusses der Gesellschafterversammlung.

Der vorstehende Absatz gilt entsprechend für die Einräumung von Unterbeteiligungen, Übertragungen im Rahmen von Umwandlungsvorgängen nach dem Umwandlungsgesetz und die Begründung von Rechtsverhältnissen, aufgrund derer ein Gesellschafter einen Anteil ganz oder teilweise als Treuhänder einer anderen Person hält oder die Ausübung seiner Gesellschafterrechte an die Zustimmung einer anderen Person bindet, falls diese Person nicht selbst Gesellschafter ist, außerdem für die Verpfändung eines Geschäftsanteils oder eines Teils eines Geschäftsanteils."

ll) Kündigung/Austritt eines Gesellschafters

Eine Kündigung der Gesellschaft ist nach dem GmbH-Gesetz nicht vorgesehen. Es besteht aber die Möglichkeit – und ist häufig sinnvoll –, Kündigungsrechte in dem Gesellschaftsvertrag zu vereinbaren. Die Abwicklung im Kündigungsfall erfolgt im Normalfall durch

I. Die Gründung einer Gesellschaft

die Einziehung oder Abtretung der Geschäftsanteile des kündigenden Gesellschafters gegen Abfindung.

Daneben wird von der Rechtsprechung seit jeher ein Austrittsrecht aus wichtigem Grund anerkannt, für das es keiner Satzungsbestimmung bedarf.

mm) Einziehung/Zwangsabtretung von Geschäftsanteilen

Gegen den Willen des betroffenen Gesellschafters ist eine Einziehung oder die Zwangsabtretung von Geschäftsanteilen nur zulässig, wenn die maßgeblichen Gründe in dem Gesellschaftsvertrag hinreichend normiert sind. Als solche kommen insbesondere in Betracht:

- die Insolvenz eines Gesellschafters,
- Zwangsvollstreckungsmaßnahmen in das Vermögen eines Gesellschafters,
- Verstöße gegen vereinbarte Wettbewerbsverbote,
- das Einstellen der operativen Tätigkeit für die Gesellschaft (sofern die Gesellschaft auf aktive Mitarbeit ausgerichtet ist),
- der Tod eines Gesellschafters,
- das Vorliegen eines wichtigen Grundes (als Auffangtatbestand).

nn) Abfindungsregelungen

Scheidet ein Gesellschafter aus der Gesellschaft aus, hat er grundsätzlich einen Anspruch auf Abfindung. Ohne gesellschaftsvertragliche Regelung ist stets der tatsächliche Wert geschuldet. Dies dürfte nur in seltenen Ausnahmefällen der Interessenlage der Gesellschaft und der (verbleibenden) Gesellschafter entsprechen.

Daher sind differenzierte Abfindungsregelungen, welche zB die Dauer der Mitgliedschaft, den Beitrag des Ausscheidenden bei der Schaffung des Unternehmenswertes sowie den Anlass seines Ausscheidens berücksichtigen, unerlässlich. Abfindungsbeschränkungen sind hierbei bis zur Grenze der Sittenwidrigkeit (§ 138 BGB) möglich.

Wichtig ist es ebenso, einen konkreten Berechnungsmaßstab zu definieren, nach dem der Unternehmenswert – als Grundlage für die zu zahlende Abfindung – ermittelt werden soll.

Schließlich sind auch die Auszahlungsmodalitäten zu regeln. Dabei ist insbesondere darauf zu achten, dass die Gesellschaft durch die Abfindungsverpflichtungen nicht in Liquiditätsengpässe gerät, weshalb regelmäßig eine Streckung der Abfindungszahlung auf einen längeren Zeitraum sinnvoll ist.

„Die Abfindung ist dem ausscheidenden Gesellschafter längstens in drei gleichen, unmittelbar aufeinander folgenden unverzinslichen Jahresraten auszuzahlen, deren erste Rate 12 Monate nach dem Zeitpunkt des Ausscheidens zur Zahlung fällig ist."

oo) Wettbewerbsverbote

Von Gesetzes wegen unterliegen grundsätzlich nur die Geschäftsführer, nicht jedoch die Gesellschafter, einem Wettbewerbsverbot.

In der Satzung können die Gesellschafter aber ebenso einem Wettbewerbsverbot unterworfen werden, wenn sie einen beherrschenden Einfluss auf die Gesellschaft ausüben.

„Jedem Gesellschafter, der unmittelbar oder mittelbar über mindestens 50 % Beteiligungsquote am Stammkapital der Gesellschaft verfügt, ist es untersagt, unmittelbar oder mittelbar für eigene oder fremde Rechnung auf dem Gebiet des Unternehmensgegenstandes der Gesellschaft

- in Konkurrenz zu der Tätigkeit der Gesellschaft zu treten,
- ein Konkurrenzunternehmen zu gründen, zu erwerben oder sich an einem solchen zu beteiligen,
- auf welche Weise auch immer für ein solches Unternehmen tätig zu werden oder es auf andere Weise zu unterstützen.

Für jeden Fall des Verstoßes gegen das Wettbewerbsverbot wird eine Vertragsstrafe in Höhe von _____ EUR fällig.

Mit Zustimmung aller Gesellschafter kann im Einzelfall eine Befreiung von dem Wettbewerbsverbot erteilt werden."

3. Die Beteiligung von Investoren

Selten haben Gründer beim Unternehmensstart das nötige Kapital, um das Geschäftsmodell mit eigenen finanziellen Mitteln am Markt

I. Die Gründung einer Gesellschaft

zu etablieren und fortzuentwickeln. Deshalb stellt sich nach der Gründung – meist recht schnell – die Frage nach der (weiteren) Unternehmensfinanzierung.

Der Markt bietet eine Vielzahl von Möglichkeiten der Eigen- und Fremdkapitalfinanzierung sowie Mischformen hiervon. Die Bezeichnungen „Eigen" und „Fremd" werden in diesem Zusammenhang häufig falsch interpretiert. Sie beziehen sich nicht auf die Herkunft der Mittel, sondern ihre Rückzahlbarkeit. Eigenkapital (zB die klassische Investorenbeteiligung am Stammkapital der Gesellschaft) muss nicht zurückgezahlt werden, Fremdkapital (zB Bankdarlehen) ist stets zurückzuzahlen.

a) Gängige Finanzierungsformen

In der Praxis sind vor allem die nachstehenden Finanzierungsformen verbreitet anzutreffen:

- die stille Gesellschaft
- Partiarische Darlehen
- Wandeldarlehen ua
- die direkte Beteiligung am Stammkapital der Gesellschaft

aa) Die stille Gesellschaft

Nach § 230 HGB hat der stille Gesellschafter, der sich an der Gesellschaft mit einer Vermögenseinlage beteiligt, die Einlage so zu leisten, dass sie in deren Vermögen übergeht.

Die typisch stille Gesellschaft kommt als Mittel zur Kapitalbeschaffung insbesondere dann in Betracht, wenn der Investor weder nach außen in Erscheinung treten noch aktiv an der Geschäftsführung teilnehmen möchte. Gewinn- oder Verlustbeteiligung können durch entsprechende Vertragsgestaltung individuell ausgestaltet werden.

Die atypisch stille Gesellschaft unterscheidet sich von der typisch stillen Gesellschaft dadurch, dass dem still Beteiligten (Investor) auch eine Beteiligung am Gesellschaftsvermögen und ggf. auch gewisse Mitspracherechte im Rahmen der Geschäftsführung eingeräumt werden.

bb) Partiarisches Darlehen

Ein partiarisches Darlehen ist eine Sonderform des klassischen Darlehens (§ 488 BGB) mit einer (zumeist) längeren Laufzeit. Im Gegensatz zum klassischen Darlehen erhält der Investor/Gläubiger als Gegenleistung keine (oder nur im geringen Umfang) Zinsen. Stattdessen ist er am Gewinn der Gesellschaft (nicht jedoch am Verlust) beteiligt. Falls in einem Geschäftsjahr einmal keine Gewinne erwirtschaftet werden, kann der Investor nichts verlieren, sondern geht höchstens „leer" aus.

> **i** Da der Investor keine Gesellschafterstellung bzw. entsprechende Gesellschafterrechte erwirbt, sondern nur die Gewinnbeteiligung, hat er keine weitere Einflussmöglichkeit auf die Geschäftsführung der Gesellschaft.

cc) Wandeldarlehen

Durch das Wandeldarlehen können Gründer zu einem zumeist vergleichsweise niedrigen Zinssatz Fremdkapital aufnehmen. Aus Sicht der Investoren ermöglicht das Wandeldarlehen die Möglichkeit, an Wertsteigerungen der GmbH zu partizipieren.

Mit dem Wandeldarlehen gewährt der Investor dem Unternehmen einen Kredit und erhält im Gegenzug die Option, zu einem späteren Zeitpunkt das als Darlehen eingebrachte Fremdkapital in eine gesellschaftsrechtliche Beteiligung (Eigenkapital) umzuwandeln. Am Ende der Laufzeit entscheidet der darlehensgewährende Investor, ob er die Rückzahlung des verzinsten Darlehens verlangt oder von seinem Recht auf Wandlung und somit die Einforderung von Gesellschaftsanteilen geltend macht.

> **i** Übt der Investor die Wandeloption aus, ist zu beachten, dass dies zu einer Anteilsverwässerung der bereits beteiligten Gesellschafter führt.

dd) Die direkte Beteiligung am Stammkapital der Gesellschaft

Den häufigsten – und klassischen – Fall der Unternehmensfinanzierung bildet nach wie vor die unmittelbare Beteiligung eines Business Angels, VC-Gebers oder sonstigen Investors am Stammkapital der

I. Die Gründung einer Gesellschaft

Gesellschaft. Die Beteiligung erfolgt dabei in aller Regel über eine Kapitalerhöhung, in deren Zuge der Investor gegen Zahlung des vereinbarten Investitionsbetrages Geschäftsanteile entsprechend der ausverhandelten Beteiligungsquote übernimmt. Zahlungen direkt in das Stammkapital erfolgen dabei nur insoweit, wie dies zur Herstellung der vereinbarten Beteiligungsquote erforderlich ist. Der restliche Investitionsbetrag wird der Gesellschaft als Zahlung in die Kapitalrücklage zur Verfügung gestellt.

Indem der Investor die neu ausgegebenen Geschäftsanteile an der Gesellschaft übernimmt, sinkt die Beteiligungsquote der bisherigen Gesellschafter entsprechend (sogenannte anteilsmäßige Verwässerung).

Mit Abschluss der Beteiligung wird der Investor Gesellschafter mit allen Rechten und Pflichten, wie sie sich aus dem (bestehenden) Gesellschaftsvertrag ergeben. Im Normalfall geben sich Investoren damit aber nicht zufrieden, sondern bestehen auf bestimmte Regelungen zur Absicherung und Optimierung ihres Investments (dazu weiter unten S. 48 f.).

b) Der Ablauf des Beteiligungsprozesses

Für das in der Praxis wohl häufigste Szenario, dass sich der Investor an dem in der Rechtsform einer GmbH gegründeten Startup direkt beteiligt, haben sich im Laufe der Zeit gewisse Abläufe etabliert.

Am Anfang stehen stets die Suche der Gründer nach potenziellen Geldgebern, die anbahnenden Vertragsgespräche mit den Investoren, welche schließlich in konkrete Vertragsverhandlungen münden. Häufig, aber keinesfalls immer, werden die im Ergebnis der Vertragsverhandlungen vereinbarten wirtschaftlichen Eckdaten zunächst in einem **Term Sheet** fixiert.

> *Das Term Sheet ist eine schriftlich festgehaltene Absichtserklärung zweier Akteure, mit der diese ihr grundlegendes Interesse an einer wirtschaftlichen Interaktion (meist einer Transaktion) niederlegen und den Gegenstandswert (zB den Investitionsbetrag), die Struktur der Interaktion sowie das weitere Vorgehen skizzieren.* §

Abgesehen von den Regelungen zur Vertraulichkeit und (zeitlich befristeten) Exklusivität der Verhandlungen sind die Vereinbarungen im Term Sheet im Normalfall rechtlich (noch) nicht verbindlich, sondern begründen lediglich eine entsprechende Absichtserklärung.

Um das Vertrauen der Gegenseite in das gemeinsame Vorhaben nicht zu erschüttern, gehört es aber zum „Geschäftston", dass sich beide Parteien grundsätzlich an die Bestimmungen und Bedingungen eines gemeinsam erarbeiteten Term Sheets halten, soweit sich die Investorenbeteiligung tatsächlich realisiert.

Auf das Term-Sheet folgt meist eine **Due-Diligence** des Investors (die Due Diligence-Prüfung kann auch parallel oder zeitlich vorgehend stattfinden). Diese beinhaltet eine genaue Prüfung aller relevanten Aspekte des Vorhabens und der Gesellschaft durch den Investor. Dabei erfolgt eine systematische Analyse und Bewertung des Unternehmens, um einen genauen Überblick über Nutzen und Risiko der Investition zu erlangen. Hierbei werden insbesondere die rechtlichen und finanziellen Verhältnisse der Gesellschaft unter die Lupe genommen. Die von den Gründern im Rahmen der Due Diligence – Prüfung erteilten Informationen und Auskünfte bilden regelmäßig die Grundlage für die Garantien, welche die Gründer im Rahmen des Beteiligungsvertrages abzugeben haben (und für die sie einstehen). Es ist deshalb von besonderer Bedeutung, dass die Informationen/Auskünfte wahrheitsgemäß und vollständig erteilt werden.

Verläuft die Due Diligence zur Zufriedenheit des (potenziellen) Investors, erfolgt in einem letzten Schritt die vertragliche Umsetzung, dh die Verhandlung und der **Abschluss des Beteiligungsvertrages** und der „Begleitverträge".

c) Der Beteiligungsvertrag und seine (üblichen) Regelungen

In der Startup-Praxis hat es sich eingebürgert, die Konditionen, zu denen der Investor einsteigt, und die sonstigen Vereinbarungen (insbesondere zur Ausgestaltung der Rechte und Pflichten der einzelnen Gesellschafter) in verschiedenen Verträgen zu regeln. Zu den Vereinbarungen, die regelmäßig im Zusammenhang mit einem Investoreneinstieg (neu) geschlossen werden, zählen deshalb insbesondere:

- Beteiligungsvertrag
- Gesellschaftsvertrag/Gesellschaftervereinbarung
- Geschäftsordnung
- Geschäftsführerverträge
- ggf. weitere individuelle Vereinbarungen

I. Die Gründung einer Gesellschaft

Die Aufteilung der Regelungsinhalte auf verschiedene Verträge ist dabei nur teilweise der thematischen Abgrenzung geschuldet. Dass ein Großteil der Abreden im Beteiligungsvertrag und/oder einer Gesellschaftervereinbarung geregelt wird, findet seinen Grund im Geheimhaltungsinteresse der Beteiligten. Denn nur der Gesellschaftsvertrag ist im Handelsregister öffentlich zugänglich. Alle anderen Verträge/Vereinbarungen – wie etwa Beteiligungsvertrag oder Gesellschaftervereinbarung – sind nicht öffentlich einsehbar.

Zur Vereinfachung wird bei der nachfolgenden Betrachtung von einem einheitlichen Vertragswerk – als „Beteiligungsvertrag" bezeichnet – ausgegangen, auch wenn die besprochenen Regelungen in der Praxis häufig auf verschiedene Verträge verteilt sind.

aa) Konditionen des Einstiegs

Kernstück jedes Beteiligungsvertrages sind die Absprachen darüber, welche prozentuale Beteiligung der Investor für welchen Betrag erhält. Um dies festzulegen, müssen sich Gründer und Investoren zunächst auf den aktuellen Wert des Unternehmens (Pre-Money) einigen.

Besteht Einigkeit über die Bewertung, wird die prozentuale Beteiligung des Investors regelmäßig durch eine Gegenüberstellung von Pre-Money-Bewertung und Post-Money-Bewertung ermittelt. Die **Pre-Money-Bewertung** stellt den Unternehmenswert dar, **bevor** ein Investor Eigenkapital in das Unternehmen einbringt. Im Gegensatz dazu beschreibt die **Post-Money-Bewertung** den Unternehmenswert **nach** einer Finanzierungsrunde, dh hier wird der Pre-Money-Unternehmenswert zzgl. der Eigenkapitaleinlage des Investors angesetzt.

Die Pre-Money-Bewertung eines Startups ergibt, dass der aktuelle Unternehmenswert bei 300.000 EUR liegt. Der Investor tätigt eine Kapitaleinlage von 100.000 EUR, wodurch sich ein Post-Money-Wert von 400.000 EUR ergibt. Nach Durchführung der Finanzierungsrunde ist der Investor danach zu einem Viertel an dem Unternehmen beteiligt, ihm gehören 25 % der Unternehmensanteile.

Gelegentlich kommt es vor, dass sich Gründer und Investor trotz intensiver Verhandlungen im Vorfeld nicht auf einen Unternehmenswert (Pre-Money) verständigen können. In solchen Fällen kann die Situation ggf. dadurch aufgelöst werden, dass der Investor zunächst auf Basis der (höheren) Bewertung der Gründer einsteigt. Sollten

49

später vorab definierte Ziele (sog. Milestones) nicht erreicht werden, wird die Bewertung nachträglich nach unten korrigiert, indem dem Investor weitere Anteile gewährt werden.

Die Vereinbarung von Milestones ist auch in anderem Zusammenhang ein übliches Mittel. Häufig wollen Investoren aus Gründen der Risikominimierung ihren Investitionsbetrag nicht mit einem Mal in voller Höhe leisten, sondern vereinbaren eine Anfangsinvestition und knüpfen die Leistung weiterer Zahlungstranchen an die Erreichung bestimmter Zielvorgaben. Bei der Festlegung solcher Zielvorgaben ist unbedingt auf die präzise Formulierung der Milestones zu achten, um spätere Unklarheiten oder Meinungsverschiedenheiten über das Erreichen der Milestones zu vermeiden.

Beteiligt sich der Investor in mehreren Schritten, kann jeder Rate die gleiche Bewertung zugrunde gelegt werden. In Betracht kommt aber ebenso eine gestaffelte Regelung. Denn die Erreichung von Milestones indiziert in der Regel eine Entwicklung des Unternehmens, die eine höhere Bewertung rechtfertigen kann. Denkbar ist es daher auch, den späteren Zahlungstranchen eine höhere Bewertung zugrunde zu legen (sog. Step-Up).

bb) Verwässerungsschutz

Regelmäßig bestehen Investoren auf Regelungen, welche ihre Beteiligung vor einer Verwässerung schützen. Abgedeckt werden hierbei üblicherweise zwei Konstellationen:

(1) Schutz des Investors vor einer Verwässerung seines **Beteiligungswertes**:

> Wenn bei einer späteren Finanzierungsrunde eine niedrigere Bewertung zugrunde gelegt wird als bei seiner eigenen Beteiligung, ist der Investor – zeitlich befristet – berechtigt, so viele neue Geschäftsanteile zu erwerben, dass seine Beteiligung wirtschaftlich der neuen, niedrigeren Unternehmensbewertung entspricht und so die ökonomische Verwässerung voll ausgeglichen wird („**Down-Round-Protection**")

(2) Schutz des Investors vor einer Verwässerung seiner **Beteiligungsquote**:

> Recht des Investors, sich bei zukünftigen Finanzierungsrunden/ Kapitalerhöhungen zu beteiligen und dadurch die Beteiligungshöhe konstant zu halten (**Bezugsrecht**)

cc) Garantien der Gründer

Investoren verlangen üblicherweise umfassende Garantien der Gründer hinsichtlich der rechtlichen, wirtschaftlichen und tatsächlichen Verhältnisse des Unternehmens sowie der Validität der Kennzahlen, welche der Beteiligung des Investors zugrunde liegen.

Solche Garantien sollten – angesichts der verschuldensunabhängigen Haftung – keinesfalls leichtfertig abgegeben werden, sondern sich nur auf solche Umstände erstrecken, von denen die Gründer tatsächlich Kenntnis haben. Hinsichtlich potenzieller Schadensersatzansprüche des Investors sollte jedenfalls eine Haftungsobergrenze (zB Beschränkung auf den Investitionsbetrag) vereinbart werden.

dd) Stimmrechte (Mehrheitserfordernisse und Veto-Rechte)

Investoren beteiligen sich in aller Regel als Minderheitsgesellschafter an Startup-Unternehmen. Gleichwohl haben sie ein Interesse, dass bestimmte Themen nicht ohne ihre Mitwirkung behandelt oder entschieden werden.

Vor diesem Hintergrund enthalten die Verträge zur Beteiligung von Investoren regelmäßig entsprechende Sonderreglungen, wie etwa

- die Vereinbarung von besonderen Mehrheitsquoren für bestimmte Beschlussgegenstände zugunsten der Investoren

- oder Zustimmungsvorbehalte/Vetorechte der Investoren in wichtigen Gesellschaftsangelegenheiten (bspw. Satzungsänderungen, Geschäftsführerbestellung etc.).

ee) Berichtspflichten Gründer/Informationsrechte Investoren

Zum Schutz ihres Investments lassen sich die Investoren häufig auch besondere Informationsrechte einräumen bzw. es bestehen entsprechende Berichtspflichten der Gründer. Üblich sind insbesondere folgende Regelungen:

- periodisches Reporting der Gründer zu Geschäftszahlen und Geschäftsverlauf

- sofortige Berichtspflicht bei besonderen Ereignissen
- regelmäßige Meetings bzgl. Unternehmens- und Liquiditätsplanung unter Einschluss der Investoren

ff) Beteiligungen der Gründer/Vesting

Da der Erfolg von Startup-Unternehmen – gerade in der Anfangsphase – stark von dem Engagement und Knowhow der Gründer abhängig ist, ist es für die Investoren von besonderer Bedeutung, dass die Gründer dem Unternehmen (jedenfalls für einen bestimmten Zeitraum) mit ihrer vollen Arbeitskraft zur Verfügung stehen. Um entsprechende „Anreize" zu setzen, werden regelmäßig sogenannte Klauseln zum **Vesting** vereinbart.

Im Rahmen des Vestings verpflichten sich die Gründer, für einen definierten Mindestzeitraum (**Vesting-Periode**), operativ für das Unternehmen tätig zu bleiben (zB als Geschäftsführer). Stellt ein Gründer seine operative Tätigkeit vor Ablauf der Vesting-Periode ein, so können die Investoren die Geschäftsanteile des Gründers – je nach vertraglicher Vereinbarung – ganz oder teilweise erwerben. Im Normalfall nimmt das Erwerbsrecht prozentual mit Dauer der Tätigkeit für die Gesellschaft ab. Endgültig unverfallbar werden die Geschäftsanteile erst, wenn die Vesting-Periode abgelaufen ist.

> **i** Der Beginn der Vesting-Periode hängt von der vertraglichen Ausgestaltung ab, sie kann sofort mit dem Abschluss der Finanzierungsrunde beginnen oder – in Form eines sogenannten **Cliffs** – erst später einsetzen. Für die Dauer der Vesting-Periode gibt es keine festen Regeln, üblich sind jedoch drei bis vier Jahre.

Im Hinblick auf den zu zahlenden Erwerbspreis wird im Rahmen von Vesting-Klauseln häufig nach den Gründen des Ausscheidens des Gründers differenziert. Beendet der Gründer seine operative Tätigkeit unverschuldet (**Good Leaver**), ist der Erwerbspreis regelmäßig höher als wenn die Beendigung auf einem Verschulden oder Fehlverhalten des Gründers beruht (**Bad Leaver**).

gg) Veräußerungsregelungen im Exit-Fall

Nach dem gesetzlichen Regelfall (§ 15 Abs. 1 GmbHG) sind Geschäftsanteile frei veräußerbar. Die freie Übertragbarkeit entspricht im Normalfall nicht den Interessen der Gesellschafter, weshalb üblicherweise entsprechende Veräußerungsbeschränkungen vereinbart werden (siehe oben). Für den Exit-Fall sind diese Veräußerungsbeschränkungen zumeist nicht ausreichend. Vor diesem Hintergrund empfiehlt es sich, diesbezüglich weitergehende Regelungen in den Beteiligungsvertrag aufzunehmen.

Bewährt haben sich sogenannte Andienungspflichten/Vorerwerbsrechte. Danach hat ein veräußerungswilliger Gesellschafter seine Beteiligung zunächst den übrigen Gesellschaftern zum Kauf anzubieten (**Andienungspflicht**). Die Mitgesellschafter sind entsprechend berechtigt, die zum Verkauf stehenden Anteile zu den angebotenen Bedingungen zu erwerben (**Vorerwerbsrecht**). Machen mehrere Mitgesellschafter von ihrem Vorerwerbsrecht Gebrauch, stehen ihnen dieses (nur) quotal entsprechend ihrer bisherigen Beteiligung zu.

Etabliert haben sich ebenso Regelungen zur **Mitveräußerungspflicht (Drag-along-Right)**. Danach kann ein veräußerungswilliger Gesellschafter unter bestimmten Voraussetzungen von seinen Mitgesellschaftern verlangen, dass diese ihre Anteile ebenfalls an einen potentiellen Erwerber verkaufen. Hintergrund dieser Regelung ist, dass ein Kaufinteressent oftmals nur an einem Erwerb sämtlicher Anteile interessiert ist. Die Geltendmachung des Drag-along-Rights (Mitnahmerechts) durch den veräußerungswilligen Gesellschafter setzt in aller Regel das Verlangen einer (qualifizierten) Mehrheit der Gesellschafter voraus. Außerdem wird die Geltendmachung häufig mit der Erzielung eines Mindestverkaufserlöses verknüpft.

Das Gegenstück zur Mitveräußerungspflicht ist das **Mitveräußerungsrecht (Tag-along-Right)**. Danach kann ein Gesellschafter von einem veräußerungswilligen Mitgesellschafter verlangen, dass er seine Beteiligung zu gleichen Bedingungen an den potenziellen Erwerber verkaufen kann, anderenfalls die Veräußerung zu unterbleiben hat.

hh) Exit-/Liquidationspräferenzen

Praktisch immer verlangen Investoren als Gegenleistung für ihr (frühes) Investment, dass sie im Fall eines Exits bevorzugt aus dem Exit-Erlös bedient werden. Im Normalfall erhält der Investor vorab zunächst sein Investment zuzüglich einer gewissen Verzinsung aus dem Exit-Erlös. Erst wenn dieser Liquidationsvorzug des Investors vollständig bedient wurde, nehmen auf einer zweiten Stufe sämtliche Gesellschafter (einschließlich des Investors) entsprechend ihrer Beteiligung an der Verteilung des restlichen Exit-Erlöses teil.

1. Kapitel Ein Startup gründen

Die genaue Ausgestaltung des Liquidationsvorzuges ist schließlich – wie stets – Verhandlungssache und hängt auch von der Stärke der Verhandlungsposition der Beteiligten ab.

d) Tipps für die Vertragsverhandlungen

Aus Gründer-Sicht erfordern die Verhandlungen mit Investoren eine gründliche Vorbereitung, Akribie und Ausdauer. In der Praxis hat sich insbesondere die Beachtung folgender Hinweise bewährt:

- Erstellung einer plausiblen Unternehmensbewertung (möglichst unter Mitwirkung eines erfahrenen Steuerberaters); zu „billige" Abgabe von Geschäftsanteilen vermeiden

- keine unüberlegte Abgabe von Garantieerklärungen (soweit wie möglich abschwächen); Steuerberater/Rechtsanwalt hinzuziehen, da Haftungspotential beträchtlich

- Vesting-Regelungen sorgfältig verhandeln (zu lange Laufzeiten vermeiden und Abfindungsbestimmungen konkret festlegen)

- Vorkaufsrechte und Mitverkaufsrechte/-pflichten möglichst wechselseitig ausgestalten; Mitverkaufspflichten möglichst an Bedingungen knüpfen (Mindestverkaufspreis, Sperrfrist etc.)

- Exit-/Liquidationspräferenzen sorgfältig prüfen und „hart" verhandeln

II. Marken und Domains

1. Die Markenanmeldung

Die Marke kennzeichnet ein Produkt oder eine Ware bzw. eine Dienstleistung und kann aus Wörtern, Buchstaben, Zahlen, Abbildungen, Farben sowie akustischen Signalen bestehen. Durch die Anmeldung einer Marke besteht die Möglichkeit, das Kennzeichen für sich oder sein Unternehmen schützen zu lassen.

Das Anmelden und Eintragen einer Marke ist essentiell, wenn man mithilfe seiner Ware oder Dienstleistung plant, erfolgreich am nationalen oder internationalen Wettbewerb teilzunehmen. Nur mit Hilfe des Schutzes der eigenen Marke ist es möglich, sich im Wettbewerb zu etablieren und langfristig zu bestehen. Hierbei sind insbesondere die Vorgaben des Markengesetzes (MarkenG) in Deutschland und der EU-Verordnung über die Gemeinschaftsmarke im europäischen Kontext zu beachten.

a) Was versteht man unter einer Marke?

Der Begriff der Marke ist in § 3 Abs. 1 MarkenG definiert. Danach können alle Zeichen Markenschutz genießen, insbesondere Wörter, also auch Personennamen, Abbildungen, Buchstaben, Zahlen, Hörzeichen, selbst dreidimensionale Gestaltungen und Farben. Dies gilt aber nur, wenn das jeweilige Zeichen dazu geeignet ist, Waren oder Dienstleistungen eines Unternehmens von den Waren oder Dienstleistungen anderer Unternehmen zu unterscheiden. Voraussetzung für die Markenfähigkeit eines Zeichens ist daher die sogenannte Unterscheidungskraft.

Beschreibende Zeichenfolgen werden nicht als Marke eingetragen, weil sie nicht unterscheidungskräftig sind.

> Die Eintragung der Marke „Blackberry" für einen Obsthandel würde vom Markenamt wegen fehlender Kennzeichnungskraft abgelehnt.

Wortmarke, Bildmarke, Wort-/Bildmarke

Man unterscheidet zwischen Wortmarken, Bildmarken und Wort-/Bildmarken.

> *Eine Wortmarke ist eine Marke, die aus Wörtern, Buchstaben, Zahlen oder anderen Schriftzeichen besteht.*

Je allgemeiner der Begriff ist, desto schwerer ist dessen Eintragung als Wortmarke. Die Wort-/Bildmarke kann eine Alternative sein, die die Eintragung erleichtert.

> *Eine Wort-/Bildmarke ist eine Marke, die in einer besonderen Schreibweise, Schriftanordnung, Schriftgestaltung oder Farbe dargestellt wird.*

Selbstverständlich kann man auch eine grafische Gestaltung (zB ein Logo) ohne Wortzusätze schützen lassen, dies wird dann als Bildmarke bezeichnet.

> *Eine Bildmarke ist eine Marke, die durch Bilder, Bildelemente oder Abbildungen (ohne Wortbestandteile) dargestellt wird.*

1. Kapitel Ein Startup gründen

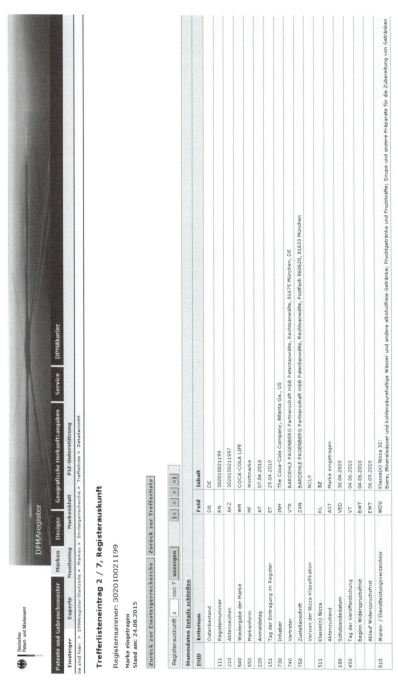

Abb. 1: Beispiel: Eintragung der Wortmarke „Coca-Cola Life"

II. Marken und Domains

Tipp!

Grundsätzlich empfiehlt sich der Schutz einer Wortmarke, die Ihnen den besten Markenschutz bietet, wenn Sie einen Begriff (zB Pegasus) oder eine Zeichenfolge (zB IMDV) schützen lassen wollen.

Handelt es sich um einen im Sprachgebrauch gängigen Begriff, ist nicht ausgeschlossen, dass das Markenamt die Eintragung ablehnt. Dann bietet es sich an, den Begriff mit grafischen Zusätzen anzumelden.

Wollen Sie einen Begriff oder eine Zeichenfolge ohnehin mit grafischen Zusätzen versehen, zB mit einem Logo, bietet sich der Schutz einer Wortmarke (für den Begriff bzw. die Zeichenfolge) sowie zusätzlich einer Wort-/Bildmarke (Begriff und Logo) und/oder einer reinen Bildmarke (Logo) an.

Stammdaten Details schließen

INID	Kriterium	Feld	Inhalt
	Tag der erstmaligen Übernahme der Gemeinschaftsmarke in DPMAregister	EUFT	16.08.2013
	Datenbestand	DB	EM
111/210	Nummer der Marke	AKZ/RN	012068193
540	Wiedergabe der Marke	WM	
	Wortlaut der Marke	WM	COCA-COLA LIFE
	Erlangte Unterscheidungskraft		Nein
270	Erste Sprache		Englisch
270	Zweite Sprache		Spanisch
550	Markenform	MF	Wort-/Bildmarke
550	Markenform Gemeinschaftsmarken	HABMMF	Bildmarke
591	Bezeichnung der Farben	FA	Grün; weiß.
551	Kollektivmarke	KM	Nein
220	Anmeldetag	AT	14.08.2013
151	Tag der Eintragung im Register	ET	26.12.2013
730	Inhaber	INH	The Coca-Cola Company, 30313, Atlanta,, US
740	Vertreter	VTR	HOYNG MONEGIER SPAIN LLP, 28014, Madrid, ES
511	Klasse(n) Nizza	KL	16, 25, 32
531	Bildklasse(n) (Wien)	WBK	27.05.01
	Aktenzustand Gemeinschaftsmarken	HABMAST	Marke eingetragen
180	Ablaufdatum	VED	14.08.2023

Abb. 2: Beispiel: Eintragung der Wort-/Bildmarke „Coca-Cola Life"

b) Markenschutz nur in Deutschland?

In Deutschland werden Marken beim Deutschen Patent- und Markenamt geschützt. Solche Marken genießen nur in Deutschland Schutz.

Sofern Sie unter der Marke auch im europäischen Ausland Leistungen anbieten, kommt die Anmeldung einer EU-Gemeinschaftsmarke in Frage. Mit der Eintragung dieser Marke erlangen Sie durch eine einzige Anmeldung Markenschutz in allen Mitgliedsstaaten der Europäischen Union.

In europäischen Staaten, die nicht der EU angehören (zB die Schweiz) sowie in außereuropäischen Staaten ist die Marke jeweils gesondert anzumelden. Dies geschieht durch Anmeldung einer Marke bei dem jeweiligen nationalen Markenamt.

Tipp!

Wollen Sie in mehreren Ländern außerhalb der Europäischen Union Markenschutz, bietet sich die Anmeldung einer internationalen Marke (IR-Marke) an. Hierzu benötigen Sie eine bereits bestehende Anmeldung oder Eintragung einer Marke (zB in Deutschland), deren Schutz durch einen einzigen Antrag auf Länder Ihrer Wahl erstreckt werden kann.

Die Dauer des Markenschutzes beträgt zunächst 10 Jahre und kann anschließend beliebig oft um weitere 10 Jahre verlängert werden.

Ein Markenschutz kann auch – ohne Eintragung – durch Benutzung eines Kennzeichens entstehen (Benutzungsmarke). Zudem gibt es den markenähnlichen Schutz der geschäftlichen Bezeichnung und des Werktitels, der jeweils keine Eintragung erfordert.

Tipp!

Die – nachhaltige und andauernde – Nutzung einer Domain kann dazu führen, dass ein Domainname zum Herkunftsnachweis wird und ein Kennzeichenschutz kraft Benutzung entsteht. Auf eine derartige Entwicklung sollte man sich allerdings bei der Einrichtung eines Internetauftritts nicht verlassen. Es ist daher ratsam, den Domainnamen ergänzend durch die Eintragung von Marken zu sichern.

Der Domainname ist als solcher inklusive der Top-Level-Domain eintragungsfähig, sofern die Eintragungsvoraussetzungen – insbesondere die Unterscheidungskraft – vorliegen.

c) Die verschiedenen Klassen im Markenrecht

Eine Marke kann nicht abstrakt, sondern nur für bestimmte – bei der Anmeldung zu benennende – Waren und Dienstleistungen geschützt werden. Vor der Anmeldung ist daher zu bestimmen, für welche Produkte und Dienstleistungen die Marke verwendet und geschützt werden soll.

Im Markenrecht gibt es verschiedene Klassifizierungen. Für den Schutz ist indes nicht die angegebene Klasse ausschlaggebend, sondern die genaue Beschreibung der Waren und Dienstleistungen. Diese sollte so genau wie möglich formuliert und klassifiziert werden, um Unklarheiten und Auslegungsschwierigkeiten zu vermeiden.

Tipp!
Geben Sie bei einer Markenanmeldung nicht nur die Klassenüberschrift, sondern stets auch die genauen Waren oder Dienstleistungen an, für die der Markenschutz bestehen soll.

Beispiel: Nizza-Klassen 35 bis 45 (Dienstleistungen)

KLASSE 35   Werbung; Geschäftsführung; Unternehmensverwaltung; Büroarbeiten

KLASSE 36   Versicherungswesen; Finanzwesen; Geldgeschäfte; Immobilienwesen

KLASSE 37   Bauwesen; Reparaturwesen; Installationsarbeiten

KLASSE 38   Telekommunikation

KLASSE 39   Transportwesen; Verpackung und Lagerung von Waren; Veranstaltung von Reisen

KLASSE 40   Materialbearbeitung

KLASSE 41   Erziehung; Ausbildung; Unterhaltung; sportliche und kulturelle Aktivitäten

KLASSE 42 Wissenschaftliche und technologische Dienstleistungen und Forschungsarbeiten und diesbezügliche Designerdienstleistungen; industrielle Analyse- und Forschungsdienstleistungen; Entwurf und Entwicklung von Computerhard- und -software.

KLASSE 43 Dienstleistungen zur Verpflegung und Beherbergung von Gästen.

KLASSE 44 Medizinische und veterinärmedizinische Dienstleistungen; Gesundheits- und Schönheitspflege für Menschen und Tiere; Dienstleistungen im Bereich der Land-, Garten- oder Forstwirtschaft.

KLASSE 45 Juristische Dienstleistungen; Sicherheitsdienste zum Schutz von Sachwerten oder Personen; von Dritten erbrachte persönliche und soziale Dienstleistungen betreffend individuelle Bedürfnisse.

d) Die Unterscheidungskraft des Kennzeichens

Ein Zeichen oder eine Zeichenfolge muss sowohl unterscheidungskräftig als auch selbstständig sinnlich wahrnehmbar sein.

Ausschlaggebend für den Markenschutz ist, ob das Kennzeichen geeignet ist, die Waren und Dienstleistungen eines Unternehmens von denjenigen anderer Unternehmen zu unterscheiden (Unterscheidungskraft). Das Zeichen muss die Fähigkeit besitzen, eine Aussage über das Kennzeichnungsobjekt an Dritte kommunizieren zu können.

Der Wortfolge „URLAUB DIREKT" fehlt für Dienstleistungen im Bereich des Tourismus wegen des ausschließlich beschreibenden Bezugs jegliche Unterscheidungskraft.

(BGH Urteil vom 22.4.2004 – I ZR 189/01)

Das Zeichen muss in sich abgeschlossen sein. Um ihrer Unterscheidungsfunktion gerecht werden zu können, muss eine Marke einem einheitlichen, innerhalb eines kurzen Zeitmoments erfahrbaren Sinneseindruck zugänglich sein. Auf visuelle Marken bezogen, muss das Zeichen „auf einen Blick" erfassbar sein, um in der Entscheidungssituation – typischerweise bei der Auswahl zwischen verschiedenen

Angeboten beim Einkauf – seine Aufgabe marktgerecht erfüllen zu können. Entsprechendes gilt für andere Sinneseindrücke.

Umfangreiche Texte oder längere Bildfolgen sind ebenso wenig geeignet zur Unterscheidung der betrieblichen Herkunft von Waren oder Dienstleistungen wie komplexe Tonwerke.

Als Marke können alle Zeichen, insbesondere Wörter einschließlich Personennamen, Abbildungen, Buchstaben, Zahlen, Hörzeichen, dreidimensionale Gestaltungen einschließlich der Form einer Ware oder ihrer Verpackung sowie sonstige Aufmachungen einschließlich Farben und Farbzusammenstellungen geschützt werden.

Als Marke können auch Farben wie das „Nivea-Blau" und das „Langenscheidt-Gelb" schutzfähig sein.

(BGH Beschluss vom 9.7.2015 – I ZB 65/13 und Beschluss vom 23.10.2014 – ZB 61/13)

Keine Unterscheidungseignung haben lange Wortfolgen wie:

„Die Vision: EINZIGARTIGES ENGAGEMENT IN TRÜFFELPRALINEN

Der Sinn: Jeder weiß WAS wann zu tun ist und was NICHT zu tun ist

Der Nutzen: Alle tun das RICHTIGE zur richtigen Zeit"

(BGH Beschluss vom 1.7.2010 – I ZB 35/09)

e) Recherche nach älteren Kennzeichenrechten

Die Eintragung einer Marke kann eine ältere identische oder verwechselbar ähnliche Marke oder ein sonstiges Kennzeichen Dritter verletzen. Diese Kennzeichen sind, wenn sie früher begründet wurden, bevorrechtigt. Die Inhaber können gegen die Eintragung einer neuen Marke Widerspruch einlegen und auf diese Weise die Eintragung der neuen Marke verhindern.

Bei der Anmeldung einer EU-Marke ist dieses Risiko ungleich größer, da nicht nur ältere EU-Marken, sondern jede in einem anderen

Mitgliedstaat bereits eingetragene nationale Marke der Eintragung entgegen stehen kann.

Das Risiko älterer Markenrechte lässt sich nur durch eine Markenrecherche überschauen, die vor der Anmeldung der Marke vorgenommen werden sollte. Recherchiert werden kann hierfür in den Registern der Markenämter oder Firmenregister.

Tipp!

Sie sollten vor jeder Markenanmeldung recherchieren, ob bereits diese Marke oder eine ähnliche angemeldet und eingetragen ist. Hierbei sollten Sie sich durch Anwälte oder spezialisierte Dienstleister unterstützen lassen.

Abb. 3: DPMA-Maske bei der Einsteigerrecherche

f) Kosten der Markenanmeldung

Für die Markenanmeldung entstehen Gebühren bei den jeweiligen Markenämtern. Bei der Anmeldung und Eintragung einer deutschen Marke bei dem Deutschen Patent- und Markenamt liegt die Grundgebühr bei 300,00 EUR. Bei der Anmeldung und Eintragung einer EU-Marke beim Europäischen Markenamt liegt die Grundgebühr bei 900,00 EUR.

Die Grundgebühren erhöhen sich, wenn in mehr als drei Klassen Waren und Dienstleistungen geschützt werden sollen. In der Regel ist aber für die Grundgebühren ein solider Markenschutz zu erreichen.

> Die Grundgebühr für die Anmeldung einer deutschen Marke liegt bei 300,00 EUR.
>
> Die Grundgebühr für die Anmeldung einer EU-Marke liegt bei 900,00 EUR.

g) Der Markenschutz

Wer Markenschutz genießt, kann Dritten die Benutzung eines mit der geschützten Marke identischen Zeichens untersagen, sofern der Dritte das Zeichen für identische Waren oder Dienstleistungen verwendet.

Ist das von dem Dritten genutzte Zeichen nicht vollständig identisch mit dem geschützten Zeichen oder weicht es bezüglich der betroffenen Ware oder Dienstleistung ab, so kann der Markeninhaber vom Dritten die Unterlassung der Benutzung des Zeichens verlangen, wenn die jeweiligen Zeichen und Waren bzw. Dienstleistungen einander ähnlich sind und daher **Verwechslungsgefahr** besteht.

Bei **bekannten Marken** besteht ein Unterlassungsanspruch bereits dann, wenn ein Zeichen für eine beliebige Ware oder Dienstleistung verwendet wird, das der geschützten Marke ähnlich ist. Bekannte Marken sind somit auch dann geschützt, wenn keine Ähnlichkeiten zwischen den jeweils gekennzeichneten Waren bzw. Dienstleistungen bestehen.

2. Domains

Das World Wide Web setzt sich aus vielen unabhängigen Netzwerken zusammen, die selbst wiederum aus unzähligen Rechnern bestehen. Der Datenaustausch zwischen diesen Rechnern wird durch das Transmission Control Protocol/Internet Protocol (TCP/IP) ermöglicht.

Um sich nun auf seine Wunschseite einwählen zu können, werden als Zieladressen IP-Adressen benötigt. Diese Adressen bestehen aus Zahlen und ähneln einer Telefonnummer. Damit die Adressen benutzerfreundlich gestaltet werden können, werden Domainnamen genutzt. Die Domainnamen ersetzen die Zahlenfolgen.

Aus der Identifikationsfunktion eines Domainnamens bzw. einer Domain folgt, dass Internetadressen jeweils nur einmal vergeben werden können. Attraktive Domains sind daher sehr begehrt, und der Handel mit Ihnen ist ein lohnendes Geschäft.

> **i** Domains und Domainnamen können aufgrund ihrer Identifikationsfunktion jeweils nur einmal vergeben werden.

Domains sind im heutigen Wirtschafts- und Rechtsverkehr wie andere Wirtschaftsgüter zu betrachten. Sie haben einen in Geld messbaren Wert und sind veräußerlich. Domainnamen wie ebay.de, amazon.de oder google.de kommen Kennzeichnungs- und Identifikationsfunktionen zu.

> **i** Domains haben einen in Geld messbaren Wert und werden ganz allgemein als Wirtschaftsgut betrachtet.

a) Vergabeverfahren

Für das Vergabeverfahren von Domains sind verschiedene Organisationen verantwortlich, die sich hauptsächlich in Ihrem Zuständigkeitsbereich unterscheiden.

Für die weltweite Koordinierung und Verwaltung von Domainnamen ist die Non-Profit-Organisation ICAAN (Internet Corporation for Assigned Names and Numbers) verantwortlich. Ihr obliegt die technische Organisation des Domain-Name-Systems (DNS), welches wiederum die „Übersetzung" von IP-Adressen in Buchstabenkombinationen (Domains) beinhaltet. Für die Vergabe der Domainnamen ist jeweils ein sogenanntes Network Information Center (NIC) in jedem Land zuständig.

II. Marken und Domains

Für alle Top-Level-Domains mit der Endung „.de" ist die DENIC e.G. mit Sitz in Frankfurt a. M. die zentrale Vergabestelle.

Top-Level-Domain bezeichnet den letzten Namen der Namensfolge einer Domain (die Endung), dieser stellt zugleich die höchste Ebene der Namensauflösung dar.

Man unterscheidet zwischen generischen und geographischen Domains. Zu den generischen Domains gehören die Domains mit den Endungen .com (commercial), .org (gemeinnützige Organisationen), .net (Netzwerkprovider) und .info (Informationsdienste). Weitere TLDs sind beispielsweise .int (internationale Organisationen), .mil (US-military), .gov (US-governmental), .edu (US-educational), .aero (Luftfahrtindustrie), .biz (für Anbieter gewerblicher Websites), .coop (für genossenschaftliche Unternehmen), .mobi (für mobile Endgeräte), .museum (für Museen); .name (für natürliche Personen) sowie .pro (für Freiberufler).

Die geographischen Top-Level-Domains lassen sich jeweils einem Staat zuordnen. So ist .de für Deutschland reserviert, .ch für die Schweiz, .at für Österreich, .fr für Frankreich, .es für Spanien, .it für Italien und .uk für Großbritannien.

Die DENIC verfährt beim Vergabe- und Registrierungsverfahren von Domainnamen nach dem Prioritätsgrundsatz: „Wer zuerst kommt, mahlt zuerst". Eine Prüfung der anzumeldenden Domainnamen auf etwaige Kennzeichenrechtsverletzungen erfolgt nicht. Vielmehr muss der Antragsteller der DENIC versichern, dass durch die Registrierung keine Rechte Dritter verletzt werden.

Tipp!
Nahezu alle Network Information Center haben auf ihren Websites Domainabfragen eingerichtet. Dort lassen sich in der Regel der Domaininhaber und ein Ansprechpartner ermitteln. Für Deutschland ist die Domainabfrage unter www.denic.de erreichbar.

Durch die Registrierung der Domain bei der DENIC wird der Antragsteller umgehend Domaininhaber. Da es keine Pflicht der Führung einer Website bei Anmeldung einer Domain gibt, kann die Wunschdomain faktisch blockiert und somit „reserviert" werden, bis sie tatsächlich benötigt wird.

1. Kapitel Ein Startup gründen

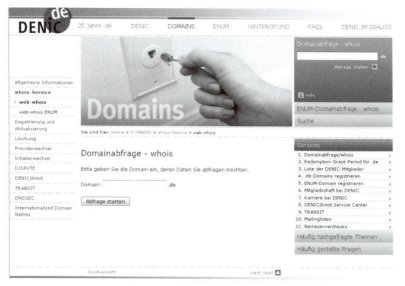

Abb. 4: Suchmaske bei DENIC.de zur Domain-Recherche

Tipp!

Wer sich eine bestimmte Domain diskret sichern möchte (etwa um Markennamen nicht zu früh preiszugeben), sollte die Domain nicht selbst, sondern durch einen Treuhänder registrieren lassen.

b) Registrierung

Die Registrierung erfolgt in aller Regel über einen Internetprovider. Mit dem Provider kommt ein Vertrag über die Registrierung der Domain zustande.

Tipp!

Achten Sie darauf, dass der Provider nicht sich, sondern Sie als Kunden als Domaininhaber bei der Vergabestelle eintragen lässt!

Bis zum BGH ging der Streit um die Domain „ritter.de". Nach Vertragsbeendigung weigerte sich der Provider, die Domain herauszugeben, die er im Auftrag des Kunden für sich selbst registriert hatte (BGH Beschluss vom 4.3.2004 – I ZR 50/03).

c) Domainrecht

Im Domainrecht geht es um konkurrierende Marken, Namen und das Wettbewerbsrecht. Die Nutzung fremder Marken und Namen als Domain ist zumeist verboten. Die Verwendung von Allgemeinbegriffen ist dagegen zulässig.

aa) Prioritätsprinzip

Seit dem Mitwohnzentrale-Urteil des BGH gilt für das Domainrecht das Prioritätsprinzip. Es ist nicht zu beanstanden, wenn sich ein Konkurrent eine besonders attraktive Domain (mitwohnzentrale.de) zum Missvergnügen der Mitbewerber sichert (BGH vom 17.5.2001 – I ZR 216/99).

Eine wettbewerbswidrige Irreführung kann zwar vorliegen, wenn der unzutreffende Eindruck einer Vorzugs-, Spitzen- oder Alleinstellung des Domainnutzers erweckt wird. Schon ein Hinweis auf der Eingangsseite einer Website auf vorhandene Mitbewerber schließt allerdings jegliche Fehlvorstellung über den Kreis dieser Mitbewerber aus.

Tipp!
Durch wahrheitsgemäße, klarstellende Hinweise lässt sich jeder Vorwurf einer Irreführung abwehren.

bb) Domain-Grabbing

Wenn Domainnamen nach dem Prinzip »First come, first served« vergeben werden, überrascht es nicht, dass Streitigkeiten über Domains entstehen.

Das Domain-Grabbing war in der Anfangszeit des Internet weit verbreitet. Findige Geschäftsleute entdeckten frühzeitig das wirtschaftliche Potenzial von Domainnamen und registrierten attraktive Domains in der Erwartung, zahlungskräftige Abnehmer zu finden. So musste beispielsweise Rolls Royce die Gerichte bemühen, um einem Domain-Grabber die Registrierung von rolls-royce.de zu untersagen (OLG München vom 12.8.1999 – 6 U 4484/98).

Die Rechtsprechung sieht im Domain-Grabbing eine vorsätzlich sittenwidrige Schädigung und hat in vielen Fällen Domain-Grabber zur Löschung von Domains verurteilt. Die Grenze zur Sittenwidrigkeit wird überschritten, wenn eine Domain ausschließlich mit der Absicht registriert wurde, die Domain demjenigen zum Kauf anzubieten, der aufgrund von Namens- oder Markenrechten ein Interesse an der Domain hat.

cc) Marke ./. Domain

Der Markeninhaber kann sich grundsätzlich gegen die Nutzung der Marke als Domain wehren.

Tipp!
Wer geschützte Marken als Bestandteil einer Domain zu geschäftlichen Zwecken verwenden möchte, sollte sicher sein, dass die Verwendung vom Markeninhaber geduldet wird.

Probleme bei der Nutzung fremder Marken bestehen, wenn

- das für die Domain verwendete Kennzeichen mit der geschützten Marke identisch ist und

- das Zeichen auch für Waren oder Dienstleistungen verwendet wird, die mit denjenigen identisch sind, auf die sich der Markenschutz erstreckt.

Tipp!
Die Verwendung einer Marke der Konkurrenz als Domain ist absolut tabu.

Der Markenschutz greift nicht nur in einem solchen Extremfall, sondern bereits dann, wenn

- die verwendeten Zeichen und/oder

- die mit dem Zeichen gekennzeichneten Waren oder Dienstleistungen

ähnlich sind und Verwechslungsgefahr besteht.

Verwechslungsgefahr liegt vor, wenn der Durchschnittsnutzer annimmt, die unter dem Zeichen angebotenen Waren oder Dienstleistungen stammten von dem Markeninhaber oder dieser habe den Werbenden zu der Verwendung des Zeichens berechtigt.

II. Marken und Domains

Verwechslungsgefahr besteht bei der Verwendung der Domain eltern.de für einen Informationsdienst zu elternbezogenen Themen gegenüber dem Inhaber der Marke „Eltern" (LG Hamburg Urteil vom 25.3.1998 – 315 O 792/97). Dasselbe gilt für die Domain elternonline.de (OLG Hamburg Urteil vom 31.7.2003 – 3 U 145/02).

Die Verwechslungsgefahr der Marke „combit" mit der Domain kompit.de ergibt sich aus der klanglichen Ähnlichkeit (OLG Hamburg Urteil vom 14.12.2005 – 5 U 36/05).

Der Inhaber der Marke „Zahnwelt" klagte gegen die Domains zahnwelt-dortmund.de und kinderzahnwelt.de, die von einem Zahnarzt verwendet wurden. Das OLG Frankfurt/Main bejahte den Anspruch hinsichtlich der Domain zahnwelt-dortmund.de. Der Zusatz „Dortmund" schließe die Verwechslungsgefahr nicht aus. Bei der Domain kinderzahnwelt.de fehle es dagegen an einer Verwechslungsgefahr (OLG Frankfurt/Main Urteil vom 23.2.2012 – 6 U 256/10).

Der BGH verneinte eine Verwechslungsgefahr zwischen der Marke AIDA und der Domain aidu.de. Die Ähnlichkeit der Zeichen werde durch den Bedeutungsgehalt der Marke AIDA aufgehoben. Mit AIDA verbinde man in erster Linie die gleichnamigen Oper von Guiseppe Verdi (BGH Urteil vom 29.7.2009 – I ZR 102/07).

Der BGH verneinte auch eine Verwechslungsgefahr zwischen der Domain puremassageoil.com und der Marke „pjur". Im Schriftbild sei keine ausreichende Ähnlichkeit vorhanden (BGH Urteil vom 9.2.2012 – I ZR 100/10).

Das OLG Karlsruhe entschied, dass zwischen der für alkoholfreie Getränke eingetragenen Marke „Biovin" und der Domain biovino.de eines Weinhändlers keine Verwechslungsgefahr besteht (OLG Karlsruhe vom 9.4.2003 – 6 U 80/02).

Das OLG Hamburg verneinte eine Verwechslungsgefahr zwischen der Marke „test" der Stiftung Warentest und der Domain test24.de (OLG Hamburg Urteil vom 8.2.2007 – 3 U 109/06) wegen der schwachen Kennzeichnungskraft der Marke „test".

Die Marke „weg.de" hat für ein Internet-Reiseportal nur schwache Unterscheidungskraft. Eine Verwechslungsgefahr mit der Domain mcweg.de besteht daher selbst bei Branchenidentität nicht (OLG Köln Urteil vom 22.1.2010 – 6 U 141/09).

1. Kapitel Ein Startup gründen

Keine Verwechslungsgefahr besteht zwischen der (gleichfalls schwachen) Wortmarke „ARD-Wahltipp" und der Domain wahltipp.de (LG Düsseldorf Urteil vom 25.1.2006 – 2a O 267/05).

Auch eine Klage des Inhabers der Wortmarke „Print 24" gegen die Nutzung der Domain printshop24.de scheiterte, da sich die Marke an der untersten Grenze der Schutzfähigkeit bewegt und daher der Zusatz „shop" ausreicht, um eine Verwechslungsgefahr auszuschließen (LG Leipzig Urteil vom 19.2.2004 – 5 O 7401/03).

> **i** Der Markenschutz gilt nur im geschäftlichen Verkehr. Eine Privatperson kann eine Markenverletzung nicht begehen. Das Markenrecht liefert daher keine Handhabe gegen die Nutzung einer Domain für eine private Homepage.

> **Q** Coca-Cola kann sich markenrechtlich gegen die Nutzung der Domain coca-cola.info durch einen Konkurrenten wehren, nicht jedoch ohne weiteres gegen die Nutzung der Domain durch den Betreiber eines privaten Diskussionsforums.

> **i** Der Markenschutz greift nicht durch, wenn eine Domain lediglich registriert ist, nicht jedoch genutzt wird. Wenn sich nicht nachweisen lässt, dass eine geschäftsmäßige Verwendung geplant ist, muss der Markeninhaber die Registrierung der Domain hinnehmen.

dd) Name ./. Domain

Für Privatpersonen, aber auch für Städte und Gemeinden ist das Namensrecht (§ 12 BGB) eine Grundlage für Ansprüche auf Löschung einer Domain bzw. auf Unterlassung der Domainnutzung. Dasselbe gilt für Unternehmensnamen.

Das Namensrecht erfasst neben dem so genannten Zwangsnamen (dem bürgerlichen Namen) auch den Wahlnamen. Pseudonyme und Phantasienamen werden ebenso geschützt wie Unternehmens- und Ortsbezeichnungen.

> **i** Das Namensrecht erlischt mit dem Tod des Namensträgers (BGH Urteil vom 5.10.2006 – I ZR 277/03 – kinski-klaus.de).

II. Marken und Domains

Träger eines Namensrechts sind beispielsweise auch der Verein und die Gesellschaft bürgerlichen Rechts.

Der Vorname ist namensrechtlich geschützt, wenn entweder eine überragende Bekanntheit der betreffenden Person oder aber eine erhebliche Kennzeichnungskraft des Vornamens vorliegt (BGH Urteil vom 23.10.2008 – I ZR 11/06 – raule.de)

> Das OLG Hamburg vertrat die Auffassung, dass die Fernsehmoderatorin Verona Pooth es sich nicht gefallen lassen muss, dass die Domain verona.tv für eine Weiterverweisung auf die Website seitensprung.de genutzt wird (OLG Hamburg Beschluss vom 27.8.2002 – 3 W 78/01).

> Das OLG München wies die Klage eines Mannes mit dem Vornamen Mauricius gegen die Domain „mauricius.de" ab, weil Vornamen regelmäßig keine Namensfunktion besitzen und es an einer hinreichenden Kennzeichnungskraft fehlt (OLG München Urteil vom 4.7.2013 – 29 U 5038/12).

Eine Namensfunktion kann auch der Bezeichnung eines Gebäudes zukommen, wenn sie im Sprachgebrauch zu seiner Benennung anerkannt ist (BGH Urteil vom 28.9.2011 – I ZR 188/09 – Landgut Borsig).

> Der Bund konnte aufgrund seines Namensrechts die Nutzung der Domain verteidigungsministerium.de gerichtlich unterbinden lassen (LG Hannover Urteil vom 12.9.2001 – 7 O 251/01).

> Das Land Hessen war erfolgreich in einem Rechtsstreit um die Domain hessentag2006.de (LG Frankfurt/Main Beschluss vom 29.4.2005 – 2/3 O 583/04).

> Das LG Berlin sah in der Registrierung der Domain kanzler-schroeder.de einen Verstoß gegen das Namensrecht des Bundeskanzlers (LG Berlin Beschluss vom 12.8.2003 – 23 O 374/03).

> Erfolglos blieb die namensrechtliche Klage der Deutsche Bahn AG gegen die Registrierung und Nutzung der Domain bahnhoefe.de (LG Köln Urteil vom 22.12.2005 – 84 O 55/05).

> Das LG Potsdam hatte den Streit zwischen dem Land Brandenburg und einer Bürgerinitiative um die Domain polizeibrandenburg.de zu entscheiden. Das Gericht gab der Klage des Landes statt (LG Potsdam Urteil vom 16.1.2002 – 2 O 566/01).

Der durchschnittliche Internetnutzer wird die Domain fcbayern.es mit dem gleichnamigen Fußballverein in Verbindung bringen. Die Klage des deutschen Rekordmeisters war daher erfolgreich (OLG Köln Urteil vom 30.4.2010 – 6 U 208/09).

Keinen Erfolg hatte ein Herr Süß, der einem Erotikanbieter die Nutzung der Domain süss.de untersagen wollte (OLG Nürnberg Urteil vom 12.4.2006 – 4 U 1790/05).

Ohne Erfolg blieb auch die Klage eines Herrn Netz gegen die Registrierung der Domain netz.de durch einen gewerblichen Anbieter (OLG Stuttgart Urteil vom 7.3.2002 – 2 U 184/01).

Zum gegenteiligen Ergebnis gelangte das OLG München in einem Rechtsstreit um die Domain duck.de. Obwohl es sich bei dem Domainnamen um einen (englischsprachigen) Sachbegriff handelt, vertrat das OLG München der Auffassung, dem Namen komme eine „erhebliche Individualisierungsfunktion" zu (OLG München Urteil vom 10.1.2002 – 6 U 3512/01).

Erfolgreich war die Klage des Schlossherrn gegen die Nutzung der Domain schloss-eggersberg.de durch eine Dokumentarfilmerin, die einen Film über das Schloss drehen wollte (LG München I Urteil vom 1.4.2008 – 33 O 15411/07).

Anders entschied das LG Hamburg einen Rechtsstreit um die Domain schaumburg-lippe.de. Dem klagenden Fürsten zu Schaumburg-Lippe stehe an dem Domainnamen zwar ein Namensrecht gemäß § 12 BGB zu. „Schaumburg-Lippe" sei jedoch auch die Bezeichnung einer landschaftlichen Region, sodass es nicht die Interessen des Namensträgers verletze, wenn die Domain für eine Website mit landeskundlichen, touristischen, historischen und ähnlichen Inhalten genutzt werde (LG Hamburg Urteil vom 22.12.2003 – 315 O 377/03).

ee) Streit unter Gleichnamigen

Unter Gleichnamigen gilt das Prioritätsprinzip. Der Schnellere ist im Vorteil. Dies ist nach Auffassung des BGH rechtlich nicht zu beanstanden (BGH Urteil vom 22.11.2001 – I ZR 138/99 – shell.de).

Das Prioritätsprinzip wird allerdings durch das Rücksichtnahmegebot eingeschränkt. Daher machte der BGH im Fall von shell.de eine Ausnahme vom Prioritätsgrundsatz im Hinblick auf den überragenden Bekanntheitsgrad der Marke Shell und das sehr deutliche Überwiegen der Interessen des Mineralölkonzerns an der Domainnutzung im Vergleich zu den Interessen des Domaininhabers, eines Übersetzers mit dem Nachnamen „Shell".

Die Stadt Vallendar in Rheinland-Pfalz verlor gegen die Brennerei Hubertus Vallendar, weil Letztere bei der Domain-Registrierung schneller war (OLG Koblenz Urteil vom 25.1.2002 – 8 U 1842/00).

Das LG Erfurt wies die Klage der Stadt Suhl ab, die sich gegen die Nutzung der Domain suhl.de durch ein Unternehmen richtete, das Suhl als Bestandteil seines Namens führte (LG Erfurt Urteil vom 31.1.2002 – 3 O 2554/01).

Ebenso entschied das LG Flensburg in dem Prozess um die Domain sandwig.de, als es die Klage der Stadt Glücksburg gegen einen Privatmann namens Sandwig abwies (LG Flensburg vom 8.1.2002 – 2 O 351/01).

Tipp!
Wenn Sie eine Verletzung Ihrer Rechte durch eine .de-Domain befürchten, sollten Sie umgehend einen Dispute-Eintrag bei der DENIC veranlassen. Die DENIC wird die Domain dann nicht an einen Dritten übertragen. Lässt der Domaininhaber die Domain löschen, fällt sie automatisch Ihnen zu.

Erst nach dem Dispute-Eintrag sollten Sie an den Domaininhaber herantreten und die Löschung der Domain verlangen. Denn jetzt kann der Inhaber die Domain nicht mehr – aus Wut oder Berechnung – an Dritte verschieben mit der Folge, dass Sie sich mit einem neuen Domaininhaber auseinandersetzen müssen.

2. Kapitel

Online-Vertrieb

I. Die Gestaltung eines Online-Shops

1. Impressum

Das Impressum (oder auch die Anbieterkennzeichnung) ist für einen Online-Shop unbedingt erforderlich. Es dient als „Aushängeschild", indem es dem Kunden sämtliche Informationen über den Händler bereithält. Der Kunde weiß damit, mit wem er Geschäfte betreibt. Dadurch wird ein anonymer Handel erschwert und ein seriöser Geschäftsverkehr ermöglicht.

a) Impressumspflicht und Auffindbarkeit

Gemäß § 5 Telemediengesetz (TMG) trifft die Impressumspflicht jeden Diensteanbieter für geschäftsmäßige, in der Regel gegen Entgelt angebotene Telemedien.

> *Diensteanbieter ist jede natürliche oder juristische Person, die eigene oder fremde Telemedien zur Nutzung bereit hält oder den Zugang zur Nutzung vermittelt (§ 2 Nr. 1 TMG).*

Telemedien sind sehr weit zu verstehen. Hierzu zählen beispielsweise:

- Websites
- Blogs
- Online-Shops

- Online-Auktionshäuser
- Suchmaschinen
- Chatrooms

Die Impressumspflicht gilt für alle geschäftsmäßigen Websites. Keine Impressumspflicht besteht für rein private Websites. Der Anwendungsbereich des § 5 TMG ist allerdings nicht auf kostenpflichtige Telemedien beschränkt.

> **i** Der Begriff der Geschäftsmäßigkeit wird von den Gerichten teils sehr weit verstanden. Eine Geschäftsmäßigkeit kann sich bereits aus Werbebannern ergeben, die auf einer (ansonsten privaten) Website zu finden sind.

Die Impressumspflicht gilt für den jeweiligen Diensteanbieter, der nicht notwendig mit dem Betreiber der jeweiligen Website identisch ist. Sie besteht auch bei fehlenden Bestell- und sonstigen Interaktionsmöglichkeiten.

Bei Portalen wie Ebay und Amazon Marketplace gibt es eine Vielzahl von Diensteanbietern. Wer dort einen Shop betreibt, muss ein Impressum bereithalten.

Eine Impressumspflicht besteht auch für kommerzielle Seiten in Sozialen Netzwerken wie Twitter, Facebook und Xing. Der Shop, der dort Seiten unterhält, muss dafür sorgen, dass alle Impressumsangaben über diese Seiten erreichbar und abrufbar sind.

> Für jeden Online-Shop-Betreiber gilt die Impressumspflicht. Die Impressumspflicht erstreckt sich auch auf Ebay-Shops und Shops bei Amazon Marketplace und auf ähnliche Plattformen. Sie gilt auch für Werbeseiten in Sozialen Netzwerken wie Facebook und Xing.

Das Impressum sollte einfach und jederzeit aufzufinden sein. Hierzu sollte ein Klick, etwa auf den Link, genügen. Der Kunde darf nicht erst lange scrollen müssen, um den Link zum Impressum aufzufinden (OLG München Urteil vom 12.2.2004 – 29 U 4564/03).

Das Impressum sollte nicht in einem ungewöhnlichen Format gestaltet sein. Eine leichte Erkennbarkeit der Informationen setzt voraus, dass ein Durchschnittsnutzer mit einem standardmäßig eingestellten Browser von den Pflichtangaben Kenntnis nehmen kann.

Das Impressum sollte gut lesbar sein. Eine kleinere Schriftgröße ist nicht angebracht. Auch bei der Nutzung eines mobilen Endgerätes (eines Smartphones oder Tablets) muss das Impressum in zumutbarer Weise lesbar sein.

> **Tipp!**
> Setzen Sie einen Link in einen Footer, der an jedem Ort der Website zu sehen ist oder bieten Sie eine Leiste an der Seite an, von der man überall auf das Impressum zugreifen kann.

> Das Impressum darf nicht in die AGB oder Datenschutzerklärung integriert werden!

Es reicht aus, wenn das Impressum von jeder Unterseite der Website über zwei Klicks erreichbar ist. Dabei ist es unschädlich, wenn der erste Link mit „Kontakt" und erst der zweite Link mit „Impressum" bezeichnet ist (BGH Urteil vom 20.7.2006 – I ZR 185/03).

Bei Ebay genügt es, wenn das Impressum des Shopbetreibers auf der „Mich"-Seite zu finden ist.

Für die Linkbezeichnung ausreichend sind „Kontakt" und „Impressum", aber auch „Webimpressum", „Anbieterkennzeichnung" oder „Informationen nach § 5 TMG".

> **Tipp!**
> Verwenden Sie die Bezeichnung „Impressum", um jegliche Missverständnisse auszuschließen.

b) Inhalt des Impressums

Nach § 5 Abs. 1 TMG müssen einige Angaben im Impressum gemacht werden. Diese sind Grundvoraussetzung; der Händler kann, muss aber nicht weitergehende Angaben machen.

> *Folgende Angaben gehören unbedingt in das Impressum:*
>
> ☐ *Name und Anschrift*
> ☐ *Kontaktinformationen*

Folgende Angaben müssen gegebenenfalls gemacht werden:

☐ Angaben zur zuständigen Aufsichtsbehörde

☐ Registerangaben

☐ berufsrechtliche Angaben

☐ Angabe der Umsatzsteuer- und Wirtschafts-Identifikationsnummer

☐ Liquidationsvermerk

HÄRTING Rechtsanwälte PartGmbB
vertreten durch RA Niko Härting

Chausseestraße 13
10115 Berlin
Tel. +49 30 28 30 57 40
Fax +49 30 28 30 57 44
mail@haerting.de

Sitz Berlin, Amtsgericht Charlottenburg PR 965 B
Umsatzsteueridentifikationsnummer: DE220452523

Die Rechtsanwälte von HÄRTING Rechtsanwälte sind Mitglieder der Rechtsanwaltskammer Berlin. Die Berufsbezeichnung "Rechtsanwalt" wurde in der Bundesrepublik Deutschland verliehen.

Für die Tätigkeit von Rechtsanwälten gelten die Bundesrechtsanwaltsordnung (BRAO), das Rechtsanwaltsvergütungsgesetz (RVG) und die Berufsordnung für Rechtsanwälte (BORA) sowie die Fachanwaltsordnung (FAO). Die aktuellen berufsrechtlichen Regelungen sind auf der Website der Bundesrechtsanwaltskammer abrufbar.

Berufshaftpflichtversicherung: Allianz SE, Königinstraße 28, 80802 München, Räumlicher Geltungsbereich: Europa

▶ Unsere Datenschutzerklärung.

Design und Umsetzung
publicgarden GmbH
Schumannstraße 17
10117 Berlin
Tel. +49 30 28 88 49 00
www.publicgarden.de

Fotos
Bernd Jaworek Photography
Tel. +49 173 35 05 691
www.bernd-jaworek.com

Abb. 5: Impressum von haerting.de

aa) Name und Anschrift

Das Gesetz sieht folgende Angaben bei natürlichen oder juristischen Personen vor.

Natürliche Personen. Natürliche Personen müssen Vor- und Familiennamen angeben. Des Weiteren muss eine vollständige und korrekte (ladungsfähige) Postanschrift angegeben werden. Ein Postfach ist hierfür nicht ausreichend.

Juristische Personen. Juristische Personen sind beispielsweise Verein, UG, GmbH oder AG. Nach § 2 TMG sind auch Personengesellschaften wie eine GbR, OHG oder KG gleichgestellt, sofern sie mit der Fähigkeit ausgestattet sind, Rechte zu erwerben und Verbindlichkeiten einzugehen.

Juristische Personen müssen ihren vollständigen und korrekten Firmennamen angeben. Hierzu zählen die Rechtsform, der Sitz sowie der Name des Vertretungsberechtigten. Bei gesetzlichen Vertretungsberechtigten handelt es sich dabei je nach Rechtsform um den Vorstand, den Geschäftsführer, den Komplementär oder einen Gesellschafter. Auch ein rechtsgeschäftlicher Vertretungsberechtigter wie ein Prokurist, ein Handelsvertreter oder ein sonstiger Bevollmächtigter kann in Frage kommen. Bei mehreren Vertretern genügt die Benennung einer Person.

> Angaben über das Kapital der Gesellschaft sind nicht erforderlich. Wenn solche Angaben jedoch (freiwillig) in das Impressum aufgenommen werden, besteht eine Verpflichtung zur Vollständigkeit. Anzugeben sind dann sowohl das Stamm- oder Grundkapital als auch der Gesamtbetrag ausstehender Einlagen.

bb) Kontaktinformationen

Des Weiteren müssen Kontaktinformationen angegeben werden. Hierunter zählen eine E-Mail-Adresse sowie ein weiteres elektronisches oder nicht-elektronisches Kommunikationsmittel (Beispiel. Telefonnummer). Weitere Kontaktmöglichkeiten können Fax, ICQ, Facebook oder Skype sein.

Die Verwendung eines Anrufbeantworters ist zulässig, sofern ein zeitnaher Rückruf erfolgt. Eine sofortige Reaktion wird nicht erwartet. Ebenso kann eine Reaktion außerhalb der Geschäftszeiten des Diensteanbieters nicht erwartet werden.

cc) Angabe der Aufsichtsbehörde

Nach § 5 Abs. 1 Nr. 3 TMG muss die zuständige Aufsichtsbehörde bei Diensten angegeben werden, die der behördlichen Zulassung bedürfen. Dies gilt auch dann, wenn die Behörde (noch) keine Zulassung erteilt hat.

> **i** Dieser Verpflichtung müssen beispielsweise Gastronomiebetriebe, Makler, Bauträger und Spielhallenbetreiber nachkommen.

Sinn und Zweck dieser Angabe ist, dass sich der Nutzer bei der zuständigen Behörde über den Diensteanbieter erkundigen und erforderlichenfalls beschweren kann.

> **i** Fallen Aufsichtsbehörde und Zulassungsbehörde auseinander, so muss die Aufsichtsbehörde genannt werden.

> ✓ **Tipp!**
> Setzen Sie neben den Namen der Aufsichtsbehörde einen Link zu deren Website, damit der Kunde diese leicht kontaktieren kann. Es empfiehlt sich zudem, die postalische Anschrift der Behörde in das Impressum mitaufzunehmen.

dd) Angabe des Registers

Sofern ein Diensteanbieter in ein Handels-, Vereins-, Partnerschafts- oder Genossenschaftsregister eingetragen ist, müssen das Register und die Registernummer angegeben werden. Dies gilt auch dann, wenn der Anbieter in einem ausländischen Register eingetragen ist.

ee) Berufsrechtliche Angaben

Nach § 5 Abs. 1 Nr. 5 TMG müssen die Träger sämtlicher Berufe, deren Zulassung gesetzlich geregelt ist oder die eines Diploms oder eines Befähigungsnachweises bedürfen, spezielle Angaben in das Impressum aufnehmen.

> **i** Zu den Berufsgruppen gehören: Ärzte, Apotheker, Rechtsanwälte, Steuerberater, Wirtschaftsprüfer, Gesundheitshandwerker (zB Optiker und Akustiker), Psychotherapeuten, Architekten, Stadtplaner, Ingenieure und Heilhilfsberufe (zB Logopäden, Hebammen, Physiotherapeuten etc.).

Zu den Pflichtangaben zählt die Kammer, der die Berufsträger angehören. Des Weiteren vorgeschrieben sind Angaben über die gesetzliche Berufsbezeichnung und den Staat, in dem die Berufsbezeichnung verliehen worden ist. Schließlich müssen die jeweiligen

I. Die Gestaltung eines Online-Shops

berufsrechtlichen Regelungen genannt werden, einschließlich einer Angabe, wie diese zugänglich sind. Hierzu zählen alle rechtlich verbindlichen Normen, die die Voraussetzungen für die Ausübung des Berufes oder die Führung des Titels sowie ggf. spezielle Pflichten der Berufsangehörigen regeln.

> **Tipp!**
> Setzen Sie einen Link auf die Website der Kammer, auf der die berufsrechtlichen Regelungen einzusehen sind.

ff) Umsatzsteuer- und Wirtschafts-Identifikationsnummer

Gemäß § 5 Abs. 1 Nr. 6 TMG muss der Diensteanbieter eine Umsatzsteuer-Identifikationsnummer angeben, wenn er eine besitzt. Dasselbe gilt für eine etwaige Wirtschafts-Identifikationsnummer.

gg) Liquidationsvermerk

Aktiengesellschaften, Kommanditgesellschaften und Gesellschaften mit beschränkter Haftung, die sich in der Abwicklung bzw. in der Liquidation befinden, müssen in ihr Impressum einen Liquidationsvermerk einfügen.

c) Nichtbeachtung der Impressumspflicht

Ein falsches oder fehlendes Impressum ist ein häufiger Abmahngrund. Die Konkurrenz kann das Impressum genau unter die Lupe nehmen und bei Fehlern eine Abmahnung aussprechen. Vor allem für kleine Unternehmen kann dies teuer werden.

Zudem liegt nach dem TMG bei falschen oder fehlenden Impressumsangaben eine Ordnungswidrigkeit vor. Die Aufsichtsbehörde kann gemäß § 16 Abs. 3 TMG ein Bußgeld in Höhe von bis zu 50.000 EUR erlassen.

> **Tipp!**
> Achten Sie stets auf ein vollständiges und korrektes Impressum!

d) Disclaimer und andere Zusatzangaben

Vielfach findet man im Impressum Disclaimer, die eine Haftung ausschließen oder beschränken sollen. Auch Urheberrechtshinweise, Hinweise zur Nutzung der Website oder auch Hinweise auf Markenrechte sind als zusätzliche Informationen im Impressum weit verbreitet.

All diese Angaben sind durch § 5 TMG nicht vorgeschrieben. Sie sind zudem rechtlich vielfach bedeutungslos. Denn ein Disclaimer gilt beispielsweise nur, wenn der Kunde mit der gewünschten Haftungsbeschränkung einverstanden ist. Ein solches Einverständnis kann der Shopbetreiber nur einholen, indem er die gewünschte Regelung in die AGB oder auch in Nutzungsbedingungen aufnimmt und den Kunden dazu veranlasst, sich mit den AGB oder den Nutzungsbedingungen einverstanden zu erklären.

Als einseitige Erklärungen sind Disclaimer und andere Zusatzangaben im Impressum zumeist nutzlos.

Tipp!

Disclaimer und Hinweise zum Urheber- oder Markenrecht gehören nicht in das Impressum. Dasselbe gilt für Angaben zum Datenschutz und für andere rechtliche Hinweise. Lassen Sie sich nicht dadurch verunsichern, dass derartige Angaben weitverbreitet sind. „Copy und Paste" ist eine schlechte und unnütze Methode, wenn es um die rechtliche Absicherung geht.

2. AGB und Datenschutzerklärung

a) AGB

Allgemeine Geschäftsbedingungen (AGB) sind häufig in Online-Shops zu sehen. Doch sind AGB für das Betreiben eines Online-Shops überhaupt nötig? Und welche gesetzlichen Anforderungen sind zu beachten?

aa) Was sind AGB?

Der Vertrieb von Waren und Dienstleistungen im Internet ist ein Massengeschäft. Typischerweise erfolgt der Vertragsschluss auf der Grundlage von Vertragsbedingungen, die der Anbieter dem Vertrags-

I. Die Gestaltung eines Online-Shops

partner als festen Bestandteil seiner Leistung vorgibt. Damit ist der Anwendungsbereich des AGB-Rechts eröffnet.

Das AGB-Recht gilt nicht nur für das „Kleingedruckte", sondern für alle standardmäßig verwendeten Vertragsinhalte, die der Online-Anbieter vorgibt. Wenn beispielsweise ein Bestellformular nur die wesentlichen Vertragsklauseln nennt und im Übrigen per Hyperlink auf „Allgemeine Geschäftsbedingungen" verwiesen wird, ist das AGB-Recht nicht nur auf die Vertragsbestandteile anzuwenden, die ausdrücklich als „Allgemeine Geschäftsbedingungen" gekennzeichnet sind.

> Gemäß § 305 Abs. 1 BGB sind Allgemeine Geschäftsbedingungen für eine Vielzahl von Verträgen vorformulierte Vertragsbedingungen, die eine Vertragspartei (Verwender) der anderen Vertragspartei bei Abschluss eines Vertrags stellt.

bb) Erforderlichkeit von AGB

Es gibt keine gesetzliche Verpflichtung zur Verwendung von AGB. Es steht dem Online-Händler ohne Weiteres frei, auf AGB gänzlich zu verzichten.

Dennoch sind AGB gängig und üblich. Dies liegt daran, dass sich der Vertragsinhalt durch AGB zugunsten des Händlers modifizieren lässt. Möchte der Online-Händler Einfluss auf die Vertragsgestaltung nehmen, führt kein Weg an AGB vorbei.

Das BGB regelt die Rechte und Pflichten von Käufern und Verkäufern umfassend. Durch AGB lassen sich Regelungen schaffen, die von den gesetzlichen Vorgaben abweichen.

Allerdings unterliegen AGB einer strengen Inhaltskontrolle, die dazu führen kann, dass einzelne AGB rechtlich unwirksam sind.

> AGB können den Verbraucherschutz nicht außer Kraft setzen oder einschränken. Durch AGB lassen sich die gesetzlichen Rechte des Verbrauchers nicht umgehen.

AGB sind sinnvoll, um in einem übersichtlichen Schriftstück alle Fragen des Vertragsschlusses und der Vertragsabwicklung zusammenzufassen. AGB können typische Problemfälle – etwa Lieferverzögerungen oder den Zahlungsverzug des Käufers – behandeln und ein Regelwerk schaffen, das im Konfliktfall Klarheit schafft und Gerichtsverfahren vermeidet.

cc) Einbeziehung von AGB

Damit AGB überhaupt Vertragsbestandteil werden, müssen sie in den Vertrag einbezogen werden. Hierzu sieht § 305 Abs. 2 BGB für Verträge mit Verbrauchern folgende Voraussetzungen vor:

> 1. *Der Händler muss den Kunden bei Vertragsschluss ausdrücklich auf die AGB hinweisen.*
>
> 2. *Der Händler muss dem Kunden die Möglichkeit verschaffen, in zumutbarer Weise von dem Inhalt der AGB Kenntnis zu nehmen.*
>
> 3. *Der Kunde muss mit der Geltung der AGB einverstanden sein.*

Ausdrücklicher Hinweis. Der Kunde muss bei Vertragsschluss auf die AGB ausdrücklich hingewiesen werden. Hierzu ist das Setzen eines Hyperlinks ausreichend, der ohne Umwege zu einem Dokument oder zu einer separaten Seite mit den AGB führt.

Die AGB müssen sich in unmittelbarer räumlicher und zeitlicher Nähe zum Bestellformular befinden. Dem Kunden muss es möglich sein, auch bei kurzer Betrachtung den Link zu den AGB wahrzunehmen. Ein zusätzlicher Footer, in dem die AGB von jeder Seite der Website aus zu erreichen ist, empfiehlt sich.

Tipp!
Es reicht nicht aus, dass der Link nur auf der Startseite des Shops angezeigt wird.

Ist der Hyperlink zu den AGB von einem Durchschnittskunden auch bei flüchtiger Betrachtung der Website nicht zu übersehen und ist er darüber hinaus klar als Hinweis auf verbindliche Vertragsbestimmungen formuliert, so genügt er den gesetzlichen Anforderungen. Ist der Hinweis dagegen auf einer unübersichtlichen Internetseite – etwa zwischen einer Vielzahl anderer Hyperlinks – versteckt und kann der durchschnittliche Leser den Hinweis leicht übersehen, kann von einer „Ausdrücklichkeit" des Hinweises nicht mehr die Rede sein.

Wer als gewerblicher Händler einen Ebay-Shop oder einen Shop bei Amazon Marketplace betreibt, muss seinen Kunden bei Vertragsschluss darauf hinweisen, dass der Kaufvertrag nur unter Zugrundelegung der eigenen, bei Amazon abrufbaren Geschäftsbedingungen zustande kommen soll. Anderenfalls scheitert eine Einbeziehung.

> **Tipp!**
> Das Bestellformular muss mit einem deutlich gestalteten und formulierten Hinweis auf die AGB versehen werden. Dabei kann der Hinweis mit einem Link zu den AGB verbunden werden.

Möglichkeit der Kenntnisnahme. Dem Kunden muss es zudem möglich sein, von den AGB Kenntnis zu nehmen. Ein Link, der ohne Umschweife zu den AGB führt, reicht hierzu völlig aus.

> **Tipp!**
> Vermeiden Sie Linkketten! Durch Anklicken des Links „AGB" sollte der Kunde die AGB direkt aufrufen und abspeichern oder ausdrucken können.

Einverständnis. Der Kunde muss der Geltung der AGB zustimmen.

Viele Shopbetreiber bedienen sich bei der Einbindung der AGB einer Checkbox, bei der die Kunden über das Setzen eines Häkchens den AGB zustimmen müssen. Dies ist zwar nach dem Wortlaut des Gesetzes und der Rechtsprechung nicht notwendig, jedoch sehr empfehlenswert zum Zwecke der Beweissicherung. Bei der Gestaltung der Kontrollseite sollte man darauf achten, dass sich die Checkbox nicht erst unterhalb des Bestellbuttons befindet. Zudem sollte die Checkbox nicht bereits per Voreinstellung angeklickt sein.

> **Tipp!**
> Verwenden Sie bei der Bestellübersicht eine Einverständniserklärung, die der Kunde per Checkbox anklicken kann. Die Erklärung sollte lauten: „Mit der Geltung der Allgemeinen Geschäftsbedingungen bin ich einverstanden."

Auf diese Weise sichern Sie sich den Beweis, dass der Kunde sich mit den AGB einverstanden erklärt hat.

Allgemeine Geschäftsbedingungen

☐ Ich akzeptiere die → Beförderungsbedingungen.

Abb. 6: Beispiel einer AGB-Checkbox bei bahn.de

Vorsicht Abmahngefahr: Verzichten Sie auf weitergehende Klauseln wie „Ich habe die AGB gelesen und verstanden und bin mit der Geltung einverstanden". Derartige Klauseln sind nach § 309 Nr. 12 b BGB unwirksam, da es sich um Tatsachenbestätigungen handelt, für die ein gesetzliches Klauselverbot gilt.

Hat der Kunde den Bestellbutton angeklickt und die Bestellung versandt, ist es für eine Einbeziehung der AGB zu spät. Durch die Bestellung gibt der Kunde einen Antrag gemäß § 145 BGB ab. Wenn der Händler bis dahin einen Hinweis auf seine AGB versäumt hat, kann er dies nicht ohne Weiteres nachholen. Ein „nachträglicher" Hinweis auf die AGB stellt eine Modifikation des Antrages dar, die nach § 150 Abs. 2 BGB nur wirksam wird, wenn der Kunde zustimmt.

Wenn Sie erst in der Mail, mit der Sie die Bestellung annehmen, auf Ihre AGB hinweisen, ist dies für eine Einbeziehung zu spät. Die AGB werden in einem solchen Fall nur dann verbindlich, wenn der Kunde nach Erhalt der Mail den AGB zustimmt.

Überraschende Klauseln. Nach § 305c Abs. 1 BGB werden überraschende Klauseln nicht Vertragsbestandteil. Dabei handelt es sich um Klauseln, die so ungewöhnlich sind, dass der Vertragspartner nicht mit ihnen zu rechnen braucht.

Wird in den AGB eines Software-Verkäufers eine Klausel „versteckt", die den Käufer zur Abnahme und Bezahlung zukünftiger Updates der Software verpflichtet, so handelt es sich gemäß § 305c Abs. 1 BGB um eine überraschende Klausel, die nicht Vertragsbestandteil wird.

Dasselbe gilt, wenn sich eine Zahlungspflicht des Kunden ausschließlich aus den AGB eines Gewinnspielanbieters ergibt (Kammergericht Urteil vom 18.9.2009 – 5 U 81/07).

Lange Zeit waren Internetdienste weit verbreitet, deren Websites den Eindruck kostenloser Angebote vermittelten, obwohl im Kleingedruckten eine Entgeltpflicht geregelt war („Abofallen"). Derartige AGB-Klauseln sind überraschende Klauseln und werden nicht Vertragsbestandteil.

I. Die Gestaltung eines Online-Shops

dd) Inhalt von AGB

Alle AGB-Klauseln im B2C-Bereich müssen einer Inhaltskontrolle nach den §§ 307 bis 309 BGB standhalten. Der Verbraucher soll vor Klauseln geschützt werden, die ihn – im Vergleich zu den gesetzlichen Regelungen – schlechter stellen.

§ 307 BGB erklärt Klauseln für unwirksam, die den Verbraucher unangemessen benachteiligen. Hierunter fallen insbesondere AGB-Klauseln, die wesentlichen Grundgedanken eines Gesetzes oder dem Vertragszweck widersprechen.

In den §§ 308 und 309 BGB werden einzelne Klauseln aufgezählt, die unwirksam sind.

Im B2B-Bereich gilt nur die Inhaltskontrolle nach der Generalklausel des § 307 BGB. Bei der Bewertung von AGB-Klauseln werden jedoch durch die Rechtsprechung Überlegungen und Wertungen aus den §§ 308, 309 BGB herangezogen. Der Gestaltungsspielraum im B2B-Bereich ist daher faktisch nicht wesentlich größer als bei Verbraucherverträgen (B2C).

Tipp!
Das Netz wimmelt von AGB mit unwirksamen Klauseln. Übernehmen Sie daher unter keinen Umständen ungeprüft die AGB eines anderen Anbieters!

ee) Beispiele für unwirksame AGB-Klauseln

Lieferzeit. In den AGB kann die Lieferfrist angegeben werden. Achten Sie jedoch darauf, dass vage Formulierungen wie „in der Regel" oder „so bald wie möglich" unzulässig sind.

Unwirksam ist eine Klausel, wonach die Lieferfrist „in der Regel 1–2 Werktage" bei Versand über ein bestimmtes Unternehmen beträgt. Damit bleibt unklar, was bei einem anderweitigen Versand gilt und was unter einem „Regelfall" zu verstehen ist. Es fehlt an einer hinreichenden Bestimmtheit (§ 308 Nr. 1 BGB, OLG Bremen Urteil vom 8.9.2009 – 2 W 55/09).

Annahmefrist. Verwendet ein Internet-Versandhändler eine Klausel, wonach der Vertrag wahlweise durch schriftliche Bestätigung des Auftrags (E-Mail, Fax, Brief) oder durch Versenden der Ware zustande kommt, so ist die Klausel nach § 308 Nr. 1 BGB unwirksam. Mit Hilfe einer solchen Klausel behält sich der Verwender eine zu ungenaue Frist für die Annahme oder Ablehnung einer Bestellung vor (LG Leipzig Urteil vom 4.2.2010 – 8 O 1799/09).

Haftungsausschluss. Haftungsausschlussklauseln sind gang und gäbe. Häufig sind sie unwirksam. Dies ergibt sich aus § 309 Nr. 7 BGB.

Für die Verletzung von Leben, Körper oder Gesundheit ist jeder Haftungsausschluss unwirksam. Dasselbe gilt für die Produkthaftung nach dem Produkthaftungsgesetz (ProdHaftG).

Bei sonstigen Schäden lässt sich (nur) die Haftung für leichte Fahrlässigkeit ausschließen, dies aber auch nur insoweit, als es nicht um die Verletzung vertraglicher „Kardinalpflichten" geht.

Die Haftung kann nur bei leichter Fahrlässigkeit ausgeschlossen werden. Auch hier ist jedoch Vorsicht geboten! Lassen Sie sich anwaltlich beraten, falls Sie die Haftung beschränken wollen.

Eine Haftungsklausel kann lauten:

„Unbeschränkte Haftung: Wir haften unbeschränkt für Vorsatz und grobe Fahrlässigkeit sowie nach Maßgabe des Produkthaftungsgesetzes. Für leichte Fahrlässigkeit haften wir bei Schäden aus der Verletzung des Lebens, des Körpers und der Gesundheit von Personen.

Im Übrigen gilt folgende beschränkte Haftung: Bei leichter Fahrlässigkeit haften wir nur im Falle der Verletzung einer wesentlichen Vertragspflicht, deren Erfüllung die ordnungsgemäße Durchführung des Vertrags überhaupt erst ermöglicht und auf deren Einhaltung Sie regelmäßig vertrauen dürfen (Kardinalpflicht). Die Haftung für leichte Fahrlässigkeit ist der Höhe nach beschränkt auf die bei Vertragsschluss vorhersehbaren Schäden, mit deren Entstehung typischerweise gerechnet werden muss. Diese Haftungsbeschränkung gilt auch zugunsten unserer Erfüllungsgehilfen."

Ausschluss der Gewährleistungsrechte. Der Shopbetreiber kann durch seine AGB die gesetzlichen Gewährleistungsrechte nicht einschränken oder ausschließen, soweit es um Neuware geht, § 309

I. Die Gestaltung eines Online-Shops

Nr. 8b) BGB. Nur bei Gebrauchtwaren besteht die Möglichkeit eines wirksamen Haftungsausschlusses, sofern es sich um ein B2B-Geschäft handelt.

Unwirksam sind beispielsweise folgende Klauseln:

„Die Haftung für Sachmängel ist ausgeschlossen."

„Bei Mängeln ist nur Nachbesserung oder Umtausch möglich."

„Die Ausübung der Gewährleistungsrechte bei Mängeln ist nur gegenüber dem Hersteller möglich."

Bei B2C-Geschäften ist es unwirksam, die gesetzliche Gewährleistungsfrist von zwei Jahren zu verkürzen. Nur bei Gebrauchtwaren ist eine Verkürzung auf ein Jahr zulässig.

Eine korrekte AGB-Klausel würde demnach lauten:

„Wenn Sie Verbraucher im Sinne des § 13 BGB sind, beträgt die Verjährungsfrist für Gewährleistungsansprüche bei gebrauchten Sachen – abweichend von den gesetzlichen Bestimmungen – ein Jahr. Diese Beschränkung gilt nicht für Ansprüche aufgrund von Schäden aus der Verletzung des Lebens, des Körpers oder der Gesundheit oder aus der Verletzung einer wesentlichen Vertragspflicht, deren Erfüllung die ordnungsgemäße Durchführung des Vertrags überhaupt erst ermöglicht und auf deren Einhaltung der Vertragspartner regelmäßig vertrauen darf (Kardinalpflicht) sowie für Ansprüche aufgrund von sonstigen Schäden, die auf einer vorsätzlichen oder grob fahrlässigen Pflichtverletzung des Verwenders oder seiner Erfüllungsgehilfen beruhen."

Preiserhöhung. Unwirksam sind Klauseln, die kurzfristige Preiserhöhungen vorsehen.

Nach § 309 Nr. 1 BGB können die Preise für Waren oder Leistungen, die innerhalb von vier Monaten nach Vertragsschluss geliefert oder erbracht werden sollen, nicht erhöht werden.

Jede Preisanpassungsbefugnis muss so formuliert werden, dass sie sich auf nachträgliche Kostenerhöhungen beschränkt und die Erzielung eines „zusätzlichen Gewinns" ausschließt (BGH Urteil vom 11.10.2007 – III ZR 63/07).

Änderungsvorbehalt. § 308 Nr. 4 BGB verbietet Klauseln, die einen Änderungsvorbehalt enthalten, wenn die Änderung für den Vertragspartner nicht zumutbar ist. Es geht hierbei um Klauseln, in denen sich der AGB-Verwender das Recht vorbehält, die versprochene Leistung zu ändern oder von ihr abzuweichen.

Unwirksam ist folgende Klausel:
„Sollte ein bestimmter Artikel nicht lieferbar sein, senden wir Ihnen in Einzelfällen einen qualitativ und preislich gleichwertigen Artikel (Ersatzartikel) zu." (BGH Urteil vom 21.9.2005 – VIII ZR 284/04)

Aus dem Transparenzgebot lässt sich ableiten, dass es nicht ausreicht, Änderungsklauseln unter den ganz allgemein gefassten Vorbehalt der „Zumutbarkeit" für den Käufer zu stellen. Ebenso wenig reicht es aus, eine Änderungsklausel unter die Bedingung zu stellen, dass ein „triftiger" Grund für die Änderung vorliegt. Es bedarf der konkreten Benennung von Gründen, die den Anbieter zu einer Leistungsänderung berechtigen sollen (BGH Urteil vom 11.10.2007 – III ZR 63/07).

Fiktion. Nicht erlaubt sind Klauseln, die einen Beweis zugunsten des Verwenders erbringen sollen (§ 309 Nr. 12 BGB).

Ein Beispiel ist folgende (gängige, aber unwirksame) Klausel:
„Ich habe die AGB gelesen."

Vertragsänderungen lassen sich durch fingierte Erklärungen bewirken.

Eine Klausel, die das Schweigen des Kunden auf die Mitteilung von Änderungen als Zustimmung gelten lässt, ist grundsätzlich wirksam, wenn dem Kunden eine angemessene Widerspruchsfrist eingeräumt wird (§ 308 Nr. 5 BGB). Allerdings ist die Grenze des Zulässigen (§ 307 Abs. 1 Satz 1 BGB) überschritten, wenn es um Änderungen geht, die sich auf die vertraglichen Hauptleistungspflichten erstrecken (BGH Urteil vom 11.10.2007 – III ZR 63/07).

Transportschäden. Grundsätzlich gilt im B2C-Bereich, dass der Unternehmer das Risiko für Transportschäden trägt (§ 474 Abs. 4 BGB). Es ist daher unzulässig, das Transportrisiko auf den Kunden abzuwälzen. Genauso wenig kann in den AGB festgehalten werden, dass der Kunde verpflichtet ist, die Ware sofort nach Erhalt auf Transportschäden zu untersuchen. Bei Verbrauchern existiert keine Untersuchungs- und Rügepflicht.

Eine korrekte Klausel lautet daher:

„Werden Waren mit offensichtlichen Transportschäden angeliefert, so reklamieren Sie solche Fehler bitte sofort bei dem Zusteller und nehmen Sie bitte schnellstmöglich Kontakt zu uns auf.

Die Versäumung einer Reklamation oder Kontaktaufnahme hat für Ihre gesetzlichen Gewährleistungsrechte keine Konsequenzen. Sie helfen uns aber, unsere eigenen Ansprüche gegenüber dem Frachtführer bzw. der Transportversicherung geltend zu machen."

Transparenzgebot. Für AGB gilt stets das Transparenzgebot: AGB müssen klar und verständlich verfasst sein. Die Schriftgröße muss lesbar sein. Der Text ist mit Absätzen zu versehen (kein reiner Fließtext).

AGB müssen ein Mindestmaß an Übersichtlichkeit aufweisen. Darüber hinaus müssen AGB-Klauseln in ihrem Kernbereich klar und für einen Durchschnittskunden verständlich sein.

Je länger die AGB, desto aufwändiger die Lektüre. AGB sollten nicht übertrieben langatmig gefasst werden, da dem Kunden anderenfalls die Lektüre unzumutbar erschwert wird. Der Umfang der Geschäftsbedingungen muss im Verhältnis zur Bedeutung des Geschäfts stehen.

Intransparent ist eine Klausel, wenn sie die Rechtslage unzutreffend oder missverständlich darstellt (BGH Urteil vom 20.5.2010 – Xa ZR 68/09).

Eine Fluggesellschaft verstößt gegen das Transparenzgebot, wenn für den Kunden auf Grund der vielfältigen, verwirrend dargestellten Bedingungen unklar bleibt, welche Bedingungen für die jeweils gewählte Reise gelten (AG Frankfurt/Main Urteil vom 21.2.2006 – 31 C 2972/05).

Wenn Sie den Online-Shop in mehreren Sprachen anbieten, so sollten auch die AGB in diesen Sprachen verfügbar sein!

b) Datenschutzerklärung

i Wenn **personenbezogene Daten** erhoben, **verarbeitet** oder genutzt werden, ist das **Datenschutzrecht** zu beachten.

Jede halbwegs professionelle Website eines Online-Händlers hat heutzutage eine Datenschutzerklärung (englisch: „Privacy Policy"). In der Datenschutzerklärung wird dem Besucher der Website erklärt, ob und inwieweit der Besuch der Website mit der Verarbeitung personenbezogener Daten verbunden ist.

i Der Begriff der „Datenschutzerklärung" ist nicht zwingend. Ebenso können Begriffe wie „Datenschutzbestimmungen", „Hinweise zum Datenschutz" oder „Datenschutzhinweise gemäß § 13 Abs. 1 TMG" gewählt werden.

§ 13 Abs. 1 Satz 1 Telemediengesetz (TMG) verpflichtet dazu, Nutzer einer Website zu Beginn des Nutzungsvorgangs über Art, Umfang und Zwecke der Erhebung und Verwendung personenbezogener Daten in allgemein verständlicher Form zu unterrichten. Diese Informationspflicht lässt sich am besten durch eine Datenschutzerklärung erfüllen.

Die Datenschutzerklärung muss Informationen über Art, Umfang und Zwecke der Datenerhebung, -verarbeitung und -nutzung enthalten. Wenn Daten außerhalb der EU verarbeitet werden sollen, ist dies den Kunden zudem mitzuteilen. Zu informieren ist auch über alle Cookies, die gesetzt werden (§ 13 Abs. 1 Satz 2 TMG).

Tipp!

Umfang und Ausgestaltung der Datenschutzerklärung hängen davon ab, welche Daten bei der Nutzung Ihrer Website erhoben werden. All diese Daten müssen genannt werden; Datenverarbeitungsvorgänge und deren Zwecke müssen möglichst präzise erklärt werden.

Von der Datenschutzerklärung ist die Einwilligung zu unterscheiden. Falls eine Einwilligung benötigt wird, kann die Einwilligungserklärung mit einem Klickfeld per Link verbunden werden, der auf die Datenschutzerklärung verweist. Durch die Verlinkung kommt der Anbieter der Verpflichtung nach, den Nutzer über die Zwecke der

I. Die Gestaltung eines Online-Shops

Datenerhebung und -verwendung zu informieren, auf die sich die Einwilligung bezieht („informierte Einwilligung", § 4a Abs. 1 Satz 2 BDSG).

> **i** Die Datenschutzerklärung kann eine Einwilligung des Nutzers nicht ersetzen. Allerdings ist nicht immer eine Einwilligung notwendig, sondern nur dann, wenn es keine gesetzliche Vorschrift gibt, die die Datenverarbeitung (auch ohne Einwilligung) erlaubt.

aa) Was sind personenbezogene Daten?

> **§** *Was personenbezogene Daten sind, sagt § 3 Abs. 1 Bundesdatenschutzgesetz (BDSG): „**Personenbezogene Daten sind Einzelangaben über persönliche oder sachliche Verhältnisse einer bestimmten oder bestimmbaren natürlichen Person (Betroffener)**."*
>
> *Einzelangaben sind Informationen, die sich auf eine bestimmte – einzelne – natürliche Person beziehen, zB Adresse, auf den Inhaber zurückführbare E-Mail-Adresse, Familienstand, Beruf oder andere Daten, die einen Bezug zur Person herstellen, zB Ausweisnummer, Versicherungsnummer, Telefonnummer.*

> **i** Das Datenschutzrecht gilt nicht für juristische Personen. Vereine, Parteien, GmbHs und Aktiengesellschaften können sich nicht auf das Datenschutzrecht berufen.

> Unternehmensdaten sind nicht durch das Datenschutzrecht, wohl aber durch andere Rechtsnormen geschützt. Zu erwähnen sind der Schutz von Betriebs- und Geschäftsgeheimnissen durch § 17 UWG und der Schutz des Rechts am eingerichteten und ausgeübten Gewerbebetrieb sowie der Schutz des Unternehmerpersönlichkeitsrechts durch § 823 Abs. 1 BGB.

Bei anonymen bzw. pseudonymen E-Mail-Adressen („schatz@fastmail.de") oder IP-Adressen muss differenziert werden. Es ist nicht jedem möglich, mit diesen Daten Personenbezug herzustellen. Die Daten sind zwar für den Provider personenbeziehbar, da er sie auf den Inhaber zurückführen kann. Für außenstehende Dritte, die keinen Zugriff auf die Personenzuordnung haben, handelt es sich jedoch nicht um personenbezogene Daten.

Personenbezogen sind nur die Daten, die sich auf eine bestimmte oder bestimmbare natürliche Person beziehen. Dies ist der Fall, wenn die Daten mit dem Namen des Betroffenen verbunden sind oder sich aus dem Inhalt bzw. dem Zusammenhang der Bezug unmittelbar herstellen lässt.

Tipp!

Was genau unter Personenbezug zu verstehen ist, ist heiß umstritten und gerichtlich nicht geklärt. Die Datenschutzbehörden neigen dazu, den Personenbezug unendlich weit zu fassen und jedes Datum, das auch nur theoretisch mit einer natürlichen Person etwas zu tun haben könnte, als Fall für das Datenschutzrecht zu verstehen. Daher empfiehlt es sich zur Vermeidung von Streit, das Datenschutzrecht auch dann zu beachten, wenn ein Personenbezug eher fernliegt.

Wer für alle Cookies, E-Mail- und IP-Adressen datenschutzkonform bleibt, kann sich Ärger ersparen.

bb) Was bedeutet Verarbeitung und Nutzung von Daten?

Unter dem „Erheben" von Daten versteht man die Beschaffung der Daten. Hiervon zu unterscheiden ist die Verarbeitung und Nutzung der Daten. Unter einer „Verarbeitung" versteht man das Speichern, Verändern, Übermitteln, Sperren und Löschen von Daten.

Speichern ist das „Erfassen, Aufnehmen oder Aufbewahren personenbezogener Daten auf einem Datenträger zum Zwecke ihrer weiteren Verarbeitung oder Nutzung", § 3 Abs. 4 Nr. 1 BDSG. Hierunter fallen alle Arten der Speicherung von Daten auf Datenträgern.

Verändern ist das „inhaltliche Umgestalten gespeicherter personenbezogener Daten", § 3 Abs. 4 Nr. 2 BDSG.

Übermitteln ist das „Bekanntgeben gespeicherter oder durch Datenverarbeitung gewonnener personenbezogener Daten an einen Dritten", § 3 Abs. 4 Nr. 3 BDSG. Dritte sind Personen oder Institutionen außerhalb der ursprünglich erhobenen Stelle. Ein Übermitteln liegt daher in der Weitergabe von Daten an Dritte.

I. Die Gestaltung eines Online-Shops

Sperren *ist das „Kennzeichnen gespeicherter personenbezogener Daten, um ihre weitere Verarbeitung oder Nutzung einzuschränken", § 3 Abs. 4 S. 2 Nr. 4 BDSG.*

Löschen *ist die „Unkenntlichmachung gespeicherter personenbezogener Daten", § 3 Abs. 4 S. 2 Nr. 5 BDSG. Die Daten müssen endgültig und dauerhaft gelöscht werden. Dies kann durch Löschung oder Vernichtung des Datenträgers, aber auch durch Unleserlichmachung und Überschreibung erfolgen.*

Nutzen *von Daten ist jede Verwendung personenbezogener Daten, soweit es keine Verbreitung ist, § 3 Abs. 5 BSDG. Hierunter soll alles fallen, was von den oben genannten Punkten nicht abgedeckt wird. Beispiele für die Nutzung von Daten sind das Duplizieren der Daten, die Auswertung von Daten und die Mitteilung der Daten an den Betroffenen selbst.*

Anonymisieren *bedeutet zum einen, personenbezogene Daten dergestalt zu verändern, dass Einzelangaben über persönliche oder sachliche Verhältnisse nicht mehr einer bestimmten oder bestimmbaren natürlichen Person zugeordnet werden können. Zum anderen liegt eine Anonymisierung auch vor, wenn Daten so verändert werden, dass sie nur noch „mit einem unverhältnismäßig großen Aufwand an Zeit, Kosten und Arbeitskraft" einer Person zugeordnet werden können, § 3 Abs. 6 BDSG.*

Pseudonymisieren *bedeutet nach § 3 Abs. 6a BDSG das „Ersetzen des Namens und anderer Identifikationsmerkmale durch ein Kennzeichen zu dem Zweck, die Bestimmung des Betroffenen auszuschließen oder wesentlich zu erschweren". Im Unterschied zum Anonymisieren ist es beim Pseudonymisieren in der Regel noch möglich, mittels einer in einem Programm hinterlegten Zuordnungsregel eine Zuordnung zu einer bestimmten Person vorzunehmen.*

Für alle Varianten der Datenerhebung, Datenverarbeitung und Datennutzung gilt das Datenschutzrecht. **i**

cc) Welche datenschutzrechtlichen Verpflichtungen ergeben sich bei der Erhebung, Verarbeitung und Nutzung von personenbezogenen Daten?

Im Grundsatz gilt, dass jede Erhebung, Verarbeitung und Nutzung von personenbezogenen Daten verboten ist, wenn der Betroffene nicht zugestimmt hat und wenn es zudem keine gesetzliche Erlaubnis gibt, § 4 Abs. 1 BDSG. Dieser Grundsatz, den § 12 Abs. 1 TMG für Telemedien wiederholt, wird als „Verbot mit Erlaubnisvorbehalt" bezeichnet.

Für jede Art der Erhebung, Verarbeitung und Nutzung von Daten bedarf es einer Erlaubnis durch Gesetz oder einer Einwilligung. Gesetzliche Vorschriften, aus denen sich eine Erlaubnis ergibt, finden sich im BDSG, aber auch in vielen anderen gesetzlichen Vorschriften.

> Die Datenerhebung, Datenverarbeitung und Datennutzung ist grundsätzlich verboten, wenn es sich um personenbezogene Daten handelt. Das Verbot wird aufgehoben, wenn ein Gesetz oder die Einwilligung des Betroffenen dies zulässt.

dd) Gesetzliche Erlaubnistatbestände

Um zu klären, welcher gesetzliche Erlaubnistatbestand einschlägig ist, lassen sich Daten unterscheiden in Bestandsdaten, Nutzungsdaten und Inhaltsdaten.

ee) Bestands- und Nutzungsdaten

> **Bestandsdaten** im Sinne des § 14 TMG sind die Grunddaten des Vertragsverhältnisses zwischen Anbieter und Nutzer. Dazu zählen die Personalien des Nutzers, dessen Nutzername und Passwort, die Anschrift des Nutzers und seine E-Mailadresse.
>
> **Nutzungsdaten** gemäß § 15 TMG sind alle Daten, die die Inanspruchnahme von Telemedien überhaupt ermöglichen oder die der Abrechnung dienen, zB Merkmale zur Identifikation des Nutzers, Angaben über Beginn und Ende sowie den Umfang der jeweiligen Nutzung, Cookies, oder Angaben über die vom Nutzer in Anspruch genommenen Telemedien.

Für Bestands- und Nutzungsdaten gilt, dass sie unter den Voraussetzungen der §§ 14 und 15 TMG ohne Einwilligung des Betroffenen erhoben werden können.

Bestandsdaten. § 14 Abs. 1 TMG erlaubt dem Diensteanbieter die Erhebung von Bestandsdaten und setzt ein Vertragsverhältnis zwischen Diensteanbieter und Nutzer voraus. Unabhängig davon, ob es sich um einen entgeltlichen oder einen unentgeltlichen Vertrag handelt, lässt sich bei jedem Vertrag zwischen Diensteanbieter und Nutzer ein legitimes Interesse des Diensteanbieters an der Speicherung und Nutzung von Daten bejahen, die dem Diensteanbieter die Identifizierung seines Vertragspartners ermöglichen.

Nutzungsdaten. Wenn für die Nutzung eines Telemediums eine Vergütung vereinbart wird, die von der Häufigkeit, Dauer oder Intensität der Nutzung abhängt, muss das Nutzerverhalten zu Abrechnungszwecken nachgehalten und erfasst werden. Es geht dann gemäß § 15 Abs. 1 TMG um Nutzungsdaten, die ohne Einwilligung des Nutzers verarbeitet werden dürfen und zu denen insbesondere die Identität des Nutzers, der Beginn, das Ende sowie der Umfangs einer Nutzung und die Art der in Anspruch genommenen Telemedien zählen. Zu den Nutzungsdaten können auch Daten über die Nutzungsdauer oder die Anzahl von Downloads gehören sowie der Benutzername und das Passwort.

ff) Inhaltsdaten

Für Inhaltsdaten hält das BSDG vor allem in den §§ 28 und 29 Erlaubnistatbestände bereit.

Der wichtigste Erlaubnistatbestand ist § 28 Abs. 1 Satz 1 Nr. 2 BDSG. Danach ist die Verarbeitung von Daten zulässig, soweit dies zur Wahrung berechtigter Interessen des Datenverarbeiters erforderlich ist und kein Grund zu der Annahme besteht, dass das schutzwürdige Interesse des Betroffenen an dem Ausschluss der Verarbeitung oder Nutzung überwiegt.

Als Inhaltsdaten werden Daten bezeichnet, die bei der Nutzung eines Telemediendienstes anfallen, aber keine Bestands- oder Nutzungsdaten sind, zB Profildaten in Sozialen Medien und Daten auf Informationsseiten einer Website.

gg) Einwilligung des Betroffenen

Wenn es an einer gesetzlichen Erlaubnis fehlt, bedarf die Datenverarbeitung der Einwilligung des Betroffen.

Nach § 4a BDSG ist eine Einwilligungserklärung nur wirksam, wenn folgende Erfordernisse eingehalten werden:

- die freie Entscheidung des Betroffenen, § 4a Abs. 1 Satz 1 BDSG
- der Hinweis auf den vorgesehenen Zweck der Verwendung, § 4a Abs. 1 Satz 1 BDSG
- der weitere Hinweis auf die Folgen der Verweigerung der Einwilligung, soweit erforderlich oder von dem Betroffenen verlangt, § 4a Abs. 1 Satz 2 BDSG.

Unwirksam sind alle pauschalen Erklärungen, in denen der Betroffene seine Zustimmung zu nicht klar definierten Verarbeitungsprozessen erteilt. Es muss deutlich sein, unter welchen Bedingungen welche Daten genutzt werden sollen, damit der Betroffene die Tragweite seines Einverständnisses einschätzen kann.

VEGGI möchte gerne zum Zwecke der Analyse von Nutzerdaten und zur Optimierung ihres Internetangebots Daten wie den Namen des Internetproviders, die IP-Adresse, den Browser und das Betriebssystem im Hintergrund sammeln und Einwilligungserklärungen der Nutzer einholen.

Die Einwilligung kann durch das Setzen eines Häkchens geschehen mit einer Verlinkung zur Datenschutzerklärung, in der die Zwecke der Datenerhebung und -verarbeitung genau beschrieben werden.

§ 13 Abs. 2 TMG ermöglicht eine elektronische Einwilligungserklärung. Zur Wirksamkeit einer solchen Erklärung muss der Anbieter dafür Sorge tragen, dass der Nutzer seine Einwilligung bewusst und eindeutig erteilt. Zudem ist jede Einwilligung zu protokollieren, und der Nutzer muss imstande sein, den Inhalt der Einwilligung jederzeit abzurufen.

Den Anforderungen an eine informierte Einwilligung genügt es, wenn die Einwilligung durch ein Anklickfeld erteilt wird und in unmittelbarer Nähe des Anklickfelds klar und deutlich auf die

I. Die Gestaltung eines Online-Shops

Datenschutzbestimmungen verwiesen wird, die dann über einen Hyperlink abrufbar sind.

Das Anklickfeld ist allerdings nicht zwingend erforderlich. Vielmehr kann auch Fettdruck ausreichen. Aus § 4a BDSG ergibt sich nicht, dass die Einwilligung nur dann wirksam ist, wenn der Nutzer eine gesonderte Einwilligungserklärung unterzeichnet oder ein Kästchen angekreuzt hat. Daher kann die Einwilligung auch zusammen mit anderen Erklärungen abgegeben werden, sofern sie graphisch – zum Beispiel durch Fettdruck – besonders hervorgehoben wird (§ 4a Abs. 1 Satz 4 BDSG).

Es ist zulässig, die Einwilligungserklärungen in Allgemeine Geschäftsbedingungen aufzunehmen, ohne dass es des Ankreuzens eines gesonderten Anklickfeldes bedarf („Opt In"). Zulässig ist es auch, dem Nutzer lediglich die Möglichkeit zu geben, aktiv die Einwilligung zu verweigern („Opt Out") – etwa durch Streichung der Einwilligungserklärung (BGH Urteil vom 16.7.2008 – VIII ZR 348/06).

Es verstößt gegen das Transparenzgebot wenn eine Einwilligungserklärung an versteckter Stelle mitten in AGB untergebracht ist. Dasselbe gilt, wenn die Klausel verschwommen als Erlaubnis zur Weitergabe von Daten an Dritte „zur Formulierung von bedarfsgerechten Angeboten und Informationen" formuliert ist (LG Dortmund Urteil vom 23.2.2007 – 8 O 194/06).

hh) Nutzungsprofile, Cookies, IP-Adressen

Nutzungsprofile. Für Nutzungsprofile verlangt § 15 Abs. 3 TMG eine Pseudonymisierung. Der Nutzer ist über die Profilbildung zu informieren und hat zudem ein Widerspruchsrecht („Opt-Out").

Die Profilbildung erfolgt in aller Regel über Cookies und IP-Adressen.

Cookies. Cookies sind kleine Dateien, die auf dem Rechner des Nutzers abgelegt werden, um Informationen über den Nutzer zu sammeln. Auf einem Cookie ist eine Identifikationsnummer (Kennung) gespeichert, die bei wiederholten Besuchen einer Website an deren Betreiber übertragen wird. Auf diese Weise kann man bei dem Betreiber der Website feststellen, dass es sich um einen „Wiederholungsbesucher" handelt.

In aller Regel sind Cookies „anonym", da mit dem Cookie keine Daten übertragen werden, die Personenbezug aufweisen. Die Übertragung beschränkt sich auf eine Kennung, die die Funktion erfüllt, den Nutzer zu identifizieren, ohne dass eine Deanonymisierung möglich ist.

Unabhängig vom Personenbezug ist der Nutzer allerdings über gesetzte Cookies nach § 13 Abs. 1 Satz 2 TMG zu informieren.

Angaben über alle gesetzten Cookies gehören in jede Datenschutzerklärung.

Eine Information über Cookies kann lauten:

„Wir setzen Cookies beispielsweise ein, um Sie als Nutzer identifizieren zu können, ohne dass Sie sich gesondert einloggen müssen. Die Verwendung führt nicht dazu, dass wir neue personenbezogene Daten über Sie als Onlinebesucher erhalten. Die meisten Internet-Browser akzeptieren Cookies automatisch. Sie können Ihren Browser jedoch so konfigurieren, dass keine Cookies auf Ihrem Computer gespeichert werden oder stets ein Hinweis erscheint, wenn Sie ein neues Cookie erhalten."

IP-Adressen. Eine IP-Adresse ist eine Ziffernfolge, die bei einer Internetnutzung entsteht. Die Nummer gibt Auskunft darüber, von welchem Internetanschluss zu einer bestimmten Zeit das Internet genutzt wurde. Die IP-Adresse enthält zudem Angaben über den Ort der Nutzung und den Provider, über den die Internetnutzung erfolgt ist.

Zu unterscheiden ist zwischen statischen und dynamischen Adressen: Statische IP-Adressen sind einem bestimmten Anschluss bei der Einwahl ins Internet fest zugeordnet. Dynamische IP-Adressen sind Adressen, die vom jeweiligen Access-Provider bei jeder Einwahl neu vergeben werden. Die Nutzung dynamischer IP-Adressen ist der Normalfall.

IP-Adressen – egal ob statisch oder dynamisch – werden im Internet an vielen Stellen erhoben und gespeichert. Insbesondere nehmen zahlreiche Website-Betreiber eine Speicherung der IP-Adressen aller Nutzer vor, die die jeweilige Website besuchen.

Wenn es sich bei IP-Adressen um personenbezogene Daten handelt, darf der Website-Betreiber die Daten nach § 15 Abs. 1 TMG (Nutzungsdaten) ohne Einwilligung der Nutzer nur erheben oder verwen-

I. Die Gestaltung eines Online-Shops

den, soweit dies erforderlich ist, um die Bereitstellung des Dienstes zu ermöglichen und abzurechnen. Da es an diesen Voraussetzungen zumeist fehlt, würde es regelmäßig der Einwilligung eines jeden Internetnutzers bedürfen.

Tipp!

Ob IP-Adressen Personenbezug haben, ist gerichtlich nicht geklärt. Bis zu einer Klärung empfiehlt es sich, von einem Personenbezug auszugehen und vorsorglich Einwilligungserklärungen einzuholen, wenn IP-Adressen erhoben und gespeichert werden sollen.

Tracking Tools. Viele Website-Betreiber nutzen Google Analytics und andere Tracking Tools, um Nutzerbewegungen im Internet zu verfolgen. Google Analytics ermöglicht einem Websitebetreiber die Analyse aller Besuche durch statistisch aufbereitete Auswertungsergebnisse. Durch Google Analytics lässt sich erfassen, wie Besucher auf die Website gekommen sind, welche Seiten sie aufrufen, an welcher Stelle sie die Website verlassen und wie lange sie sich auf der Website aufhalten. Darüber hinaus gibt Google Analytics darüber Aufschluss, aus welchen Ländern und Regionen die Besucher stammen. Google Analytics ermöglicht damit dem Betreiber einer Website, die Besucher und deren Gewohnheiten kennenzulernen und sich auf diese Gewohnheiten einzustellen. Das Tracking dient der Erfolgskontrolle im Online-Marketing und ist für Betreiber von Webshops von erheblicher Bedeutung.

Google Analytics nutzt die Spuren, die ein Internetnutzer beim Surfen im Netz hinterlässt. Diese Spuren bestehen im Wesentlichen aus Cookies und IP-Adressen und rufen den Datenschutz auf den Plan. Einerseits ist eine Auswertung des Nutzerverhaltens geradezu unerlässlich zur Verbesserung von Internetangeboten – beispielsweise für eine automatische Wahl der Muttersprache des Nutzers. Auch ermöglicht das Tracking eine zielgerechte Lieferung von Informationen und Werbung, abgestimmt auf die Bedürfnisse und Gewohnheiten des Nutzers. Andererseits entsteht eine umfangreiche Sammlung persönlicher Daten. Auf Google-Servern werden zahlreiche Daten gespeichert, ohne dass der Nutzer einen Überblick über die gespeicherten Daten und deren Verwendung hat. Dies mag nicht so sehr stören, wenn es um Daten aus einer Suchabfrage zum nächsten Urlaubsziel geht. Anders jedoch bei dem diskreten Besuch von Chat-Foren oder dem Abruf pornografischer Internetangebote.

Tipp!

Ob und inwieweit es sich bei den Nutzerdaten, die über Tracking Tools ausgewertet werden, um personenbezogene Daten handelt, ist gerichtlich nicht geklärt.

Soweit möglich, empfiehlt es sich daher, beim Einsatz von Tracking Tools vorsorglich Einwilligungserklärungen der Nutzer einzuholen. Jedenfalls gehören präzise Hinweise zu den verwendeten Tools und deren Funktionsweise in die Datenschutzerklärung.

Ein Hinweis zu Tracking Tools kann lauten:

„Zum Zwecke der bedarfsgerechten Gestaltung und fortlaufenden Optimierung unserer Seiten nutzen wir Webanalyse-Dienste. In diesem Zusammenhang werden pseudonymisierte Nutzungsprofile erstellt und Cookies verwendet. Die durch den Cookie erzeugten Informationen über Ihre Benutzung dieser Website wie

- Browser-Typ/-Version;
- verwendetes Betriebssystem;
- Referrer-URL (die zuvor besuchte Seite);
- Hostname des zugreifenden Rechners (IP-Adressse);
- Uhrzeit der Serveranfrage

werden an Server übertragen und dort gespeichert. Die Informationen werden verwendet, um die Nutzung der Website auszuwerten, um Reports über die Websiteaktivitäten zusammenzustellen und um weitere mit der Websitenutzung und der Internetnutzung verbundene Dienstleistungen zu Zwecken der Marktforschung und bedarfsgerechten Gestaltung dieser Internetseiten zu erbringen. Auch werden diese Informationen gegebenenfalls an Dritte übertragen, sofern dies gesetzlich vorgeschrieben ist oder soweit Dritte diese Daten im Auftrag verarbeiten.

Es wird in keinem Fall die IP-Adresse mit anderen den Nutzer betreffenden Daten in Verbindung gebracht. Die IP-Adressen werden anonymisiert, so dass eine Zuordnung nicht möglich ist (IP-Masking).

Der Nutzer kann die Installation der Cookies durch eine entsprechende Einstellung der Browser-Software verhindern; wir weisen jedoch darauf hin, dass in diesem Fall gegebenenfalls nicht sämtliche Funktionen dieser Website vollumfänglich genutzt werden können.

Der Erstellung von Nutzungsprofilen kann der Nutzer jederzeit widersprechen. Für die Mitteilung des Widerspruchs können die genannten Kontaktdaten verwendet werden."

3. Nutzungsbedingungen und Registrierung

a) Was sind Nutzungsbedingungen?

Nutzungsbedingungen legen die Regeln fest, die für den Besuch der Website gelten. Sie werden rechtlich verbindlich, wenn sie Bestandteil eines Vertrages mit dem Besucher sind, wie dies etwa bei einer Registrierung der Fall ist.

Durch den bloßen Besuch von Internetseiten entsteht kein Vertrag mit dem Betreiber der Seiten. Allerdings hat der Seitenbetreiber – auch ohne einen solchen Vertrag – ein „virtuelles Hausrecht". Er kann festlegen, wer zum Besuch der Seiten berechtigt ist.

b) Warum Registrierung?

Viele Online-Shops arbeiten mit einer Möglichkeit zur Registrierung auf der eigenen Seite. Dies erleichtert die Ausübung des „virtuellen Hausrechts". Durch die Registrierung kommt ein Vertrag mit dem Nutzer zustande. In diesem Vertrag werden die Rechte und Pflichten des Nutzers verbindlich festgelegt.

Durch eine Registrierung lässt sich zudem der Nutzerkreis der Website beschränken. Vielfach möchte ein Diensteanbieter lediglich ein gewisses Publikum auf seinen Seiten sehen oder auch die Nutzung erst ab einem bestimmten Alter ermöglichen, zB aufgrund von Jugendschutzbestimmungen.

Tipp!
Sobald sich ein Kunde in einem Online-Shop anmelden kann, ist es ratsam, Nutzungsbedingungen aufzustellen. Diese müssen bei der Anmeldung vom Kunden akzeptiert werden.

Abb. 7: Aufforderung zur Registrierung bei saturn.de

Registrierungen haben für den Diensteanbieter auch den Vorteil, dass er durch die zusätzlich gewonnene Daten leichter Kundenprofile anlegen und damit seinen Online-Shop besser auf die Bedürfnisse des Kunden ausrichten kann.

Tipp!

Ein umständlicher Registrierungsvorgang kann Kunden abschrecken, ein Geschäft abzuschließen. Muss sich der Nutzer erst mit einem langen Registrierungsformular anmelden, bevor er einen Kauf tätigen kann, wird er weniger geneigt sein, sich näher mit den angebotenen Artikeln zu befassen. Nicht selten gibt es bei den Usern zudem Bedenken gegen die Preisgabe allzu vieler Daten.

Halten Sie daher als Alternative zu einer Registrierung die Möglichkeit bereit, als Gast zu bestellen!

I. Die Gestaltung eines Online-Shops

Wenn Nutzungsbedingungen vertraglich verbindlich werden sollen, handelt es sich um Allgemeine Geschäftsbedingungen (§ 305 Abs. 1 BGB).

Nutzungsbedingungen sind für eine Vielzahl von Verträgen vorformulierte Vertragsbedingungen, die der Diensteanbieter dem Nutzer bei Abschluss des Nutzungsvertrags stellt. Nutzungsbedingungen sind daher als AGB anzusehen, wenn sie Bestandteil eines Vertrages werden sollen.

Ausdrücklicher Hinweis. Der Betreiber muss den User bei der Registrierung ausdrücklich auf die Nutzungsbedingungen hinweisen. Dafür ist es ausreichend, wenn sich die Nutzungsbedingungen über einen Hyperlink aufrufen lassen. Der Link muss deutlich gestaltet und formuliert sein und sollte sich auf der gleichen Seite befinden, auf der der Registrierungsvorgang eingeleitet wird.

Zumutbare Kenntnisnahme. Es empfiehlt sich, den Link direkt auf die Nutzungsbedingungen zu führen und „Linkketten" zu vermeiden.

Zustimmung. Der Nutzer muss den Nutzungsbedingungen zustimmen. Es empfiehlt sich ein Häkchen, das der Nutzer selbst setzen muss, um die Zustimmung zu dokumentieren.

Überraschende Klauseln. Nach § 305c Abs. 1 BGB werden einzelne Klauseln nicht Vertragsbestandteil, wenn sie überraschend sind. Dies kann der Fall sein, wenn der Eindruck erweckt wird, dass die Registrierung kostenlos ist, sich in den Nutzungsbedingungen jedoch Hinweise auf ein Entgelt finden.

Transparenzgebot. Die Nutzungsbedingungen müssen für den Durchschnittsnutzer mühelos lesbar und übersichtlich gestaltet sein.

Problematisch sind Nutzungsbedingungen, die auf fremdem Recht basieren und unzureichend an die Begrifflichkeiten und Besonderheiten des deutschen Rechts und der deutschen Sprache angepasst sind. Google Translate ist ein sicheres Mittel zur Herstellung von Intransparenz.

User Generated Content. Sofern der Nutzer die Möglichkeit hat, eigene Inhalte hochzuladen (zB Bewertungen), sollte er ausdrücklich dazu angehalten werden, sich an geltendes Recht zu halten. Darüber hinaus ist jede Formulierung zu vermeiden, die den Eindruck erwecken könnte, dass sich der Plattformbetreiber die Inhalte der Nutzer zu Eigen macht.

2. Kapitel Online-Vertrieb

Der Betreiber sollte sich das Recht vorbehalten, Inhalte des Users zu sperren, bzw. den Nutzungsvertrag zu kündigen. Diese Sanktionen lassen sich um Freistellungsklauseln ergänzen.

Üblich ist es, dass sich der Seitenbetreiber ein umfassendes Nutzungsrecht an Inhalten einräumen lässt, die der Nutzer erstellt.

Üblich (und umstritten) sind Klauseln, die den Betreiber ausdrücklich berechtigen, Inhalte des Nutzers auch nach Beendigung des Nutzungsvertrages zu verwenden.

Tipp!
Arbeiten Sie mit Freistellungsklauseln: Durch solche Klauseln verpflichtet sich der Nutzer, für Schadensersatzforderungen aufzukommen, für die er verantwortlich ist. Diese können sich beispielsweise aus Marken-, Urheber- oder Wettbewerbsrecht oder auch aus einer Verletzung von Persönlichkeitsrechten ergeben.

Eine Freistellungsklausel kann lauten:
„Der Nutzer stellt den Betreiber und seine Mitarbeiter bzw. Beauftragten für den Fall der Inanspruchnahme wegen vermeintlicher oder tatsächlicher Rechtsverletzung und/oder Verletzung von Rechten Dritter durch von dem Nutzer im Zusammenhang mit der Nutzung des Portals vorgenommenen Handlungen von sämtlichen sich daraus ergebenen Ansprüchen Dritter frei. Darüber hinaus verpflichtet sich der Nutzer, alle Kosten zu ersetzen, die dem Betreiber durch die Inanspruchnahme durch Dritte entstehen. Zu den erstattungsfähigen Kosten zählen auch die Kosten einer angemessenen Rechtsverteidigung."

Urheberrecht. Nutzungsbedingungen können einseitig (dh auch ohne Nutzungsvertrag) Vorgaben treffen für urheberrechtliche Nutzungsrechte an Inhalten, die sich auf der Website finden.

„Der Nutzer räumt dem Betreiber ein räumlich, zeitlich und inhaltlich unbeschränktes, unwiderrufliches, auf Dritte übertragbares, nicht exklusives, unentgeltliches Nutzungsrecht an den eingestellten Inhalten ein. Der Betreiber ist jederzeit berechtigt, die Inhalte zu verwenden, zu bearbeiten und zu verwerten. Das schließt insbesondere das Vervielfältigungsrecht, das Verbreitungsrecht und das Recht der öffentlichen Wiedergabe, insbesondere das Recht der öffentlichen Zugänglichmachung mit ein. Der Nutzer verzichtet auf das Recht zur Urhebernennung. Von dieser Regelung unberührt bleibt die Möglichkeit des Nutzers, Dritten Rechte an eingestellten Inhalten nach bestimmten Lizenzmodellen einzuräumen."

„Sämtliche Rechte an den Inhalten des Portals liegen bei dem Betreiber. Dem Nutzer ist die Vervielfältigung, Verbreitung und/oder Veröffentlichung von Inhalten untersagt, die der Betreiber, andere Nutzer oder Dritte in das Portal eingestellt haben."

4. Internationalisierung des Shops

Heutzutage kauft man Waren im Internet über diverse Plattformen und Shops. Dabei ist es für den Kunden nicht von großer Bedeutung, ob diese im In- oder Ausland vorgehalten und anschließend geliefert werden. Für das jeweilige Unternehmen kann es aber gerade in diesem Punkt zu rechtlichen Problemen kommen, denn bei grenzüberschreitenden Geschäften zwischen Unternehmer und Kunden kann das nationale Recht des Kunden Anwendung finden.

a) Erweiterung des Kundenkreises

Dem deutschen Unternehmen steht es frei, den Kundenkreis auf deutsche Kunden zu beschränken. Dies hat den Vorteil, dass auf die Kundenbeziehungen ausnahmslos deutsches Recht anwendbar ist.

Die Erweiterung des Kundenkreises auf ausländische Kunden will wohl überlegt sein. Denn es lässt sich nicht ausschließen, dass ausländische Kunden ihren deutschen Vertragspartner in ihrem Heimatland verklagen. Und es lässt sich ebenso wenig ausschließen, dass ein ausländisches Gericht den Fall nicht nach deutschem Recht, sondern nach dem Recht des Gerichtsorts beurteilt. Im B2C-Bereich ist die Anwendbarkeit des Heimatrechts des Verbrauchers sogar die Regel.

Das Verbraucherrecht ist europaweit in den letzten Jahren Schritt für Schritt vereinheitlicht worden, ohne dass damit alle Ungleichheiten beseitigt worden sind. Vereinheitlichungstendenzen gibt es auch im Wettbewerbs-, Datenschutz-, Marken- und Urheberrecht. Dennoch bleiben die Unterschiede beträchtlich. AGB und Datenschutzerklärungen, die nach deutschem Recht formuliert worden sind, können nach österreichischem oder spanischem Recht lückenhaft, unwirksam oder rechtswidrig sein.

Tipp!
Gehen Sie eine Internationalisierung planvoll an. Für jedes Land, auf das Sie Ihr Angebot erweitern möchten, sollten Sie den Rat von Anwälten einholen, die mit dem jeweiligen Heimatrecht vertraut sind. Prozesse, AGB, Datenschutzerklärungen, Nutzungsbedingungen und andere Websitetexte sind dann an die Erfordernisse des jeweiligen Landes anzupassen.

b) Rechtswahlklauseln

In Standardverträgen, AGB und Nutzungsbedingungen finden sich vielfach Rechtswahlklauseln. In diesen Klauseln wird die Anwendung deutschen Rechts vorgesehen, um das Risiko einer Anwendbarkeit ausländischen Rechts nach Möglichkeit auszuschließen.

In der Rom I-Verordnung (VO) der EU finden sich Regelungen zum anwendbaren Recht bei grenzüberschreitenden Verträgen. Vertragliche Rechtswahlklauseln sind nach Art. 3 Abs. 1 Satz 1 Rom-I-VO bindend. Die Rom-I-VO bezeichnet die freie Rechtswahl der Parteien als einen der „Ecksteine" des in der VO geregelten Kollisionsrechts.

Tipp!
Nehmen Sie Rechtswahlklauseln in Ihre AGB auf! Rechtswahlklauseln sind der einzig mögliche Schutz gegen eine ungewollte Anwendbarkeit ausländischen Rechts.

Der Schutz, den Rechtswahlklauseln bieten, ist nicht lückenlos. Verbraucherschutzrechtliche Normen und auch andere Schutzvorschriften können durch eine Rechtswahl nicht ohne Weiteres umgangen werden.

Unabhängig von der getroffenen Rechtswahl kann sich der Verbraucher auf die zwingenden Bestimmungen des Rechts des Staates berufen, in dem er seinen gewöhnlichen Aufenthalt hat, wenn sein Vertragspartner ein Unternehmer ist, der seine unternehmerische Tätigkeit jedenfalls (auch) auf den Aufenthaltsstaat des Verbrauchers ausrichtet.

Ein „Ausrichten" einer Website auf Verbraucher aus einem anderen Staat liegt vor, wenn für den Verbraucher erkennbar ist, dass sich die Website auch an Kunden aus seinem Heimatstaat richtet. Krite-

I. Die Gestaltung eines Online-Shops

rien sind etwa Sprache, Ansprechpartner oder die Ausrichtung der Vertragsbedingungen auf das jeweilige Land.

> VEGGI richtet eine Website in polnischer Sprache ein. Hierdurch bringt VEGGI zum Ausdruck, dass sich das Angebot auch auf polnische Verbraucher „ausrichtet". Polnische Kunden können sich auch dann auf polnisches Verbraucherschutzrecht berufen, wenn in den AGB die ausschließliche Anwendung deutschen Rechts vorgesehen ist.

Der Begriff des „Ausrichtens" erfasst ein breites Spektrum an Tätigkeiten. Voraussetzung ist jeweils, dass der Unternehmer seinen Willen zum Ausdruck gebracht hat, Geschäftsbeziehungen zu Verbrauchern (auch) im Wohnsitzstaat des Verbrauchers herzustellen. Die bloße Zugänglichkeit einer Website reicht für ein „Ausrichten" nicht aus.

> *Nach Auffassung des EuGH kommt es für das „Ausrichten" darauf an, ob aus der Website und der Tätigkeit des Unternehmers hervorgeht, dass der Unternehmer mit Verbrauchern, die in dem Wohnsitzstaat des Verbrauchers wohnhaft sind, Geschäfte zu tätigen beabsichtigt und zu einem Vertragsschluss bereit ist. Anhaltspunkte können dabei sein:*
>
> - *der **internationale Charakter** der Tätigkeit,*
> - *die **Angabe von Anfahrtsbeschreibungen** von anderen Staaten aus zu dem Ort, an dem der Unternehmer niedergelassen ist,*
> - *die Verwendung einer anderen **Sprache** oder **Währung** als der am Ort der Niederlassung des Unternehmers üblicherweise verwendeten Sprache oder Währung mit der Möglichkeit der **Buchung und Buchungsbestätigung in dieser anderen Sprache**,*
> - *die Angabe von **Telefonnummern mit internationaler Vorwahl**,*
> - *Aufwand für die **Suchmaschinenoptimierung**, um in anderen Staaten wohnhaften Verbrauchern den Zugang zur Websites zu erleichtern,*
> - *die Verwendung einer **anderen Domainendung** als derjenigen des eigenen Staates und*
> - *die Erwähnung einer **internationalen Kundschaft***

2. Kapitel Online-Vertrieb

Der BGH (Beschluss vom 17.9.2008 – III ZR 71/08) hatte sich mit der Frage zu befassen, ob eine internationale Zuständigkeit deutscher Gerichte gegeben ist, wenn ein griechischer Anwalt für einen deutschen Auftraggeber einer Maklertätigkeit in Griechenland nachgeht. Der BGH verneinte dies. Der griechische Anwalt war auf der Internetseite der deutschen Botschaft in Athen und anderen deutschsprachigen Seiten als deutschsprachiger Rechtsanwalt verzeichnet. Nach Ansicht des Gerichts stellt dies kein Betreiben einer eigenen (deutschsprachigen) Website dar und ist somit kein ausreichender Hinweis auf seine auch auf die Bundesrepublik Deutschland ausgerichtete Tätigkeit. Die auf den Mitgliedstaat ausgerichtete Tätigkeit muss für den konkreten Vertragsschluss ursächlich sein.

c) Gerichtsstandsklauseln

Kein deutsches Unternehmen wird gerne in Polen, Griechenland oder gar in den USA verklagt. Daher ist es üblich, in Standardverträgen und AGB Gerichtsstandsvereinbarungen aufzunehmen, die vorsehen, dass ausschließlich deutsche Gerichte für etwaige Prozesse zuständig sind.

Innerhalb Europas sind Gerichtsstandsvereinbarungen bindend, wenn sie schriftlich bzw. mündlich mit schriftlicher Bestätigung abgeschlossen werden. Dies ergibt sich aus Art. 23 der EU-Verordnung über die gerichtliche Zuständigkeit und die Anerkennung und Vollstreckung von Entscheidungen in Zivil- und Handelssachen (EuGVVO). Dabei steht die elektronische Übermittlung (beispielsweise per E-Mail) der Schriftform gleich.

Tipp!

Nehmen Sie Gerichtsstandsklauseln in Ihre AGB auf! Gegenüber Kunden, die keine Verbraucher sind, ermöglichen Gerichtsstandsklauseln eine Klage vor deutschen Gerichten. Die Mühe und Kosten, die mit einem Auslandsprozess verbunden sind, bleiben Ihnen erspart.

Gegenüber Verbrauchern sind Gerichtsstandsklauseln allerdings weitgehend wirkungslos. Nach Art. 16 EuGVVO kann der Verbraucher nur in dem Staat verklagt werden, in dem der Verbraucher seinen Wohnsitz hat. Umgekehrt hat der Verbraucher bei Klagen gegen seinen Vertragspartner die Wahl zwischen den Gerichten seines Heimatlandes und den Gerichten des Sitzstaates seines Vertragspartners.

In wenigen Ausnahmefällen sind Gerichtsstandsvereinbarungen bei Verbraucherverträgen dennoch wirksam. So kann eine Gerichtswahl mit Verbrauchern nach Entstehen einer Streitigkeit vereinbart werden.

II. Die Gestaltung einer Plattform

Plattformen sind für Händler in vielen Bereichen unverzichtbar. Große Plattformen wie Ebay und Amazon erfreuen sich großer Beliebtheit. Unternehmen jeder Größe haben dort die Möglichkeit, ihre Produkte einer breiten Öffentlichkeit anzubieten.

Plattformen sprechen oft spezielle Zielgruppen an (zB Sammler oder Hersteller von Selbstgebasteltem). Vermittlungsplattformen wie Uber, Helpling und Airbnb bringen Kleinanbieter und Verbraucher zusammen.

Plattformen werden oft als Marktplätze bezeichnet. Sinn und Zweck einer Plattform ist es, Anbieter und Nachfrager von Dienstleistungen und Waren zusammenzubringen.

Der Plattformbetreiber bietet Händlern und Kunden die Möglichkeit, Verträge zu schließen. Es entsteht ein Dreieck: Bei den Kauf- oder Dienstleistungsverträgen bleibt der Betreiber außen vor. Diese Verträge werden unmittelbar zwischen den Händlern und den Kunden geschlossen. Zugleich schließt der Plattformbetreiber mit allen Nutzern (Händlern und Kunden) Verträge, die die Nutzer zur Einhaltung der Plattformbedingungen verpflichten.

Zumeist liegen drei Verträge vor: ein Vertrag zwischen dem Betreiber und dem Händler, ein Vertrag zwischen dem Betreiber und dem Kunden und ein Vertrag zwischen dem Kunden und dem Händler.

Betreiber

Händler   Kunde

111

1. Die Plattform als Geschäftsmodell

Die Plattform kann für den Betreiber ein lukratives Geschäft darstellen. Je mehr Händler und Dienstleister sich auf der Plattform anmelden, umso mehr lässt sich an Provisionen verdienen.

In den Nutzungsbedingungen kann der Plattformbetreiber die Vergütung regeln. Zudem legt er in den Nutzungsbedingungen fest, auf welche Art und Weise Verträge auf der Plattform geschlossen werden. Er kann Vertragsstrafen bestimmen, die im Falle der Missachtung der Nutzungsbedingungen zu zahlen sind.

a) Pflichten des Plattformbetreibers

Typische Pflichten des Plattformbetreibers sind

- das **Bereithalten von technischen Ressourcen**. Der Betreiber stellt Speicherplatz und die Möglichkeit bereit, Angebote einzustellen. Umfasst sind alle technischen Hilfsmittel, die der Händler zum Betrieb seines Shops braucht.

- die **Weiterleitung der abgegebenen Willenserklärungen zwischen Händler und Kunde**. Der Plattformbetreiber sorgt dafür, dass die Kommunikation zwischen Händler und Kunde funktioniert. Nachrichten müssen weitergeleitet werden.

- das **Ermöglichen des Vertragsschlusses**. Der Betreiber legt die Rahmenbedingungen fest, wie ein Vertrag zustande kommt. Beispielsweise sorgt er dafür, dass ein Warenkorb vorhanden ist und der Kunde die Ware bestellen kann.

- das **Bereitstellen einer Gestaltungsmaske**, die es dem Händler erlaubt, seinen gesetzlichen Informationspflichten nachzukommen. Hierzu muss der Betreiber die Maske so gestalten, dass der Händler seine Informationspflichten erfüllen kann.

Tipp!
Der Betreiber muss es dem Händler ermöglichen, ein Impressum einzurichten (OLG Düsseldorf Urteil vom 18.6.2013 – I-20 U 145/12).

II. Die Gestaltung einer Plattform

b) Nutzungsbedingungen

Nutzungsbedingungen sind die Spielregeln des Plattformbetreibers. Hier kann er festlegen, wie die Plattform funktioniert und an welche Verhaltensregeln sich Händler, Nutzer und Kunden halten müssen.

> Die Registrierung eröffnet den Zugang zur Plattform. Mit der Registrierung werden die Nutzungsbedingungen in einen Nutzungsvertrag einbezogen.

Durch die Registrierung werden die Nutzungsbedingungen rechtlich bindend. Es handelt sich dann um ein Dauerschuldverhältnis zwischen Betreiber und Händler bzw. Kunden.

> **Tipp!**
> Üblicherweise behält sich der Plattformbetreiber im Kleingedruckten ein unbeschränktes, unwiderrufliches und auf Dritte übertragbares Nutzungsrecht an allen Inhalten vor, die der Nutzer auf die Plattform lädt.

In den Nutzungsbedingungen wird das Verhältnis von Plattformbetreiber und Händler ausgestaltet. Zugleich geben die Nutzungsbedingungen ein Regelwerk vor, an das sich Händler und Kunden bei jedem Vertragsschluss zu halten haben.

> Durch die Nutzungsbedingungen legt der Betreiber die Art und Weise fest, wie Verträge auf der Plattform zustande kommen. Die Händler verpflichten sich, in ihren Verträgen die Standard-AGB des Plattformbetreibers zu verwenden. Der Plattformbetreiber ist nicht Partei der Kauf- oder Dienstleistungsverträge, dennoch gibt er alles Wesentliche für deren Inhalt vor.

In den Nutzungsbedingungen sollten Regelungen zu finden sein, die die Kündigung und Vertragsstrafen betreffen. Diese sind wichtig, wenn der Betreiber erfährt, dass der Händler von den Standard-AGB abweicht.

Zusammengefasst sollte in den Nutzungsbedingungen folgendes geregelt werden:

- Das **Zustandekommen von Verträgen** und deren **Abwicklung**.

- Es sollten die **Standard-AGB** für Kauf- und Dienstleistungsverträge geregelt und festgehalten werden, dass Individualabreden mit Kunden, die die AGB umgehen, nicht gestattet sind. Dies wirkt beispielsweise Versuchen der Händler entgegen, durch geschickte Nebenabsprachen die Provision an den Plattformbetreiber zu umgehen oder zu verkürzen.

- Es sollten Reglungen zur **Vergütung** getroffen werden, etwa in Form einer Provision.

- Es sollte die **Kündigung** geregelt werden. Dies betrifft sowohl die Kündigung seitens des Betreibers als auch die Kündigung seitens des Händlers.

- Zudem sollten **Strafmaßnahmen** bei Verstößen geregelt werden.

- Zuletzt sollten **Regelungen für die Haftung** bei Rechtsverstößen der Händler getroffen werden (zB Freistellungsklauseln).

Auch bestimmte Verfahrensabläufe können in den Nutzungsbedingungen geregelt werden. Auf Ebay etwa regeln die Nutzungsbedingungen die Funktionsweise und den Ablauf von Auktionen.

Tipp!
Fügen Sie als Plattformbetreiber unbedingt eine Klausel in ihre AGB ein, die klarstellt, dass Sie nicht Partei des Kaufvertrages werden!

Gibt es Besonderheiten bei Nutzungsbedingungen mit Kunden?
Für die Nutzungsbedingungen mit den Kunden gilt grundsätzlich dasselbe wie bereits oben beschrieben. Sobald sich ein Kunde auf der Plattform registrieren kann, werden die Nutzungsbedingungen rechtlich verbindlich. Dabei werden die Regeln aufgestellt, wie sich ein Kunde bei der Benutzung der Plattform zu verhalten hat.

Wer sich die Angebote auf der Plattform nur ansieht, ist nicht durch die Nutzungsbedingungen gebunden. Erst dann, wenn ein Kunde auf der Plattform aktiv werden will (nach Registrierung), muss er sich an die Nutzungsbedingen halten.

II. Die Gestaltung einer Plattform

Tipp!
Durch die Nutzungsbedingungen können Sie unerwünschte User ausschließen. Beispiele hierfür sind Betrüger, Verfasser unangemessener Kommentare bei der Bewertungsfunktion oder auch Viel-Retournierer.

Vorgabe von AGB. Üblicherweise gibt der Plattformbetreiber den Inhalt der auf der Plattform geschlossenen Verträge durch AGB vor. Diese AGB werden auch Bestandteil der Kaufverträge. Dadurch kann der Plattformbetreiber dafür sorgen, dass Kaufverträge auf der Plattform einheitlich geschlossen werden. So können insbesondere Klauseln zum Zustandekommen von Verträgen, zur Lieferung oder zur Zahlung eingefügt werden.

Es kann jedoch sein, dass der Händler sein Angebot so gestaltet, dass es von den Nutzungsbedingungen abweicht. Der Verkauf einer Ware wird meist auch dann wirksam sein, wenn die Art und Weise des Zustandekommens gegen die Nutzungsbedingungen verstößt. Individuelle Abreden haben Vorrang vor den Nutzungsbedingungen. Der Plattformbetreiber kann im Nachhinein jedoch Sanktionsmaßnahmen gegen den Händler einleiten.

c) Vergütung

Als Vergütungsmodell bietet sich meistens eine Provision an, die vom Händler zu zahlen ist.

Die Provision ist zu entrichten, wenn zwischen dem Händler und dem Kunden ein Vertrag geschlossen wird. Grund hierfür ist, dass der Plattformbetreiber als Vermittler tätig wird: Er macht es technisch möglich, dass der Kunde und der Händler einen Vertrag schließen können. Daher ist eine Provision gerechtfertigt.

Tipp!
Die Höhe der Vermittlungsprovision sollte prozentual ermittelt werden. Zum einen wird es so für den Händler attraktiver, seine Waren oder Dienstleistungen auf der Plattform anzubieten. Zum anderen kann der Händler seine Preise individueller gestalten. Bei einem festen Provisionsbetrag müsste er nämlich stets einen höheren Preis anbieten als den Betrag der Provision, um selbst Gewinne erzielen zu können.

Neben der Vermittlungsprovision kann der Plattformbetreiber in den Nutzungsbedingungen die Zahlung einer Nutzungsgebühr regeln. Diese muss der Händler gegebenenfalls zusätzlich und unabhängig davon entrichten, ob er mit seinem Angebot Gewinne erzielt.

d) Sanktionen

Verstößt ein Händler oder Kunde gegen die in den Nutzungsbedingungen vereinbarten Vorgaben, so sollte sich der Plattformbetreiber Sanktionsmaßnahmen vorbehalten. Diese sorgen dafür, dass die Plattform seriös bleibt und Handelsgeschäfte sicher und verlässlich stattfinden können.

Die möglichen Strafmaßnahmen sind vielfältig: Der Betreiber kann etwa bestimmte Angebote verbergen, sperren oder löschen. Der Betreiber kann aber auch den Nutzer verwarnen und dessen Mitgliedskonto sperren. Eine sofortige Sperrung ist beispielsweise dann möglich, wenn ein schwerwiegender Verstoß vorliegt. Die letzte Möglichkeit bietet die außerordentliche, fristlose Kündigung des Nutzungsvertrages.

Der Nutzer kann beispielsweise durch folgende Klauseln zur Einhaltung geltenden Rechts angehalten werden:

Der Nutzer verpflichtet sich, bei der Erstellung und Verwendung eigener Inhalte geltendes Recht (zB Straf-, Wettbewerbs- und Jugendschutzrecht) zu beachten und keine Rechte Dritter (zB Namens-, Marken-, Urheber- und Datenschutzrechte) zu verletzen.

Der Nutzer verpflichtet sich gegenüber dem Betreiber, dass jedwede Inhalte, die in das Portal eingestellt werden, weder durch ihren Inhalt oder die Form gegen geltendes Recht oder die guten Sitten verstoßen. Das gleiche gilt für das Setzen von externen Links. Nicht erlaubt ist insbesondere das Verbreiten von Inhalten, die

- Konkrete medizinische Diagnosen, Beratungen oder Behandlungen;

- Rassismus;

- Gewaltverherrlichung und Extremismus irgendwelcher Art;

- Aufrufe und Anstiftung zu Straftaten und Gesetzesverstößen, Drohungen gegen Leib, Leben oder Eigentum;
- Hetzen gegen Personen oder Unternehmen;
- persönlichkeitsverletzende Äußerungen, Verleumdung, Ehrverletzung und üble Nachrede von Nutzern und Dritten sowie Verstöße gegen das Lauterkeitsrecht;
- urheberrechtsverletzende Inhalte oder andere Verletzungen von Immaterialgüterrechten;
- sexuelle Belästigung von Nutzerinnen und Nutzern und Dritten;
- Pornografie;
- anstößige, sexistische, obszöne, vulgäre, abscheuliche oder ekelerregende Materialien und Ausdrucksweisen;
- religiöses Missionieren

darstellen, betreffen oder beinhalten.

In den Nutzungsbedingungen sollte sich der Plattformbetreiber das Recht vorbehalten, eigene Inhalte des Nutzers, die gegen Gesetze (zB Urheberrecht) verstoßen, zu sperren oder zu löschen.

e) Haftung des Plattformbetreibers

User Generated Content. Auf einer Plattform haben sowohl Händler als auch Kunden die Möglichkeit, eigene Inhalte (zB Angebote, Bewertungen) zu verbreiten. Der Nutzer sollte in den Nutzungsbedingungen ausdrücklich dazu angehalten werden, sich an geltendes Recht zu halten. Darüber hinaus ist jede Formulierung zu vermeiden, die den Eindruck erwecken könnte, dass sich der Plattformbetreiber den Inhalt der Nutzer **zu Eigen** macht.

Tipp!
Mehr zum Thema Haftung des Plattformbetreibers finden Sie im Kapitel „Das Einbinden von Inhalten" (S. 183 ff.).

2. Die Plattform als Vertriebskanal

Häufig lohnt es sich für Unternehmer, ihre Waren und Dienstleistungen nicht nur im eigenen Online-Shop, sondern auch auf einer Plattform anzubieten. Die Plattform ist dann ein zweiter Vertriebskanal.

Wie kann ein Händler die richtige Plattform finden? Zunächst sollte sich der Händler die Frage stellen, auf welchen Plattformen er sich anmelden möchte. Bei Waren ist es meist unproblematisch, diese auf einer oder mehreren Plattformen zu vertreiben.

Tipp!
Wer ein breites Warenspektrum vertreibt, kann seine Waren auf großen Handelsplattformen vertreiben.

Handelt es sich jedoch eher um spezielle Waren, so bietet sich der Verkauf auf spezialisierten Plattformen an. Diese haben sich auf den Verkauf eines bestimmten Warensortiments spezialisiert.

Bei Dienstleistungen kommt es darauf an, ob die Dienstleistung direkt auf der Plattform gebucht werden soll oder ob es nur um eine Vermittlung geht. Bei der ersten Variante wird der Vertrag auf der Plattform direkt geschlossen. Bei der zweiten Variante wird nur eine Vertragsanbahnung vorgenommen. Entweder kann der Kunde den Dienstleister kontaktieren oder einen Termin ausmachen. Die Bezahlung wird meist vor Ort erfolgen.

Tipp!
Zudem ist es wichtig zu wissen, welches Vergütungsmodell eine Plattform anbietet. Lohnt es sich finanziell, auf einer Plattform zu verkaufen? Ein Händler sollte dies gut kalkulieren.

Welche Pflichten hat ein Händler auf einer Plattform zu beachten? Der Händler hat auf einer Plattform dieselben Informationspflichten zu beachten wie ein Händler, der selbst einen Online-Shop betreibt.

Der Händler muss demnach ein Impressum bereithalten. Zudem muss er die vor- und nachvertraglichen Informationspflichten beachten.

Grund hierfür ist, dass auch dem Händler auf einer Plattform Abmahnungen drohen können, wenn er sich nicht an die Informationspflichten hält.

Was ist bei Verträgen auf Plattformen zu beachten? Händler und Kunde schließen auf der Plattform zumeist Kaufverträge, sofern es um Waren geht. Aber auch Dienst- oder Werkverträge können auf Plattformen geschlossen werden.

Typische Beispiele für Plattformen, auf denen es vorwiegend um den Warenkauf geht, sind Ebay und Amazon.

Beispiele für Dienstleistungsplattformen sind Hotelbuchungsportale wie booking.com oder Essenslieferungsportale wie lieferando.de oder lieferheld.de.

Sobald der Händler und der Kunde einen Vertrag schließen, entsteht ein Rechtsverhältnis nur zwischen Händler und Käufer – der Plattformbetreiber bleibt außen vor. Der Betreiber stellt lediglich die technischen Bedingungen bereit und übermittelt die Nachrichten zwischen Händler und Kunde.

Da der Plattformbetreiber kein Vertragspartner wird, können gegen ihn auch keine Ansprüche geltend gemacht werden. Ein Beispiel hierfür sind etwa Gewährleistungsrechte.

3. Die Kündigung

Sowohl die Nutzer als auch der Betreiber der Plattform haben die Möglichkeit, das Nutzungsverhältnis zu kündigen. Die Kündigung sollte in den Nutzungsbedingungen geregelt werden.

Form der Kündigung. Grundsätzlich hat die Kündigung keine bestimmte Form. Sie kann also schriftlich oder mündlich erfolgen. Eine schriftliche Kündigung hat den Vorteil, dass sie Beweisprobleme vermeidet.

Tipp!

In den Nutzungsbedingungen sollte die Kündigung in Textform vereinbart werden. Für die Textform genügen ein Brief, ein Telefax oder eine E-Mail.

Das Kündigungsschreiben hat keinen bestimmten Inhalt. Aus dem Schreiben muss sich lediglich ergeben, dass der Absender kündigen möchte. Es muss kein konkreter Kündigungstermin genannt werden. Im Zweifel wird die Kündigung zum nächstmöglichen Termin wirksam.

Kündigungsfrist. Für die Kündigung kann in den Nutzungsbedingungen eine Frist vorgesehen werden. Diese kann sich je nach Art der Kündigung unterscheiden.

Bei der Kündigung wird zwischen der ordentlichen und der außerordentlichen Kündigung aus wichtigem Grund unterschieden.

Für die **ordentliche** Kündigung gelten keine besonderen Vorschriften. Wenn das Nutzungsverhältnis unbefristet ist, kann der Betreiber eine Kündigungsfrist in den Nutzungsbedingungen frei definieren.

Handelt es sich um einen Nutzungsvertrag mit einer definierten Laufzeit, so endet das Nutzungsverhältnis mit dem Ende der Laufzeit. Einer Kündigung bedarf es dann nur, wenn in den Nutzungsbedingungen vorgesehen ist, dass sich der Vertrag anderenfalls automatisch verlängert.

Tipp!
Die Kündigungsfrist kann frei in den Nutzungsbedingungen geregelt werden.

Bei einer **außerordentlichen Kündigung** kann der Plattformbetreiber den Nutzungsvertrag fristlos kündigen. Hierzu müssen Tatsachen vorliegen, aufgrund derer ein weiteres Bestehen des Vertragsverhältnisses nicht zugemutet werden kann. Grundsätzlich muss der Plattformbetreiber den Händler zunächst abmahnen. Sind die Umstände aber für den Plattformbetreiber unzumutbar, kann er auch ohne vorherige Abmahnung sofort kündigen.

III. Die Gestaltung einer App

Apps sind ein wichtiger Bestandteil des Vertriebs und des Marketing. Da sowohl das Angebot an Apps als auch die Verbreitung von mobilen Endgeräten stetig zunimmt und mittlerweile in manchen Altersgruppen eine Abdeckung von fast 100 % verzeichnet wird, sind Apps kaum noch verzichtbar.

III. Die Gestaltung einer App

Rechtlich stellen sich bei Apps vor allem Fragen, die auf die Darstellung zurückzuführen sind. Die kleinere Bildschirmgröße und die eingeschränkte Bedienbarkeit durch kleinere Tasten können zu Problemen führen. Eine weitere Besonderheit kann sich aus den Funktionen einer App auf einem mobilen Endgerät ergeben. Immer mehr Apps bedienen sich der Standortabfrage. Es stellen sich zahlreiche datenschutzrechtliche Fragen.

1. Der App-Vertrag

Beim Vertrieb über Apps stellt sich die Frage nach der konkreten Vertragsbeziehung zwischen den einzelnen Beteiligten. Selten werden Kunden die App eines Online-Shops direkt von der Website des Händlers laden. Den Normalfall stellt der Download über einen App-Store dar, welcher je nach Betriebssystem des Endgeräts Apple App Store, Google Play Store oder Windows Phone Market heißen kann.

Die App-Stores bieten Händlern, Softwareentwicklern und Dienstleistern die Möglichkeit, über den Download der Apps Verträge mit Kunden zu schließen. Die App-Stores ähneln damit einer Plattform; es entsteht ein Dreieck: Bei den Kauf- oder Dienstleistungsverträgen bleibt der Betreiber des App-Stores außen vor. Diese Verträge werden unmittelbar zwischen den Händlern und den Kunden geschlossen. Der App-Store-Betreiber schließt mit allen App-Anbietern Verträge, die sie zur Einhaltung der App-Store-Bedingungen verpflichten. Diese sind je nach App-Store-Betreiber unterschiedlich ausgestaltet.

App-Stores ermöglichen dem Nutzer, entgeltlich oder unentgeltlich für ihr jeweiliges Betriebssystem Apps herunterzuladen und nach der Installation zu nutzen.

Der App-Store dient als technisch-organisatorische Plattform. Die installierte App macht es dem Nutzer möglich, mit einem Klick das Angebot von Händlern und Dienstleistern wahrzunehmen.

2. Informations- und Gestaltungspflichten

Grundsätzlich unterliegen App-Anbieter den gleichen rechtlichen Bestimmungen zur Ausgestaltung ihrer App wie ein Online-Shop, der nicht über ein mobiles Endgerät aufgerufen wird (OLG Hamm Urteil vom 20.5.2010 – I-4 U 225/09)

i Folgende Informationspflichten müssen App-Anbieter ua beachten:

1. **Impressum:** Wenn es sich bei der App um einen geschäftsmäßigen, in der Regel gegen Entgelt angebotenen Telemediendienst handelt, muss der Anbieter der App den Nutzer über seine Identität informieren, § 5 Abs. 1 TMG. Die Impressumspflicht umfasst neben dem Namen des Anbieters, ua bei juristischen Personen die Rechtsform, einen Vertretungsberechtigten, die ladungsfähige Adresse und Angaben, die eine schnelle elektronische Kontaktaufnahme ermöglichen.

2. **Pflicht zur Preisangabe:** Der App-Anbieter hat für seine Produktangebote Preisangaben zu machen § 1 Abs. 1 PAngV. Die Preisangaben müssen für den Letztverbraucher Endpreise sein inkl. Umsatzsteuer und sonstiger Preisbestandteile. Die Liefer- und Versandkosten sind anzugeben.

3. **Fernabsatzrechtliche Informationspflichten:** Wie stets im Fernabsatz haben App-Anbieter die Verpflichtung, ihren Kunden in erheblichem Umfang vorvertragliche und nachvertragliche Informationen bereitzustellen. Für mobile Anwendungen gibt es jedoch Besonderheiten.

Vor Vertragsschluss, das heißt vor Abgabe der Bestellung, müssen dem Verbraucher die Informationen bereitgestellt werden. Da der Gesetzgeber das Problem der erschwerten Darstellbarkeit in Apps gesehen hat, muss ein App-Betreiber jedoch seit dem 13.6.2014 nicht mehr alle 16 Punkte des Katalogs des Art. 246a § 1 EGBGB beachten.

Das Gesetz erleichtert die Informationsabgabe insofern, als es den langen Katalog bei Apps auf folgende 5 Punkte begrenzt:

1. die wesentlichen Eigenschaften der Waren oder Dienstleistungen,

2. die Identität des Unternehmers,

3. den Gesamtpreis oder in den Fällen, in denen der Preis auf Grund der Beschaffenheit der Waren oder Dienstleistungen vernünftigerweise nicht im Voraus berechnet werden kann, die Art der Preisberechnung,

4. gegebenenfalls das Bestehen eines Widerrufsrechts und

5. gegebenenfalls die Vertragslaufzeit und die Bedingungen für die Kündigung eines Dauerschuldverhältnisses.

App-Anbieter müssen die Kunden zudem nach Art. 246c EGBGB informieren

– über die einzelnen technischen Schritte, die zu einem Vertragsschluss führen; darüber, ob der Vertragstext nach dem Vertragsschluss von dem Unternehmer gespeichert wird und ob er dem Kunden zugänglich ist,

– darüber, wie der Kunde mit den zur Verfügung gestellten technischen Mitteln Eingabefehler vor Abgabe der Vertragserklärung erkennen und berichtigen kann,

– über die für den Vertragsschluss zur Verfügung stehenden Sprachen,

– über sämtliche einschlägigen Verhaltenskodizes, denen sich der Unternehmer unterwirft,

– über die Möglichkeit eines elektronischen Zugangs zu diesen Regelwerken.

Nach Abgabe der Bestellung muss dem Kunden deren Zugang unverzüglich auf elektronischem Wege bestätigt werden, § 312i Abs. 1 Nr. 3 BGB.

Auch für die **nachvertragliche Belehrung** des Verbrauchers in Textform gibt es bei den Apps keine Besonderheiten.

Tipp!
Sämtliche Informationspflichten, die hier angesprochen werden, werden im Kapitel „Der Vertrag mit dem Kunden (S. 130 ff.)" genauer erläutert.

Besonderheiten bei der Darstellung der Informationen in einer App

Besonderheiten und Probleme ergeben sich für Apps vor allem bei der konkreten Darstellung und der Umsetzung der Informationspflichten.

Gemäß § 5 TMG muss das **Impressum** ständig verfügbar, leicht erkennbar und unmittelbar erreichbar sein. Das bedeutet in der Regel, dass eine Anbieterkennzeichnung von der Startseite mit maximal zwei Klicks erreichbar sein muss.

Es ist nicht erforderlich, in einer Kopf- oder Fußzeile ständig den Link auf das Impressum bereit zu halten. Ein deutlich erkennbarer Hinweis im Hauptmenü der App reicht im Normalfall aus.

Abb. 8: Anbieterkennzeichnung in der Ebay-App

III. Die Gestaltung einer App

Tipp!
Anders als Websites funktionieren Apps meist auch ohne bestehende Internetverbindung, da sie auf dem mobilen Endgerät installiert sind. Binden Sie das Impressum daher möglichst fest in die App mit ein und vermeiden Sie die Verlinkung auf eine externe Seite.

Bezüglich der **Preisangaben** gilt bei einer App, dass dem Verbraucher der vollständige Endpreis anzuzeigen ist, § 1 Abs. 2 PAngV. Auch müssen dem Kunden die Angaben zur Umsatzsteuer und die Liefer- und Versandkosten klar angezeigt und durch eine deutliche Verlinkung verfügbar gemacht werden. Dies kann bei der verkleinerten Darstellung einer App schwierig sein, ist aber zwingend erforderlich.

Tipp!
Bei Preisangaben muss stets der Grundsatz der **Preisklarheit und Preiswahrheit** eingehalten werden, § 1 Abs. 6 PAngV.

Betreiben Sie neben einer App noch einen Online-Shop, sollten Sie daher darauf achten, dass die Preise einheitlich sind, um sich nicht einem Abmahnrisiko auszusetzen. Stellen Sie stets sicher, dass bei Preiserhöhungen sowohl die App als auch Ihr Online-Shop angepasst wird.

Werden Verträge über eine App geschlossen, gilt grundsätzlich für den Verbraucher das **Widerrufsrecht** nach § 312g Abs. 1 BGB. Der App-Anbieter muss den Verbraucher entsprechend informieren.

Beachten Sie die zahlreichen **Ausnahmen vom Widerrufsrecht**
gem. § 312g Abs. 2 BGB. Ein Widerrufsrecht besteht beispielsweise nicht bei der Erbringung von Dienstleistungen in den Bereichen Unterbringung, Beförderung, Lieferung von Speisen und Getränken sowie der Freizeitgestaltung.

Die notwendigen ausführlichen Erläuterungen zum Widerrufsrecht können in einer App zu erheblichen Schwierigkeiten führen. Auch für App-Anbieter gilt jedoch, dass diese Erläuterungen zwingend sind.

2. Kapitel Online-Vertrieb

i Der bloße Hinweis, eine vollständige Widerrufsbelehrung sei unter einer bestimmten Internetadresse abrufbar, reicht zur Erfüllung der fernabsatzrechtlichen Informationspflichten nicht aus. (OLG Hamm Urteil vom 16.6.2009 – 4 U 51/09).

Auch die sog. **Button-Lösung** gilt für Apps im gleichen Umfang wie für einen Online-Shop, wenn es um eine entgeltliche Leistung geht, § 312j Abs. 3 BGB.

 Die Button-Lösung schreibt seit dem 1.8.2012 vor, dass der Unternehmer dem Verbraucher bei Verträgen über entgeltliche Leistungen im elektronischen Geschäftsverkehr zur Abgabe seiner verbindlichen Bestellung einen Bestell-Button zur Verfügung stellen muss, der nichts anderes aussagt als „zahlungspflichtig bestellen", „jetzt kaufen" oder „kostenpflichtig bestellen".

Abb. 9: Bestellübersicht und Bestellbutton in der Ebay-App

Bei der Darstellung des Bestell-Buttons und der dazugehörigen Bestellübersicht muss ein enger räumlicher und zeitlicher Zusammenhang zwischen dem Button und der Bestellübersicht bestehen. Auch bei einem mobilen Endgerät sollten Sie beachten, dass am Ende des Bestellprozesses und in unmittelbarer Nähe zueinander diese Elemente leserlich deutlich gemacht werden. **Die Informationen und der Bestellbutton sollten ohne Scrollen gleichzeitig zu sehen sein!**

3. Allgemeine Geschäftsbedingungen

Auch in einer App müssen die Allgemeinen Geschäftsbedingungen (AGB) deutlich mit in den Vertragsschluss einbezogen werden, wenn der Anbieter möchte, dass seine Bedingungen dem Vertrag zugrunde liegen, § 305 BGB. Der App-Anbieter muss den Kunden ausdrücklich auf die AGB hinweisen und ihnen ermöglichen, diese in zumutbarer Weise zur Kenntnis zu nehmen und der Geltung der AGB zuzustimmen.

In einem Online-Shop reicht in der Regel ein gut sichtbarer Link zu den AGB mit einer klaren Bezeichnung aus. Dies gilt auch für Apps. Bei der verkleinerten Darstellung auf einem mobilen Endgerät ist dies jedoch nicht immer einfach zu realisieren.

Als Grundsatz sollte gelten, dass der Hinweis auf die AGB einem Durchschnittskunden bei flüchtiger Betrachtung nicht verborgen bleibt. Es bietet sich an, die AGB-Einbindung in unmittelbarer Nähe zur Bestellübersicht und dem Bestellbutton anzuordnen.

Tipp!
Die AGB müssen auch und vor allem bei mobilen Endgeräten übersichtlich gestaltet sein, und der Scrollaufwand sollte in zumutbaren Grenzen gehalten werden.

Abb. 10: AGB-Darstellung in der Chefkoch-App

4. Datenschutzbestimmungen

In der Regel wird es sich bei der Apps eines Shopbetreibers um einen Telemediendienst handeln, auf den die datenschutzrechtlichen Regelungen der §§ 11 ff. des TMG Anwendung finden.

 Unter den Begriff „Telemediendienst" fallen nach § 1 TMG alle elektronischen Informations- und Kommunikationsdienste, soweit sie nicht bloße Telekommunikationsdienste oder Rundfunkdienste sind. Nicht in den Anwendungsbereich fallen somit Dienste, bei denen es lediglich um die Übertragung von Signalen über Telekommunikationsnetze geht.

Fast jede App erhebt oder verarbeitet in irgendeiner Form personenbezogene Daten.

III. Die Gestaltung einer App

Soweit personenbezogene Daten zur Bereitstellung einer App erhoben und verwendet werden sollen, bedarf es entweder einer Erlaubnis dazu in einer Rechtsvorschrift oder einer Einwilligung des Nutzers, § 12 Abs. 1 TMG.

Auch Apps fallen unter die Vorgaben des § 13 Abs. 1 TMG. Diensteanbieter haben die Nutzer zu Beginn des Nutzungsvorgangs über Art, Umfang und Zweck der Datenerhebung in allgemein verständlicher Form zu unterrichten.

Es ist daher nicht nur sinnvoll, sondern auch notwendig, dass ein gut erkennbarer und eindeutiger Link auf die Datenschutzhinweise verweist. Ähnlich wie bei den AGB sollte darauf geachtet werden, dass der Link in der Nähe zu den anderen für den Verbraucher relevanten Informationen zu finden ist. Auch sollte bei der Datenschutzerklärung darauf geachtet werden, dass sie nicht allzu ausschweifend formuliert ist und man mit zumutbarem Aufwand durch die Informationen scrollen kann.

5. Standortdaten

Standortdaten werden von Apps vielfach im Hintergrund gesammelt und ausgewertet. Das mobile Internet ermöglicht es, den einzelnen Nutzer zu lokalisieren und das Angebot für ihn individuell nach seinem Standort zu bestimmen. Es kann sich hierbei beispielsweise um Informationen über in der Nähe befindliche Geschäfte handeln.

Der Anbieter der App darf erhobene Standortdaten der Nutzer auch ohne deren Einwilligung verarbeiten und nutzen, wenn die Daten erforderlich sind, um die App zu bedienen und den Service für den Nutzer zu ermöglichen, § 15 Abs. 1 TMG.

Der Anbieter muss auch ohne das Erfordernis einer Einwilligung den Nutzer genau darüber informieren, welche Daten er zu welchem Zeitpunkt erhebt, § 13 Abs. 1 TMG.

Tipp!

Da vielfach schwer abzugrenzen ist, welche Daten nur für die Funktionsweise notwendig sind und welche darüber hinausgehen, sollten Sie stets eine Einwilligung durch den Nutzer in Betracht ziehen. Diese sollte alle Daten erfassen, welche tatsächlich erhoben, verarbeitet und genutzt werden.

Es bietet sich an, bereits vor Beginn der Nutzung der App eine Art Pop-Up-Fenster einblenden zu lassen, über das der Nutzer ausdrücklich der Datenverarbeitung zustimmen muss, die in der (verlinkten) Datenschutzerklärung näher erläutert wird.

IV. Der Vertrag mit dem Kunden

1. Übersicht über die Informationspflichten

Ein Online-Händler hat gegenüber seinem Kunden zahlreiche Informationspflichten zu erfüllen, die sich aus Art. 246a EGBGB ergeben.

Zu den Pflichtangaben zählen Informationen über:

1. die wesentlichen Eigenschaften der Waren oder Dienstleistungen

2. die Identität des Händlers, zB Handelsnamen sowie die Anschrift des Ortes, an dem er niedergelassen ist, seine Telefonnummer und gegebenenfalls seine Telefaxnummer und E-Mail-Adresse sowie gegebenenfalls die Anschrift und die Identität des Unternehmers, in dessen Auftrag er handelt,

3. den Gesamtpreis der Waren oder Dienstleistungen einschließlich aller Steuern und Abgaben, oder in den Fällen, in denen der Preis auf Grund der Beschaffenheit der Waren oder Dienstleistungen vernünftigerweise nicht im Voraus berechnet werden kann, die Art der Preisberechnung sowie gegebenenfalls alle zusätzlichen Fracht-, Liefer- oder Versandkosten und alle sonstigen Kosten, oder in den Fällen, in denen diese Kosten vernünftigerweise nicht im Voraus berechnet werden können, die Tatsache, dass solche zusätzlichen Kosten anfallen können,

4. im Falle eines unbefristeten Vertrags oder eines Abonnement-Vertrags den Gesamtpreis; wenn die Gesamtkosten vernünftigerweise nicht im Voraus berechnet werden können, ist die Art der Preisberechnung anzugeben,

5. die Kosten für den Einsatz des für den Vertragsabschluss genutzten Fernkommunikationsmittels, sofern dem Verbraucher Kosten berechnet werden, die über die Kosten für die bloße Nutzung des Fernkommunikationsmittels hinausgehen,

IV. Der Vertrag mit dem Kunden

6. die Zahlungs-, Liefer- und Leistungsbedingungen, den Termin, bis zu dem der Unternehmer die Waren liefern oder die Dienstleistung erbringen muss, und gegebenenfalls das Verfahren des Unternehmers zum Umgang mit Beschwerden,

7. das Bestehen eines gesetzlichen Mängelhaftungsrechts für die Waren,

8. gegebenenfalls das Bestehen und die Bedingungen von Kundendienst, Kundendienstleistungen und Garantien,

9. gegebenenfalls bestehende einschlägige Verhaltenskodizes gemäß der EU-Richtlinie über unlautere Geschäftspraktiken

10. gegebenenfalls die Laufzeit des Vertrags oder die Bedingungen der Kündigung unbefristeter Verträge oder sich automatisch verlängernder Verträge,

11. gegebenenfalls die Mindestdauer der Verpflichtungen, die der Verbraucher mit dem Vertrag eingeht,

12. gegebenenfalls die Tatsache, dass der Unternehmer vom Verbraucher die Stellung einer Kaution oder die Leistung anderer finanzieller Sicherheiten verlangen kann, sowie deren Bedingungen,

13. gegebenenfalls die Funktionsweise digitaler Inhalte, einschließlich anwendbarer technischer Schutzmaßnahmen für solche Inhalte,

14. gegebenenfalls, soweit wesentlich, Beschränkungen der Interoperabilität und der Kompatibilität digitaler Inhalte mit Hard- und Software, soweit diese Beschränkungen dem Unternehmer bekannt sind oder bekannt sein müssen.

Wenn dem Verbraucher ein Widerrufsrecht zusteht, muss er nach Art. 246 Abs. 3 EGBGB zusätzlich Informationen erhalten

☐ über die Tatsache, dass ihm ein Widerrufsrecht zusteht

☐ darüber, dass der Widerruf keiner Begründung bedarf

☐ über Namen und Anschrift desjenigen, dem gegenüber der Widerruf erklärt werden kann

☐ über Dauer, Beginn und fristwahrende Handlung für den Widerruf

2. Vorvertragliche Pflichtangaben

Generell wird zwischen vorvertraglichen und nachvertraglichen Informationspflichten unterschieden. Der Zeitpunkt der Informationspflichten entscheidet meist auch über die Form, in der die Informationen dem Verbraucher mitgeteilt werden müssen.

> **i** Alle Informationen aus Art. 246a EGBGB müssen dem Kunden sowohl vorvertraglich als auch nachvertraglich mitgeteilt werden.

Vorvertragliche Informationen sollen dem Verbraucher bei der Entscheidungsfindung helfen. So soll er, bevor er einen Vertrag schließt, über alle Umstände Bescheid wissen, die für den Vertragsschluss relevant sind. Die Information muss daher vor Vertragsschluss erfolgen. Diese Voraussetzung ist erfüllt, wenn der Verbraucher die Pflichtangaben einsehen kann, bevor er die Ware verbindlich bestellt.

Grundsätzlich können vorvertragliche Informationen dem Verbraucher ohne besondere Form erteilt werden.

> **i** Die vorvertraglichen Informationen müssen **klar und verständlich** sowie **mediengerecht** sein. Klar und verständlich sind die Pflichtangaben dann, wenn der Verbraucher sie leicht verstehen kann und sie in einer angemessenen graphischen Gestaltung und Schrift abgefasst sind.
>
> Um die Informationen mediengerecht bereitzustellen, kann der Händler sie in den Bestellprozess einbauen. Hierbei empfehlen sich Links, die die Pflichtangaben bereithalten. Zum einen kann der Kunde die Links zur Kenntnis nehmen, zum anderen bleibt die Website übersichtlich, da nicht alle Angaben auf einmal dargestellt werden. Natürlich müssen manche Informationen (wie etwa Preis oder Produktbeschreibung) direkt am Produkt angezeigt werden.

a) Produktbeschreibung (Spezialgesetze und die wichtigsten Beispiele)

Die Produkte im Online-Shop müssen eine bestimmte Kennzeichnung und Artikelbeschreibung aufweisen. Nach Art. 246a Abs. 1 Nr. 1 EGBGB muss der Unternehmer den Verbraucher über die we-

IV. Der Vertrag mit dem Kunden

sentlichen Eigenschaften der Waren oder Dienstleistungen in angemessenem Umfang informieren. Es kommt stets auf die konkrete Ware bzw. Dienstleistung an. Notwendig ist eine Beschreibung, aus der der Verbraucher die für seine Entscheidung maßgeblichen Merkmale entnehmen kann. Dies ist bei Bekleidung beispielsweise die Größe, Farbe und das Material der Textilien.

Bei einigen Produkten kommen weitere Informationspflichten aus speziellen Vorschriften wie dem Textilkennzeichnungsgesetz oder der Lebensmittelkennzeichnungsverordnung in Betracht.

Die Pflichtangaben gehören in der Regel auf die Produktseite.

> **Tipp!**
> Vorsicht bei der Verwendung von Bildern zusätzlich zur Produktbeschreibung. Verwenden Sie stets nur ein Abbild des zu verkaufenden Artikels und bedienen Sie sich nicht eines Bildes, das dem Originalprodukt lediglich ähnelt. Der Bundesgerichtshof entschied im Jahr 2011, dass ein Bild ebenso wie die textliche Beschreibung verbindlich sein kann, wenn der Kunde auf eine bestimmte Eigenschaft vertraut (BGH Urteil vom 12.1.2011 – VIII ZR 346/09).

aa) Lebensmittel

Seit Inkrafttreten der Lebensmittel-Informationsverordnung der EU (LMIV) gelten beim Online-Vertrieb von Lebensmitteln ähnlich hohe Auflagen wie im stationären Handel. Mit Ausnahme des Mindesthaltbarkeitsdatums und des Verbrauchsdatums sind die Informationen, die auf der Produktverpackung anzugeben sind, auch für die Darstellung im Online-Shop verbindlich.

Es geht um den Schutz der Qualität von Lebensmitteln und Nahrungsergänzungsmitteln und um eine verbraucherfreundliche Darstellung der Inhaltsstoffe. Dies soll durch folgende Pflichtangaben nach Art. 9 iVm Art. 14 LMIV sichergestellt werden:

- die Bezeichnung des Lebensmittels;
- das Verzeichnis der Zutaten;
- Stoffe, die Allergien und Unverträglichkeiten auslösen können;
- die Menge bestimmter Zutaten oder Klassen von Zutaten;
- die Nettofüllmenge des Lebensmittels;

- gegebenenfalls besondere Anweisungen für die Aufbewahrung und/oder Anweisungen für die Verwendung;
- der Name oder die Firma und die Anschrift des Lebensmittelunternehmers
- das Ursprungsland oder der Herkunftsort
- eine Gebrauchsanleitung, falls es schwierig wäre, das Lebensmittel ohne eine solche angemessen zu verwenden;
- für Getränke mit einem Alkoholgehalt von mehr als 1,2 Volumenprozent die Angabe des vorhandenen Alkoholgehalts in Volumenprozent;
- eine Nährwertdeklaration (erst ab dem 13.12.2016 verbindlich)

Ein Lebensmittel muss mit seiner rechtlich vorgeschriebenen Bezeichnung bezeichnet werden. Fehlt eine solche, so wird das Lebensmittel mit seiner verkehrsüblichen Bezeichnung oder, falls es keine verkehrsübliche Bezeichnung gibt oder diese nicht verwendet wird, mit einer beschreibenden Bezeichnung bezeichnet, die unmissverständlich deutlich macht, um was es sich handelt. Für einige Lebensmittel, zB Schokolade, gibt es Vorgaben in speziellen Produktverordnungen. Weitere Bezeichnungen enthält das Deutsche Lebensmittelbuch (www.dlmbk.de).

Bei vorverpackten Lebensmitteln, die über das Internet verkauft werden, müssen alle Pflichtangaben mit Ausnahme des Mindesthaltbarkeitsdatums und des Verbrauchsdatums schon vor dem Abschluss des Kaufvertrags verfügbar sein. Auch wenn Sie das Produkt nur vertreiben und nicht selbst herstellen, müssen Sie als Online-Händler nach Art. 14 LMIV sämtliche Pflichtangaben in dem Shop zugänglich machen.

Tipp!
Neben den verpflichtenden Angaben gibt es Informationen über Lebensmittel, die viele Unternehmen freiwillig bereitstellen. Dies können Aussagen zur Qualität, Herstellung oder Hinweise auf bestimmte Auszeichnungen durch Prüfinstitute sein. Wichtig ist, dass die Informationen richtig sind und nicht irreführen.

IV. Der Vertrag mit dem Kunden

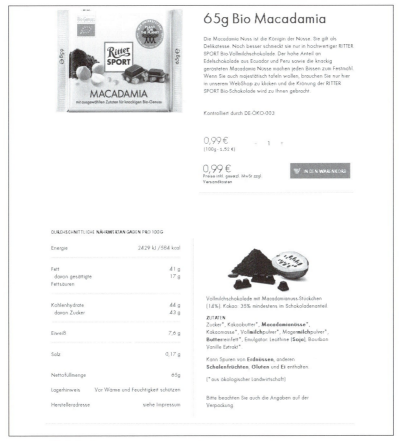

Abb. 11: Produktinformationen auf ritter-sport.de

VEGGI beschließt zur Steigerung seines Absatzes sein Soja-Schnitzel ohne vorherige Prüfung durch ein Institut mit dem Bio-Siegel der Europäischen Union zu kennzeichnen. Das geschwungene Blatt aus den 12 Sternen der EU-Flagge soll seit 2012 Lebensmittel kennzeichnen, die die höchsten gesetzlich gesicherten lebensmittelrechtlichen Standards erfüllen. Die Anforderungen des Siegels sind hoch. Die Lebensmittel dürfen höchstens 0,9 % gentechnisch verändertes Material enthalten und mindestens 95 % der Inhaltsstoffe müssen aus Öko-Anbau kommen. VEGGIs Soja-Schnitzel wird jedoch nur zu 80 % aus Öko-Anbau hergestellt. Die Kennzeichnung des Schnitzels mit dem Bio-Siegel stellt einen Wettbewerbsverstoß dar, der teuer werden kann. Zudem riskiert der Händler nach dem Gesetz über den Ökolandbau ein Bußgeld.

bb) Elektronik

Auch für Elektronik gelten spezialgesetzliche Vorschriften beim Vertrieb. Das Elektrogesetz setzt die europäischen Vorgaben rund um das Inverkehrbringen, die Rücknahme und die umweltverträgliche Entsorgung von Elektro- und Elektronikgeräten in deutsches Recht um.

Elektro- und Elektronikgeräte, die unter die besonderen Vorschriften fallen, sind Produkte, die zu ihrem ordnungsgemäßen Betrieb elektrische Ströme bzw. elektromagnetische Felder erzeugen, verbrauchen, übertragen oder messen und für Spannungen von max. 1000 V (Wechselstrom) bzw. 1500 V (Gleichstrom) ausgelegt sind.

Erstinverkehrbringer, vor allem Hersteller und Importeure, müssen sich zunächst bei der Gemeinsamen Stelle, Stiftung EAR, registrieren lassen, bevor sie Elektrogeräte in den Verkehr bringen. Bietet der Händler Produkte von nicht registrierten Herstellern an, wird er wie ein Hersteller behandelt und muss mit hohen Bußgeldern rechnen. Ein Online-Händler kann sich unter: www.stiftung-ear.de/hersteller über die Registrierung der Hersteller informieren.

Der Importeur unterliegt der Registrierungspflicht, wenn er Geräte erstmals nach Deutschland einführt und hier in Verkehr bringt. Darunter fällt auch der Online-Shop-Betreiber, der seine Produkte aus anderen Ländern bezieht.

VEGGI will nun neben Lebensmitteln auch Elektrokleingeräte wie Stabmixer und Handrührgeräte verkaufen. Die Geräte importiert VEGGI aus China und überprüft dabei nicht, ob die Geräte bei der EAR für Deutschland registriert sind. Da nach dem Elektrogesetz auch die Importeure der Registrierungspflicht unterfallen, selbst wenn sie keine Hersteller sind, begeht VEGGI gem. § 28 Elektrogesetz eine Ordnungswidrigkeit und muss mit einem Bußgeld bis zu 50.000 EUR rechnen.

Bundestag und Bundesrat haben einen **Entwurf zur „Neuordnung des Gesetzes über das Inverkehrbringen, die Rücknahme und die umweltverträgliche Entsorgung von Elektro- und Elektronikgeräten" (Elektro- und Elektronikgerätegesetz – ElektroG)** verabschiedet, welches am 24.10.2015 in Kraft getreten ist.

IV. Der Vertrag mit dem Kunden

Für den Online-Handel besonders relevant sind die neuen Regelungen über die Rücknahme von Altgeräten. Online-Händler werden zukünftig verpflichtet, Elektro-Altgeräte unentgeltlich zurückzunehmen. Dies bedeutet, dass ein altes Gerät zurückgenommen werden muss, wenn der Endnutzer gleichzeitig ein neues, funktionsgleiches Elektro- und Elektronikgerät erwirbt.

Die Pflicht zur Rücknahme trifft alle Shopbetreiber soweit diese über eine Lager- bzw. Verkaufsfläche für Elektro- und Elektronikgeräte von mindestens 400 qm verfügen. Bei dezentraler Lagerung im Distanzhandel ist zu beachten, dass durch geeignete Rückgabemöglichkeiten dem Kunden ermöglicht werden muss, in zumutbarer Entfernung seine Produkte zurückzugeben.

Eine weitere Neuerung ergibt sich für ausländische Hersteller. Diese können sich nicht mehr registrieren bzw. registriert bleiben, ohne einen Bevollmächtigen zu nennen. Ausländische Hersteller müssen eine Niederlassung in Deutschland gründen oder einen Bevollmächtigten beauftragen und ihn der zuständigen Behörde – dem Umweltbundesamt (UBA), bzw. der vom UBA beliehenen Stiftung Elektro-Altgeräte Register (EAR) – benennen. Bereits registrierte ausländische Hersteller haben nach Inkrafttreten des Gesetzes sechs Monate Zeit, um die neuen Registrierungsanforderungen zu erfüllen, danach wird ihre Registrierung widerrufen.

Neben der Registrierungspflicht gibt es wie bei Lebensmitteln und anderen Produkten zwingende Informationspflichten beim Vertrieb von Elektro- und Elektronikgeräten.

Für den Onlinehandel bestimmt § 5 der Elektrokennzeichnungsverordnung (EnVKV), dass die Händler sicherzustellen haben, dass den Interessenten vor Vertragsabschluss die folgenden Angaben gemacht werden:

a) Name und Anschrift des Lieferanten,

b) eine allgemeine, für eine Identifizierung ausreichende Beschreibung des Gerätemodells,

c) Angaben und gegebenenfalls Zeichnungen zu den wesentlichen konstruktiven Merkmalen des Gerätemodells, insbesondere zu den Eigenschaften, die sich spürbar auf seinen Energieverbrauch auswirken,

d) Berichte über Messungen, die auf Grundlage europäischer Normen durchgeführt wurden,

e) Bedienungsanleitungen, wenn sie zu dem Gerät mitgeliefert werden.

Seit dem 1.1.2015 müssen Online-Händler beim Verkauf von bestimmten Elektro- und Elektronikgeräten über das Internet zudem elektronische Etiketten und Produktdatenblätter bereithalten.

Je nach Produkttyp ergeben sich weitere Hinweis- und Kennzeichnungspflichten. So muss der Vertreiber bei einer in einem Elektroartikel enthaltenen Batterie nach dem Batteriegesetz darauf hinweisen, dass der Endverbraucher zur Rückgabe der Altbatterien verpflichtet ist und dass die Rücknahme unentgeltlich erfolgt. Auch können Informationen über Wasserverbrauch, Geräuschemissionen, Trocken- und Reinigungswirkung vorgeschrieben sein.

cc) Verpackungsverordnung

Ein Online-Händler muss gesetzliche Vorgaben bei der Verwendung von Verpackungsmaterialien beachten.

Verpackungen sind alle Produkte, unabhängig aus welchem Material sie bestehen, die zur Aufnahme, zum Schutz, zur Handhabung, zur Lieferung oder zur Darbietung von Waren dienen. Es ist unerheblich, ob es sich lediglich um das Füllmaterial oder um die Transportverpackung handelt.

In der Verpackungsverordnung ist vorgesehen, dass sich jeder, der ein Produkt in den Verkehr bringt, bei einem dualen Entsorgungssystem registrieren lassen muss und nur lizensierte Verpackungen verwenden darf, die registriert sind, zB „Der Grüne Punkt". Es geht um den Umweltschutz und die Reduzierung von Abfällen. Daher sollen ausschließlich Materialien verwendet werden, die ökologisch abbaubar sind und umweltgerecht wiederverwertbar sind.

Tipp!

Verwenden Sie beim Versand in Ihrem Online-Shop das Verpackungsmaterial des Herstellers oder Großhändlers. Zuvor registrierte Verpackungen müssen nicht nochmals angemeldet werden. Sollten Sie jedoch zusätzliches Material benötigen, achten Sie auf die Registrierung!

IV. Der Vertrag mit dem Kunden

VEGGI will seine Produkte möglichst umweltverträglich verpacken und auf Verpackungsmaterialien aus Plastik und rohölbasierte Verpackungen verzichten. VEGGI entscheidet sich für ein Verpackungsprodukt aus Biokunststoff, welches zu 100 % aus erneuerbaren Rohstoffen hergestellt wurde und kompostierbar ist.

VEGGI hat Glück: Diese Verpackungsart muss nicht bei einem dualen Entsorgungssystem registriert werden, da sie von der Registrierung nach § 16 Verpackungsverordnung ausgenommen ist.

dd) Arzneimittel

Im Bereich der Arzneimittel sind das Heilmittelwerbegesetz (HWG) und das Arzneimittelgesetz (AMG) entscheidend.

Nach der Rechtsprechung des Europäischen Gerichtshofs ist der Versand von Medikamenten ins Ausland erlaubt. Ein Verbot des Medikamentenversands verstößt gegen das Europarecht (EuGH Urteil vom 11.12.2003 – C-322/01).

Der Vertrieb von verschreibungspflichtigen und apothekenpflichtigen Medikamenten darf nur durch einen Apotheker erfolgen! Wer diese Vorschrift missachtet, muss mit strafrechtlichen Maßnahmen rechnen.

Die Erlaubnis zum Versand richtet sich nach § 11a Apothekengesetz (ApoG).

Folgende Voraussetzungen müssen für den Versand erfüllt sein:

- ☐ Die Qualität und die Wirksamkeit des Medikaments dürfen durch den Transport und den Versand nicht beeinträchtigt werden.
- ☐ Die Medikamente dürfen nur an den Besteller ausgeliefert werden.
- ☐ Es muss ein Hinweis erfolgen, dass der Besteller bei Problemen den Arzt aufsuchen soll.
- ☐ Es muss eine Beratung in deutscher Sprache durch pharmazeutisches Personal möglich sein.
- ☐ Es muss eine Lieferung innerhalb von zwei Tagen garantiert sein.
- ☐ Eine kostenlose Zweitzustellung muss gesichert sein.

- ☐ Ein System zur Sendungsverfolgung muss unterhalten werden.
- ☐ Eine Transportversicherung muss abgeschlossen werden.

Arzneimittel unterliegen einer **Preisbindung** nach der Arzneimittelpreisverordnung. Diese schreibt feste Preisspannen für ein Medikament vor.

Das HWG schreibt zudem Pflichtangaben vor.

Pflichtangaben nach dem HWG:
1. *Name und Sitz des Herstellers*
2. *Zusammensetzung des Medikaments*
3. *Anwendungsgebiete, Gegenanzeigen und alle Nebenwirkungen*
4. *allgemeiner Hinweis zu den Risiken und Nebenwirkungen („Zu Risiken und Nebenwirkungen lesen Sie die Packungsbeilage und fragen Sie Ihren Arzt oder Apotheker")*

Die Informationen müssen für den Verbraucher gut erkennbar und lesbar sein.

Nicht ausreichend ist ein Extra-Fenster, das nur über einen Mausklick lesbar wird. Die Informationen müssen so gestaltet sein, dass der Verbraucher die Pflichtangaben zwangsläufig wahrnimmt (OLG Köln vom 18.9.2009 – 6 U 49/09).

Vorsicht geboten ist bei der Werbung mit Arzneimitteln, Medizinprodukten und anderen Arten von Verfahren, Behandlungen, Gegenständen oder Mitteln, denen therapeutische Wirkungen beigelegt werden (bspw. Nahrungsergänzungsmittel). § 3 HWG verbietet irreführende Werbung. Es dürfen also insbesondere keine unwahren Aussagen über die Sicherheit des Eintritts des Erfolgs des Produkts oder den Nichteintritt von schädlichen Wirkungen bei längerer Verwendung gemacht werden.

ee) Bücher

Für den Vertrieb von Büchern gilt das Buchpreisbindungsgesetz. Der Händler ist verpflichtet, neue **Bücher**, **Zeitungen** und **Zeitschriften** zu dem festgesetzten Ladenpreis zu verkaufen. Dies gilt auch für **E-Books**, da sie einem gedruckten Buch entsprechen.

IV. Der Vertrag mit dem Kunden

VEGGI verkauft online einige Kochbücher. VEGGI muss die Bücher zu dem festgesetzten Ladenpreis verkaufen.

Gutscheine oder Rabattaktionen für den Kauf von Büchern sind nicht erlaubt. Punktesammelaktionen beim Kauf von Büchern dürfen nicht dazu führen, dass die Buchpreisbindung umgangen wird. Dies wäre ein Verstoß gegen § 3 Buchpreisbindungsgesetz. Rabatte und Punkte dürfen nur für Waren eingesetzt werden, die nicht der Buchpreisbindung unterliegen.

VEGGI möchte seinen Kunden bei Kauf von drei Kochbüchern einen Rabatt von 10 % auf den Kaufpreis geben. Diese Aktion verstößt jedoch gegen die Buchpreisbindung.

VEGGI überlegt daraufhin, eine Punktesammelaktion einzuführen, bei der für je 10 EUR Kaufwert ein Sammelpunkt vergeben wird. Bei 10 Punkten kann der Kunde 5 EUR Ermäßigung für jede Ware im Online-Shop bekommen. Diese Aktion würde jedoch gleichfalls gegen die Buchpreisbindung verstoßen, wenn die Ermäßigung auch beim Kauf eines Kochbuches gilt. VEGGI sollte daher die Kochbücher von der Aktion ausschließen.

Ausnahmen von der Buchpreisbindung gelten für

- ☐ *gebrauchte Bücher, die bereits einmal zu dem festgesetzten Ladenpreis verkauft wurden*
- ☐ *Autorenexemplare*
- ☐ *Hörbücher*
- ☐ *Kalender*
- ☐ *fremdsprachige Bücher, sofern diese nicht auf ein deutsches Publikum ausgerichtet sind (bspw. Wörterbücher oder Schulbücher)*

Auch **Mängelexemplare** sind von der Buchpreisbindung ausgenommen. Hierfür muss das Buch deutliche Mängel aufweisen wie etwa Verschleiß oder Transportschäden. Der Händler muss das Buch dann als „Mängelexemplar" kennzeichnen.

Es ist verboten, mangelfreie Bücher als „Mangelware" zu verkaufen. Der Händler ist für die richtige Kennzeichnung verantwortlich.

ff) Textilien

Für den Vertrieb von Textilien gelten die Vorschriften der EU-Textilkennzeichnungsverordnung. Hiervon ist nicht nur der Hersteller, sondern auch der Online-Händler betroffen. Der Verbraucher muss darüber informiert werden, welche textilen Rohstoffe in der Textile verwendet werden und wie die Zusammensetzung der Textilfasern aussieht.

Abb. 12: Textilinformationen bei otto.de

Auch im B2B-Bereich findet die Verordnung Anwendung. Alle Textilerzeugnisse, die in Europa in den Verkehr gebracht werden, müssen nach der Verordnung gekennzeichnet werden.

 Unter Textilerzeugnissen versteht man alle Erzeugnisse, die im rohen, halbbearbeiteten, bearbeiteten, halbverarbeiteten, verarbeiteten, halbkonfektionierten oder konfektionierten Zustand ausschließlich Textilfasern enthalten, unabhängig von dem zur Mischung oder Verbindung angewandten Verfahren (Art. 3 Abs. 1 der Verordnung).

Den Textilerzeugnissen werden folgende Produkte gleichgesetzt:

1. Erzeugnisse mit einem Gewichtsanteil an Textilfasern von mindestens 80 %
2. Bezugsmaterial für Möbel, Regen- und Sonnenschirme mit einem Gewichtsanteil an Textilkomponenten von mindestens 80 %;
3. die Textilkomponenten
   - der oberen Schicht mehrschichtiger Fußbodenbeläge,
   - von Matratzenbezügen,
   - von Bezügen von Campingartikeln, sofern diese Textilkomponenten einen Gewichtsanteil von mindestens 80 % dieser oberen Schichten oder Bezüge ausmachen;
4. Textilien, die in andere Waren eingearbeitet sind und zu deren Bestandteil werden, sofern ihre Zusammensetzung angegeben ist.

All diese Textilerzeugnisse müssen mit den allein zulässigen Bezeichnungen von Textilfasern nach Anhang 1 der Verordnung gekennzeichnet werden. Beispiele für zulässige Bezeichnungen sind Wolle, Baumwolle, Seide und Polyester.

Bei einigen Produkten müssen die Bezeichnungen der Textilfasern und deren Zusammensetzung nicht gekennzeichnet werden. Diese sind in Anhang 5 der Verordnung aufgezählt.

VEGGI verkauft in seinem Online-Shop hübsche Topflappen. Diese müssen nach Anhang 5 Nr. 25 der Verordnung nicht mit Textilfaserbezeichnung und –zusammensetzung gekennzeichnet werden.

gg) Kosmetik

Auch der Verkauf von Kosmetika unterliegt gesetzlichen Anforderungen. Kosmetika werden vor allem durch die EU-Kosmetik-Verordnung geregelt. Diese betrifft vor allem Hersteller, aber auch Händler.

Kosmetika sind nach Art. 2 Abs. 1 der EU-Verordnung Stoffe oder Gemische, die dazu bestimmt sind, äußerlich mit Teilen des menschlichen Körpers (Haut, Behaarung, Nägel, Lippen und äußere intime Regionen) oder mit den Zähnen und den Schleimhäuten der Mundhöhle in Berührung zu kommen, und zwar zu dem ausschließlichen

oder überwiegenden Zweck, diese zu reinigen, zu parfümieren, ihr Aussehen zu verändern, sie zu schützen, sie in gutem Zustand zu halten oder den Körpergeruch zu beeinflussen.

Grundsätzlich gilt gemäß Art. 4 der EU-Verordnung: Jedes Kosmetikprodukt bedarf einer verantwortlichen Person. Eine verantwortliche Person im Sinne der Verordnung können der Hersteller, ein vom Hersteller benannter Dritter, ein Importeur oder der Händler selbst sein.

Der Händler wird dann eine verantwortliche Person, wenn er ein Kosmetikprodukt unter seinem Namen oder Marke veröffentlicht oder ein Kosmetikprodukt wesentlich abändert.

i Eine reine Übersetzung von Informationen im Zusammenhang mit einem Kosmetikprodukt, das bereits in den Verkehr gebracht wurde, stellt keine wesentliche Abänderung dar!

Aber auch den Händler, der keine Kosmetikprodukte selbst herstellt, treffen besondere Pflichten. Gemäß Art. 6 der EU-Kosmetik-Verordnung muss der Händler vor der Bereitstellung des Produkts auf dem Markt überprüfen, ob

- die Kennzeichnungspflichten des Kosmetikprodukts eingehalten sind
- die Sprachanforderungen ausreichend sind
- das Mindesthaltbarkeitsdatum abgelaufen ist.

Sind Händler der Auffassung oder haben sie Grund zu der Annahme, dass

- ein kosmetisches Mittel nicht den Anforderungen dieser Verordnung genügt, stellen sie das kosmetische Mittel so lange nicht auf dem Markt bereit, bis es mit den geltenden Anforderungen in Übereinstimmung gebracht wurde;
- ein von ihnen auf dem Markt bereitgestelltes kosmetisches Mittel nicht der Verordnung entspricht, stellen sie sicher, dass die erforderlichen Korrekturmaßnahmen ergriffen werden, um die Konformität dieses Mittels herzustellen oder es gegebenenfalls vom Markt zu nehmen und zurückzurufen.

Wenn von dem kosmetischen Mittel ein Risiko ausgeht, muss der Händler die verantwortliche Person und die zuständigen nationalen Behörden unverzüglich unterrichten und dabei ausführliche Angaben machen, insbesondere über die Nichtkonformität und die ergriffenen Korrekturmaßnahmen.

Zudem müssen Händler sichere Lagerungs- und Transportbedingungen gewährleisten.

hh) Jugendschutz

Der Online-Händler hat das Jugendschutzgesetz (JuSchG) einzuhalten. Das JuSchG zielt darauf ab, Minderjährige vor bestimmten Produkten und Dienstleistungen zu schützen. Dabei richtet das Gesetz sich nicht an die Minderjährigen selbst, sondern an Händler und Dienstleister. Es erfasst hauptsächlich die Abgabe und den Verkauf von Alkohol und Tabak sowie Filme und Computerspiele.

Die Vorschriften für **Alkohol** sind in § 9 JuSchG zu finden. Demnach sind die Abgabe und der Verkauf von alkoholischen Getränken an Jugendliche unter 16 Jahren verboten. Branntwein, branntweinhaltige Getränke oder Lebensmittel, die Branntwein in nicht nur geringfügiger Menge enthalten, dürfen nicht an Jugendliche unter 18 Jahren abgegeben werden.

> Alkoholhaltige Süßgetränke im Sinne des § 1 Abs. 2 und 3 des Alkopopsteuergesetzes dürfen nur mit dem Hinweis „Abgabe an Personen unter 18 Jahren verboten, § 9 Jugendschutzgesetz" in den Verkehr gebracht werden. Dieser Hinweis ist auf der Fertigpackung in der gleichen Schriftart und in der gleichen Größe und Farbe wie der Getränkename zu halten und bei Flaschen auf dem Frontetikett anzubringen.

Die Abgabe von **Tabakwaren** an Minderjährige ist nach § 10 JuSchG verboten.

Filme und Computer-/Konsolenspiele müssen mit einer Altersbeschränkung gekennzeichnet werden, um sie an Jugendliche zu verkaufen. Eine Ausnahme gilt für Informations- und Lehrfilme.

Filme und Computerspiele dürfen an Minderjährige nur abgegeben werden, wenn sie ordnungsgemäß gekennzeichnet und für die Altersstufe der Minderjährigen freigegeben sind. Filme und Spiele, die nicht gekennzeichnet sind, dürfen nicht an Minderjährige verkauft werden.

In Deutschland werden Filme von der FSK (Freiwillige Selbstkontrolle der Filmwirtschaft GmbH), Computerspiele von der USK (Unterhaltungssoftware Selbstkontrolle GmbH) geprüft und gekennzeichnet.

Was müssen Händler beachten, die vom Jugendschutz erfasste Waren verkaufen wollen? Im Gegensatz zum Ladengeschäft hat der Online-Händler das Problem, dass der Kunde sein Alter nicht durch Vorlage eines Ausweispapiers nachweisen kann. Für Filme und Spiele ohne Jugendfreigabe (ab 18 Jahren) gilt daher ein generelles Verkaufsverbot in Online-Shops, § 12 Abs. 3 JuSchG. Hiervon kann jedoch eine Ausnahme gemacht werden, wenn der Online-Händler dafür sorgt, dass der Jugendschutz eingehalten wird.

 Tipp!
Am sichersten ist es, jugendgefährdende Waren nur über das PostIdent-Verfahren zu vertreiben. Der Kunde muss sich dabei mit seinem Personalausweis in der Postfiliale oder beim Zusteller ausweisen. Hierdurch kann das Alter und die Identität des Bestellers festgehalten werden. Ist alles korrekt und hat der Kunde das erforderliche Alter, wird ihm die Ware überreicht. Der Händler kann damit sichergehen, dass er keine jugendgefährdenden Waren an Minderjährige verkauft.

 Die Einhaltung des Jugendschutzes ist beim Vertrieb von Alkohol, Tabakwaren, Filmen und Computerspielen besonders wichtig. Händler sollten nur sichere Verfahren nutzen, um eine Altersprüfung des Kunden sicherzustellen. Händler, die gegen das Jugendschutzgesetz verstoßen, indem sie etwa an Minderjährige Tabakwaren verkaufen, müssen mit Bußgeldern rechnen. Diese können durch die Landesjugendschutzbehörden verhängt werden.

 Kein taugliches Instrument des Jugendschutzes sind Altersangaben, die vom Kunden selbst stammen. Die bloße Versicherung „Ich bin volljährig" reicht nicht aus, um jugendschutzrechtliche Pflichten zu erfüllen. Ganz allgemein gesprochen ist das „Vertrauen auf die Volljährigkeit" durch die Rechtsordnung nicht geschützt.

IV. Der Vertrag mit dem Kunden

b) Preisangaben

Auch für die Information über die Preise gibt es gesetzliche Vorgaben. Gemäß § 1 Preisangabenverordnung (PAngV) müssen gegenüber Verbrauchern stets die Endpreise angegeben werden. Dies bedeutet, dass die Mehrwertsteuer und andere Preisbestanteile in den angegebenen Preis hineinzurechnen sind.

Die PAngV gilt für Angebote des Unternehmers und für Werbung, sofern in der Werbung Preise genannt werden. Wenn der Unternehmer unter Angabe von Preisen wirbt, muss er vollständige Angaben machen. Auch die Werbung in Newslettern muss sich beispielsweise an den Anforderungen der PAngV messen lassen (BGH Urteil vom 10.12.2009 – I ZR 149/07).

Warenpräsentationen im Online-Shop sind als Angebote anzusehen, die stets einer Preisangabe bedürfen. Für eine Anzeige, die ohne Preisangaben für eine Marke wirbt, gilt die PAngV dagegen nicht.

Endpreis. Die PAngV sieht eine Pflicht zur Angabe des Endpreises vor. Die Endpreisangabe soll verhindern, dass der Verbraucher den zu zahlenden Preis selbst ermitteln muss. Endpreis ist das tatsächlich zu zahlende Gesamtentgelt. Anzugeben ist daher der Gesamtpreis inklusive aller Steuern, Gebühren und Zuschläge.

Die Verpflichtung zur Bildung eines Endpreises entfällt, wenn ein solcher Endpreis wegen der Zeit- bzw. Verbrauchsabhängigkeit einzelner Preiskomponenten nicht gebildet werden kann. In einem solchen Fall sind die Kosten auf andere Weise deutlich kenntlich zu machen; die einzelnen Preisbestandteile sind anzugeben.

Zusatzprodukte. Nicht erforderlich ist eine Preisangabe für Zusatzprodukte, die nicht notwendig mit erworben werden müssen (zB Verbrauchsmaterialien oder Zubehör). Anders verhält es sich jedoch, wenn mit dem Erwerb des Produkts zugleich eine Vorentscheidung für ein anderes Produkt des Anbieters oder Werbenden verbunden ist. In einem solchen Fall ist der Händler verpflichtet, die für das andere Produkt entstehenden Kosten deutlich kenntlich zu machen.

Liefer- und Versandkosten. Fallen zusätzliche Liefer- und Versandkosten an, so ist deren Höhe anzugeben. Soweit die Angabe dieser Kosten nicht möglich ist, sind die Berechnungsgrundlagen anzugeben, zB bei einer Berechnung nach Größe und Gewicht der Ware. Werden für verschiedene Produkte im Shop unterschiedliche Versandkosten verlangt, muss dies in einer Versandkostentabelle dargestellt werden.

Wenn keine zusätzlichen Versandkosten anfallen, ist auf den kostenlosen Versand hinzuweisen.

Der Hinweis „zzgl. Versandkosten" neben der Werbung für das einzelne Produkt genügt, wenn die Kosten leicht erkennbar und gut wahrnehmbar auf einer gesonderten Seite angegeben werden, die noch vor Einleitung des Bestellvorgangs aufgerufen werden muss (BGH vom 4.10.2007 – I ZR 143/04).

Wenn der Händler für geringe Versandmengen einen Zuschlag berechnet, genügt es nicht, wenn der Hinweis auf den Zuschlag nur durch das Anklicken des Wortes „Versandkosten" sichtbar wird (OLG Hamm vom 28.6.2012 – 4 U 69/12).

Nicht zulässig ist es, die Angaben zu Liefer- bzw. Versandkosten unter Menüpunkten wie „Allgemeine Geschäftsbedingungen" oder „Service" bereitzuhalten, wenn der Bestellvorgang keine Zwangsführung über die entsprechenden Seiten vorsieht (OLG Frankfurt/Main Urteil vom 6.3.2008 – 6 U 85/07 und OLG Hamburg Urteil vom 12.8.2004 – 5 U 187/02).

Es reicht nicht aus, die Angaben zu Liefer- und Versandkosten erst nach Einlegen der Ware in den Warenkorb auf dem Bildschirm erscheinen zu lassen. Die Belehrung muss bereits zu einem früheren Zeitpunkt erfolgen, nämlich dann, wenn sich der Käufer mit dem Angebot näher befasst (BGH vom 4.10.2007 – I ZR 143/04).

Unzureichend ist es auch, wenn Angaben zu Liefer- und Versandkosten erst über zwei Links abgerufen werden können, die nicht deutlich bezeichnet sind (OLG Köln Urteil vom 7.5.2004 – 6 U 4/04).

Gleichfalls unzulässig ist es, wenn sich die Angaben am unteren Ende der Internetseite befinden und nur durch Herabscrollen sichtbar werden (OLG Hamburg Urteil vom 20.5.2008 – 3 U 225/07).

Umsatzsteuer: Der Verbraucher muss ausdrücklich darüber informiert werden, dass die für Waren oder Leistungen geforderten Preise die Umsatzsteuer und sonstige Preisbestandteile enthalten.

Grundpreis: Wer Verbrauchern Waren in Fertigpackungen, offenen Packungen oder als Verkaufseinheiten ohne Umhüllung nach Gewicht, Volumen, Länge oder Fläche anbietet, ist zur Angabe des Grundpreises verpflichtet. Dies soll dem Verbraucher den Preisvergleich erleichtern.

IV. Der Vertrag mit dem Kunden

Unter dem Grundpreis ist der Preis je Mengeneinheit einschließlich der Umsatzsteuer und sonstiger Preisbestandteile zu verstehen.

Der Grundpreis ist in unmittelbarer Nähe des Endpreises anzugeben. Daher ist es unzureichend, wenn der Grundpreis nur in der allgemeinen Produktbeschreibung zu finden ist, die nur durch ein Anklicken des Produkts erreichbar ist (BGH Urteil vom 26.2.2009 – I ZR 163/09).

Unzureichend ist es auch, wenn der Grundpreis nur dann angezeigt wir, wenn der Kunde die Computermaus über das abgebildete Produktbild bewegt (sogenannter „Mouseover-Effekt", LG Bochum vom 19.6.2013 – I-13 O 69/13).

Die Verpflichtung zur Angabe des Grundpreises gilt nicht für Waren in Fertigpackungen, die im Rahmen einer Dienstleistung angeboten werden. Diese Ausnahme ist auf Gaststätten zugeschnitten und gilt nicht für einen Pizza-Lieferdienst, der den Grundpreis angeben muss, soweit es nicht um zubereitete Speisen (zB Pizza), sondern um Waren in Fertigpackungen (zB Getränke oder Eiscreme) geht (BGH Urteil vom 28.6.2012 – I ZR 110/11).

Abb. 13: Grundpreisangabe für Eiscreme bei dominos.de

2. Kapitel Online-Vertrieb

Der Grundpreis muss – ohne Verlinkung – gemeinsam mit dem Endpreis und „auf einen Blick" wahrnehmbar sein (BGH Urteil vom 26.2.2009 – I ZR 163/09.

Preisklarheit und Preiswahrheit: Alle Preisangaben müssen dem Angebot oder der Werbung eindeutig zuzuordnen sowie leicht erkennbar und deutlich lesbar oder sonst gut wahrnehmbar gestaltet sein. Für die Preisangaben können Hyperlinks verwendet werden, solange der jeweilige Link klar als Verweis auf die Preisangaben gekennzeichnet ist.

Sternchenhinweise: Es ist zulässig, eine besonders herausgehobene Preisangabe („Tickets ab 19,90 EUR") durch einen deutlichen Sternchenhinweis zu ergänzen, der zu einem Fußzeilentext mit ergänzenden Preisangaben führt (OLG Hamburg Urteil vom 25.3.2010 – 3 U 108/09).

Unzulässig ist es, eine Preisangabe „EUR 0,00" mit einem Sternchenhinweis zu versehen, bei dem sich erst aus der Fußzeile ergibt, dass ein Preis von 39,99 EUR gilt (LG Koblenz Urteil vom 30.10.2012 – 1 HK O 177/11).

> **i** Der Endpreis, aber auch die Angaben zu Umsatzsteuer, Liefer- und Versandkosten sowie zum Grundpreis sind im Online-Shop entweder in unmittelbarer räumlicher Nähe zu dem beworbenen Artikel anzuordnen oder dem Nutzer durch einen „sprechenden Link" zu vermitteln. Ein Link ist „sprechend", wenn er klar, verständlich und gut platziert ist und die Kennzeichnung des Links hinreichend klar erkennen lässt, was dort abzurufen ist. Nicht ausreichend sind Links mit vagen Beschriftungen wie „Preis", „mehr Info" oder „Service".

> **i** Wird auch an Kunden im Ausland verkauft, müssen die Versandkosten genannt werden, die zusätzlich anfallen.

c) Mindestlaufzeit von Verträgen/Kündigung

Wenn der mit dem Online-Shop geschlossene Vertrag sich nicht in einer einmaligen Lieferung oder Leistung erschöpft, besteht eine Pflicht zur Information über die Mindestlaufzeit. Es kann sich um Miet-, Lizenz- oder auch Abomodelle handeln.

IV. Der Vertrag mit dem Kunden

VEGGI bietet seinen Kunden in einem Abomodell an, sich täglich, jede Woche oder einmal im Monat neue Rezeptideen mit den passenden Zutaten direkt nach Hause liefern zu lassen. Die Mindestlaufzeit der Verträge variiert dabei zwischen einigen Monaten und zwei Jahren.

Zusätzlich muss der Shopbetreiber den Kunden über die Möglichkeit der Kündigung und die Länge der Kündigungsfrist informieren. Bei sich automatisch verlängernden Verträgen sind die Verlängerungsmodalitäten mitzuteilen. Bei Verträgen ohne Mindestlaufzeit muss das Fehlen der Mindestlaufzeit mitgeteilt werden.

d) Lieferbeschränkungen und -vorbehalte

Wenn der Kunde Verbraucher ist, muss er bereits vor dem Beginn des Bestellvorgangs die Möglichkeit haben, von Lieferbeschränkungen Kenntnis zu nehmen. Lieferbeschränkungen können geographische Einschränkungen, Mindest- oder Höchstbestellmengen oder begrenzte Warenvorräte sein.

Tipp!

Sorgen Sie als Online-Händler dafür, dass die Informationen zu Lieferbeschränkungen, wie geographische Einschränkungen oder Bestellmengen, so früh wie möglich für den Kunden sichtbar werden. Hinweise direkt neben der Produktpräsentation, aber auch in der Fußleiste der Website (Footer) können hilfreich sein.

Häufig liest man auf den Seiten der Online-Shops Hinweise wie „nur noch 24 Stunden verfügbar" oder „nur noch drei Stück auf Lager". Diese Angaben dienen dazu, den Kunden zum Kauf zu animieren. Dem Kunden wird suggeriert, dass die Verfügbarkeit der Ware begrenzt ist.

Entspricht die Angabe der Wahrheit und ist das Produkt nur noch begrenzt verfügbar, so ergeben sich keine Probleme. Ansonsten liegt eine Irreführung vor. Der Shopbetreiber verstößt gegen das Gesetz gegen den unlauteren Wettbewerb (UWG) und muss mit Abmahnungen rechnen.

Nach Nr. 7 des Anhangs zu § 3 Abs. 2 UWG sind unwahre Angaben über die Verfügbarkeit einer Ware über einen begrenzten Zeitraum verboten. Ist die Ware auch noch nach dem angegebenen Zeitraum verfügbar oder wird die Uhr einfach neu gestellt, liegt ein Verstoß gegen das UWG vor.

Tipp!
Wer Abmahnungen verhindern will, sollte auf unwahre Angaben zur Animierung des Kunden verzichten.

e) Lieferzeitangabe

Die Lieferzeit ist bei der Darstellung des Produkts besonders wichtig: Der Händler muss dem Verbraucher verbindlich mitteilen, wann er mit der Ware rechnen kann. Dies sieht Art. 246a § 1 Abs. 1 Nr. 7 EGBGB zwingend vor.

Es bietet sich an, bereits in die Produktbeschreibung einen deutlichen Hinweis auf die Lieferzeit aufzunehmen.

Ein genaues Datum muss nicht angegeben werden. Die Angabe von Lieferzeiten kann etwa so erfolgen

– „Lieferzeit: 3–5 Tage"

– „Lieferzeit max. 5 Tage"

– „Lieferzeit bis zu 5 Tage"

Auch folgende Angabe ist erlaubt: „Lieferzeit ca. 2–4 Tage" (OLG München Beschluss vom 8.10.2014 – 29 W 1935/14).

Nicht bestimmt genug ist die Formulierung „Lieferzeit in der Regel 3–5 Tage". Dies liegt daran, dass mit „in der Regel" ein Normalfall beschrieben wird und nicht zu erkennen ist, wann eine Ausnahme vorliegt und welche Fristen im Ausnahmefall gelten.

IV. Der Vertrag mit dem Kunden

Abb. 14: Falsche Lieferzeitangabe auf dbilas-shop.com

Allzu großzügige Zeitspannen in Wochen oder Monaten sind nach dem AGB-Recht nicht zulässig.

Auch wenn die Ware sofort lieferbar ist, muss dies angegeben werden.

Unterschiedliche Lieferzeiten können sich aus **unterschiedlichen Versandarten** ergeben! Auch dies muss deutlich gekennzeichnet sein.

Wenn der Kunde mehrere Artikel bestellt, kann es passieren, dass sich die Lieferfristen unterscheiden. Der Händler muss sich dann überlegen, ob er Teillieferungen oder nur eine Gesamtlieferung vornehmen möchte, und muss den Kunden hierüber informieren.

Tipp!
Bei Gesamtlieferungen muss der Kunde darüber informiert werden, dass die Artikel zusammen versendet werden und sich die Lieferzeit nach der längsten Lieferzeitangabe richtet.

Bei Teillieferungen muss der Kunde informiert werden, wenn aufgrund der Teillieferungen zusätzliche Versandkosten entstehen.

Sinn und Zweck der Information über den Liefertermin ist, dass der Kunde sich das Datum selbst ausrechnen kann, an dem die Ware bei ihm eintreffen wird.

Tipp!
Berücksichtigen Sie bei Ihren Lieferzeitangaben immer eventuelle Bank- und Postlaufzeiten sowie Sonn- und Feiertage! Es empfiehlt sich die Angabe in Werktagen.

Bei Vorkasse sollte auf ein Datum abgestellt werden, das sich nach einer Frist ab Zahlungseingang errechnet.

 Der VEGGI-Shop sieht in den AGB vor, dass der Kunde Vorkasse leisten muss und die Zutaten erst bei Zahlungseingang erhält.

Das Problem ist, dass VEGGI nicht vorhersehen kann, wann die Zahlung des Kunden erfolgt. Demnach kann VEGGI vorab auch kein festes Datum für die Lieferung angeben. Vielmehr kann die Angabe nur „___ Werktage nach Zahlungseingang" lauten.

Wenn eine Lieferung in unterschiedliche Länder angeboten wird, muss angegeben werden, auf welche Länder sich die Lieferangaben beziehen.

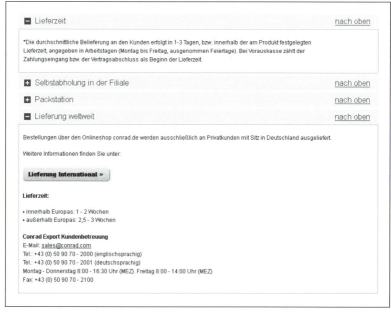

Abb. 15: Lieferzeitangabe international bei conrad.de

VEGGI beschließt, nicht nur innerhalb Deutschlands, sondern auch ins europäische Ausland zu liefern. Je nach Land kann sich dadurch die Lieferzeit sehr verändern.

Um umständliche Anpassungen im gesamten Online-Shop zu vermeiden, bietet es sich an, die Angabe zur Lieferzeit mit einem Sternchen zu versehen. Dabei sollte klargestellt werden, dass sich die Lieferzeitangabe nur auf Deutschland bezieht. Ein „sprechender" Link kann gesetzt werden zu einer Übersicht, die die Lieferzeiten für alle anderen Länder einzeln aufführt.

f) Angabe der Zahlungsmittel und -bedingungen

Es muss eine Angabe auf der Website zu finden sein, welche Zahlungsmittel akzeptiert werden. Zahlungsmittel sind zum Beispiel der Kauf auf Rechnung, per Nachnahme, (Sofort-)Überweisung, Kreditkarte oder Paypal.

Sollten zusätzliche Gebühren für die Nutzung von bestimmten Zahlungsarten anfallen, müssen diese Gebühren angegeben werden.

Zu beachten ist, dass § 312a Abs. 4 BGB die Möglichkeiten für Zusatzgebühren einschränkt.

Eine Zusatzgebühr für ein Zahlungsmittel ist nur zulässig, wenn

- dem Verbraucher gleichzeitig **eine** gängige kostenlose Zahlungsmöglichkeit eingeräumt wird

   und

- das vereinbarte Entgelt maximal den tatsächlichen Kosten entspricht, die der Unternehmer durch die Nutzung des Zahlungsmittels hat.

Tipp!

Sie sollten bei zusätzlichen Zahlungsgebühren sehr vorsichtig sein. Sie müssen eine kostenlose Zahlungsalternative für den Kunden bereitstellen, zB die Zahlung per Lastschrift. Im Zweifel müssen Sie zudem nachweisen können, dass die Gebühren den Kosten entsprechen, die tatsächlich für Sie entstehen.

Zudem muss der Kunde über Zahlungsbedingungen aufgeklärt werden. Zahlungsbedingungen sind vor allem Informationen über Zahlungsfristen und Fälligkeiten von Zahlungen.

g) Information über AGB

Vor dem Absenden des Angebots durch den Kunden muss auf die Allgemeinen Geschäftsbedingungen (AGB) hingewiesen werden. Die AGB müssen abrufbar sein und können durch einen „sprechenden Link" mit der Bestellseite verknüpft werden.

h) Kosten für die Verwendung von Kommunikationsmitteln

Der Händler hat den Kunden gem. Art. 246a § 1 Abs. 1 Nr. 6 EGBGB über Zusatzkosten zu informieren, die der Verbraucher für die Benutzung eines Fernkommunikationsmittels zu tragen hat. Die Hinweispflicht besteht, wenn die Kosten für die Kontaktaufnahme teurer werden als der übliche Tarif.

Erhöhte Telefongebühren fallen insbesondere bei Premium-Nummern an (mit Vorwahlen wie 0900 oder 0180). Muss der Kunde erhöhte Gebühren für einen Anruf bei dem Händler bezahlen, muss er darüber aufgeklärt werden.

i) Belehrung über gesetzliche Gewährleistungsrechte

Der Händler muss den Kunden auch über seine gesetzlichen Gewährleitungsrechte belehren. Es genügt, auf das Bestehen dieser Rechte zu verweisen. Nicht nötig ist eine detaillierte Beschreibung. Nähere Erläuterungen sind nicht zu empfehlen, da der Händler Gefahr läuft, unvollständige oder unpräzise Angaben zu machen.

Tipp!
Es genügt, einen Hinweis auf das Bestehen der gesetzlichen Gewährleistungsrechte in die AGB zu integrieren.

VEGGI formuliert in seinen AGB: „Für die Gewährleistung bei Mängeln gelten die gesetzlichen Bestimmungen". Dieser Hinweis ist für die Erfüllung der Informationspflicht ausreichend.

IV. Der Vertrag mit dem Kunden

j) Information über Kundendienst und Garantien

Der Händler muss den Kunden auch über das Bestehen von Kundendienst und Garantien informieren, sofern der Händler diese einräumt.

> § *Kundendienst ist jede dem Vertragsschluss nachgeordnete Leistung des Unternehmers an den Verbraucher, die mit der vertraglich vereinbarten Hauptleistung in engem Zusammenhang steht und im Hinblick auf den Vertrag erbracht wird. Erfasst sind damit Wartungs-, Instandhaltungs-, Instandsetzungs- und Reparatur-, aber auch Serviceleistungen.*

Hält der Händler eine Hotline bereit, so muss über deren Bestehen und die Erreichbarkeit informiert werden.

> i *Eine detaillierte Beschreibung, wie der Kundendienst funktioniert, ist nicht nötig. Es reicht aus, über das Bestehen des Kundendienstes aufzuklären und über die Bedingungen für die Inanspruchnahme.*

> § *Garantien sind freiwillige Zusatzleistungen des Händlers oder des Herstellers, die zusätzlich zu den gesetzlichen Gewährleistungsrechten bei Mängeln gelten.*

k) Informationen über das Widerrufsrecht

Nach Art. 246a § 1 Abs. 2 EGBGB muss der Kunde über sein gesetzliches Widerrufsrecht informiert werden. Hierunter fallen Informationen zu den Widerrufsbedingungen, den Fristen und zum Verfahren des Widerrufs. Gleichzeitig müssen Informationen über einen eventuellen Wertersatz und die Kosten der Rücksendung erfolgen. Das Gesetz hält hierfür eine Muster-Widerrufsbelehrung bereit. Zudem gibt es eine Muster-Widerrufserklärung.

> i *Eine Belehrungspflicht besteht auch im Falle des Nichtbestehens eines Widerrufsrechts. Dies kommt insbesondere in Betracht, wenn eine der Ausnahmevorschriften des § 312g Abs. 2 BGB greift.*

> i *Der Verbraucher ist vorvertraglich ausführlich über das Widerrufsrecht zu informieren. Es besteht jedoch keine Verpflichtung, dem Verbraucher bereits vor Vertragsschluss die Widerrufsbelehrung oder die Muster-Widerrufserklärung zur Verfügung zu stellen.*

> Auch wenn keine vorvertragliche Verpflichtung besteht, ist es durchaus ratsam, dem Verbraucher vorab die Widerrufsbelehrung und die Muster-Widerrufserklärung zur Kenntnis zu geben, da auf diese Weise gesichert ist, dass der Verbraucher ausreichend über sein Widerrufsrecht belehrt wird.

3. Nachvertragliche Information

Nachvertraglich ist der Händler verpflichtet, dem Verbraucher das Vertragsdokument oder eine Vertragsbestätigung zukommen zu lassen. Dies hilft dem Verbraucher, alle Informationen über den abgeschlossenen Vertrag parat zu haben. Bei Streitigkeiten können diese Informationen als Beweis nützlich sein. Die Informationen müssen dem Verbraucher innerhalb einer angemessenen Frist nach Vertragsschluss übermittelt werden, spätestens jedoch bei Lieferung (§ 312f Abs. 2 BGB).

> **i** Dem Kunden ist der gesamte Vertragsinhalt zur Verfügung zu stellen. Hierzu gehören auch die Widerrufsbelehrung und alle anderen Pflichtangaben gemäß Art. 246a EGBGB.

Nachvertragliche Informationen müssen dem Verbraucher dauerhaft zur Verfügung stehen. Die Informationen müssen daher auf einem **dauerhaften Datenträger** verfügbar sein. Zu diesen Informationen gehören auch die Widerrufsbelehrung und die Muster-Widerrufserklärung.

> **§** *Unter einem dauerhaften Datenträger ist jedes Medium zu verstehen, das es dem Empfänger ermöglicht, eine darauf befindliche, an ihn persönlich gerichtete Erklärung so aufzubewahren oder zu speichern, dass sie ihm während eines angemessenen Zeitraums zugänglich ist. Der Datenträger muss zudem geeignet sein, die Erklärung unverändert wiederzugeben. Beispiele sind Papier, CDs, Speicherkarten oder E-Mails.*
>
> *Ein einfacher Link, eine Darstellung auf der Website oder auch eine bloße Download-Möglichkeit genügen nicht! Der Unternehmer darf nicht die Möglichkeit haben, vertragliche Bestandteile nachträglich zu ändern.*

Bei Verträgen über die Lieferung digitaler Daten ist auf der Bestätigung des Vertrags festzuhalten, dass der Verbraucher dem Vertrag ausdrücklich zugestimmt und der Verbraucher bestätigt hat, dass er davon Kenntnis genommen hat, dass er sein Widerrufsrecht verliert, sobald der Unternehmer mit der ausdrücklichen Zustimmung des Verbrauchers mit der Ausführung des Vertrags beginnt (§ 312f Abs. 3 iVm § 356 Abs. 5 BGB).

4. Rechtliche Vorgaben beim Bestellprozess

Rechtlich ist die Bestellung ein Angebot des Kunden auf Abschluss eines Kaufvertrages. Es liegt dann am Händler, durch die Annahme dieses Angebots den Vertragsschluss zu bewirken.

a) Gestaltung des Bestellprozesses

Der Bestellprozess sollte übersichtlich gestaltet sein. Dies kann zum Beispiel durch den graphischen Einsatz von Gliederungsebenen erreicht werden. Der Kunde sieht auf diese Weise, in welchem Schritt der Bestellung er sich befindet.

Der Kunde ist über die technischen Schritte, die zu einer Bestellung führen, zu informieren, Art. 246c Nr. 1 EGBGB

Der Bestellprozess sollte wie folgt gestaltet werden, um den gesetzlichen Pflichten gerecht zu werden;

b) Warenkorb

Der Warenkorb ist der letzte Schritt vor der Bestellung. Der Kunde kann hier noch einmal die Zusammenstellung der gewählten Produkte kontrollieren.

Die Pflicht, einen Warenkorb einzurichten, ergibt sich aus § 312i BGB. Hier wird zwar nicht von Warenkorb gesprochen, der Händler muss aber dem Kunden „angemessene, wirksame und zugängliche technische Mittel zur Verfügung stellen, mit deren Hilfe er Eingabefehler vor Abgabe seiner Bestellung erkennen und berichtigen kann". Mit der Einrichtung eines Warenkorbs, der die gewählten Artikel bis zum Bezahlvorgang speichert, lässt sich dies einfach erreichen.

Der Warenkorb sollte von jeder Seite des Webshops erreichbar sein. Er muss die Möglichkeit zum Ändern und Löschen von Artikeln und Kurzinformationen über Art und Anzahl der ausgewählten Artikel bereithalten. Ratsam sind ein Link zur ausführlichen Produktinformationsseite, zur Verfügbarkeit bzw. Lieferzeit und eine Kostenaufstellung sowie ein Button, der ein einfaches Hinzufügen von Artikeln ermöglicht.

Bei simpel gestalteten Bestellformularen, bei denen auf einer überschaubaren einzelnen Seite alle Bestellschritte dargestellt werden, kann auch auf einen Warenkorb verzichtet werden. Ein Button „Eingaben löschen" genügt bei einer solchen Gestaltung, um § 312i BGB gerecht zu werden.

Tipp!

Es wird geschätzt, dass zwischen 50 und 70 % der Abbrüche eines Kaufvorgangs beim Aufrufen des Warenkorbs geschehen. Achten Sie daher darauf, dass der Warenkorb besonders übersichtlich und freundlich gestaltet ist und zum Kauf einlädt.

Dem Kunden sollte Sicherheit vermittelt werden. Dies erreichen Sie zum Beispiel durch eine Beschreibung des Widerrufsrechts oder eine auffällige Verlinkung zu einer entsprechenden Informationsseite. Sie sollten möglichst transparent alle anfallenden Kosten darstellen und auf versteckte Kosten verzichten. Ein stets erreichbarer Service oder FAQs können dazu beitragen, dass sich der Kunde wohl fühlt und bei Fragen Beratung erhält.

Abb. 16: Warenkorb bei zalando.de

c) Entgeltliche Zusatzleistungen und Nebenleistungen

Bei einem Online-Vertrag kommt eine Vereinbarung über kostenpflichtige Zusatz- oder Nebenleistungen nur mit ausdrücklicher Zustimmung des Kunden zustande, § 312a Abs. 3 Nr. 2 BGB. Diese Zustimmung darf nicht durch eine Voreinstellung, wie etwa durch ein bereits gesetztes Häkchen, erlangt werden.

VEGGI hat in seinem Bestellprozess standardmäßig das Häkchen gesetzt, dass der Kunde pro Bestellung automatisch ein Kochbuch zum Preis von 9,90 EUR erwirbt. Diese Voreinstellung ist unzulässig.

Abb. 17: Beispiel für Zusatzleistungen bei airberlin.de

d) Eingabe der Versandadresse

Einer der ersten Schritte im Bestellprozess wird in der Regel die Eingabe der Versandadresse und die Auswahl der Versandart sein. An dieser Stelle muss deutlich werden, welche Versandkosten bei welcher Versendungsmodalität anfallen.

> **i** Die Eingabemaske für die Versandadresse muss so gestaltet werden, dass zwar alle relevanten Informationen abgefragt werden. Sie sollten jedoch darauf verzichten, Angaben zu verlangen, die für den Kauf nicht von Bedeutung sind. Dies kann gegen das Prinzip der Datensparsamkeit verstoßen.
>
> In aller Regel benötigt der Händler nicht zwingend die Telefonnummer des Kunden zum Versand der Ware.

e) Rechnungsadresse und Zahlungsmittel

Im nächsten Schritt werden in der Regel die Rechnungsadresse und das Zahlungsmittel abgefragt.

Bei den Zahlungsmitteln ist daran zu erinnern, dass die Angabe der Zahlungsmittel bereits vorher auf der Seite des Shops abrufbar sein muss.

Sollten zusätzliche Gebühren für die Nutzung von bestimmten Zahlungsarten anfallen, müssen sie auch im Bestellprozess ausgewiesen werden.

> **i** Beachten Sie die Vorgaben des § 312a Abs. 4 BGB, sollten Sie bei bestimmten Zahlungsmitteln zusätzliche Gebühren verlangen!

f) Bestellübersicht/Kontrollseite

Bevor es zu einer verbindlichen Bestellung durch einen Verbraucher kommt, bedarf es einer detaillierten Übersicht über die zu bestellenden Waren. Dabei muss der Kunde jederzeit die Möglichkeit haben, die Bestellung zu korrigieren.

Auf der Bestellübersichtsseite sind folgende Informationen „klar und verständlich in hervorgehobener Weise" zur Verfügung zu stellen:

- die **Produkteigenschaften** mit den „wesentlichen Eigenschaften der Ware oder Dienstleistung". Hier kommt es auf die für die Kaufentscheidung maßgebenden Merkmale an (zB Farbe, Größe, Beschaffenheit);

- der **Gesamtpreis** einschließlich aller Steuern und Abgaben, oder in den Fällen, in denen der Preis auf Grund der Beschaffenheit der Waren oder Dienstleistungen nicht im Voraus berechnet werden kann, die Art der Preisberechnung;

- **Fracht-, Liefer- und Versand- sowie Zusatzkosten;**

- **Mindestdauer vertraglicher Verpflichtungen/Laufzeit und Kündigungsbedingungen.**

Die Bestellübersicht muss angezeigt werden, unmittelbar bevor der Verbraucher seine Bestellung abgibt. Wie im gesamten Bestellprozess ist auch hier Transparenz das oberste Gebot. Die Informationen müssen in unmittelbarer Nähe des Buttons angezeigt werden, über den die Bestellung ausgelöst wird. Die Informationen dürfen nicht nur über einen Link oder per Download erreichbar sein. Auch sollte es dem Verbraucher bei üblicher Bildschirmauflösung möglich sein, alles auf einen Blick zu sehen, ohne übermäßig scrollen zu müssen.

g) Bestellbutton

Der vorerst letzte Schritt im Bestellprozess ist die Betätigung des Kauf-Buttons durch den Kunden. Hierdurch gibt der Kunde ein verbindliches Kaufangebot ab.

§ 312j Abs. 3 BGB verpflichtet den Unternehmer, den Bestellvorgang so auszugestalten, dass dem Verbraucher bewusst ist, dass er mit der Bestätigung seiner Bestellung eine zahlungspflichtige Bestellung eingeht. Das Gesetz nennt sogar eine konkrete Formulierung, wie ein Button zu bezeichnen ist.

Zu verwenden ist die Beschriftung „zahlungspflichtig bestellen" oder eine andere entsprechend eindeutige Formulierung. Nicht ausreichend sind Formulierungen wie „bestellen" oder „Bestellung abgeben", da sie nicht auf die Zahlungspflicht hinweisen. Zulässige andere eindeutige Formulierungen sind zB „kostenpflichtigen Vertrag schließen", „kaufen" oder „jetzt kaufen".

Die oben genannten Formulierungen sollten zwingend beachtet werden, da gem. § 312j Abs. 4 BGB die Wirksamkeit des gesamten Vertrages von einem ausreichend beschrifteten Bestellbutton abhängt.

✔ **Tipp!**
Gehen Sie auf Nummer Sicher und verwenden Sie die gesetzlich vorgeschlagene Beschriftung „zahlungspflichtig bestellen"!

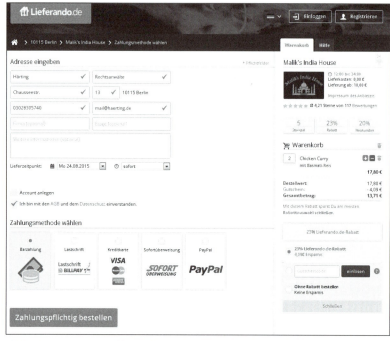

Abb. 18: Button und Bestellübersicht bei lieferando.de

h) Empfangsbestätigung

§ 312i Abs. 1 Satz 1 Nr. 3 BGB sieht vor, dass der Unternehmer den Empfang der Bestellung unverzüglich auf elektronischem Wege bestätigen muss.

Die Empfangsbestätigung soll in der Regel noch keine verbindliche Annahme darstellen, da der Händler noch die Lieferbarkeit der Ware und die Bonität des Kunden prüfen möchte. Die Unverbindlichkeit der Bestätigung muss jedoch für den Kunden deutlich sein.

IV. Der Vertrag mit dem Kunden

Tipp!
Sofern Sie keine Bonitätsprüfung vornehmen und über genügend Vorräte verfügen, können Sie mit der Empfangsbestätigung das Angebot auch sofort annehmen. Beachten Sie dann jedoch, dass Sie zur Lieferung verpflichtet sind.

Es kommt bei der Empfangsbestätigung auf jedes Wort an, da beim Kunden schnell der Eindruck entstehen kann, dass der Vertrag zustande gekommen ist.

Die Rechtsprechung sieht insbesondere eine Zahlungsaufforderung als eine Annahmeerklärung an, da nicht verständlich ist, dass der Händler noch nicht zu einer Lieferung verpflichtet sein, der Kunde aber bereits den Kaufpreis entrichten soll.

Bestätigen Sie lediglich den Eingang der Bestellung:

„Vielen Dank! Wir haben Ihre Bestellung erhalten! Bitte beachten Sie, dass ein Kaufvertrag erst zustande kommt, wenn wir Ihnen die Ware liefern oder eine Vertragsbestätigung zusenden."

i) Annahme des Angebots durch den Händler

Der Kunde, der seine Waren in den Warenkorb legt und bestellen möchte, gibt ein Angebot an den Händler ab. Der Händler hat nun Zeit, das Angebot anzunehmen.

Die Annahmefrist ist aber nicht unbegrenzt.

Bei einem Online-Shop ist umstritten, wie lange die Annahmefrist sein darf. Allgemein wird von zwei bis fünf Tagen ausgegangen.

Tipp!
Für einen guten Service empfiehlt es sich, die Annahmefrist kurz zu halten, damit der Kunde einerseits schnell davon ausgehen kann, dass seine Bestellung angenommen wurde, und andererseits, dass er seine Ware schnell erhält.

Je automatisierter der Bestellprozess ist, umso schneller kann die Bestellung des Kunden bearbeitet und das Angebot angenommen werden.

Der Vertrag kommt endgültig zustande, wenn der Händler dem Kunden die Vertragsbestätigung als Annahme seines Angebots schickt. Der Händler ist dann zur Lieferung verpflichtet.

Tipp!

Sie können auf eine Vertragsbestätigung (ausdrückliche Annahme der Bestellung) auch gänzlich verzichten und den Bestellprozess so einrichten, dass der Vertrag mit Lieferung an den Kunden zustande kommt.

Wenn Sie den Bestellprozess auf diese Weise gestalten möchten, empfiehlt es sich, entsprechende Hinweise in die AGB aufzunehmen.

V. Die Abwicklung des Vertrages mit dem Kunden

1. Die Lieferung

Beim Transport kann viel schiefgehen: Die Ware wird beschädigt oder kommt nicht beim Kunden an. Muss der Händler für solche Transportrisiken einstehen?

Für den B2B-Bereich gilt: Sobald der Verkäufer die Ware an das Transportunternehmen übergeben hat, trägt der Käufer die Gefahr der Beschädigung oder des Untergangs (§ 447 Abs. 1 BGB). Etwas anderes gilt allerdings bei einem Vertrag mit einem Verbraucher, bei der der Verkäufer stets das Transportrisiko trägt (§ 474 Abs. 4 BGB).

Das Transportrisiko kann nicht auf den Verbraucher durch AGB abgewälzt werden. Ebenso wenig ist es erlaubt, dem Kunden eine Pflicht zum Abschluss einer Transportversicherung aufzuerlegen!

Das Transportunternehmen wird als Erfüllungsgehilfe des Händlers tätig. Dies bedeutet, dass der Händler sich Schäden und Verluste der versendeten Ware zurechnen lassen muss.

Es ist nicht möglich, das Transportrisiko auf den Verbraucher zu verlagern. Ebenso wenig kann der Händler vom Kunden verlangen, sich an das Transportunternehmen zu wenden, wenn eine Lieferung beschädigt wurde oder vermisst wird. Im Falle einer Beschwerde muss sich der Händler um das Anliegen des Kunden kümmern und sich mit dem Transportunternehmen auseinandersetzen.

V. Die Abwicklung des Vertrages mit dem Kunden

Bei einem Vertrag zwischen zwei Unternehmern (B2B) trägt der Käufer das Transportrisiko. In dieser Konstellation hat der Käufer keinen Anspruch gegen den Verkäufer im Falle der Beschädigung oder des Verlusts von Waren. Der Verkäufer kann aber einen Anspruch gegen das Transportunternehmen geltend machen und muss den daraus erlangten Schadensersatz an den Käufer abtreten.

2. Der Widerruf

Wer einen Online-Shop betreibt, wird häufig mit Retouren durch den Kunden konfrontiert. Das Widerrufsrecht ist ein wichtiges Schutzinstrument für den Verbraucher. Seit dem 13.6.2014 besteht für alle Mitgliedstaaten der EU ein einheitliches Widerrufsrecht.

Der Kunde kann sein Widerrufsrecht aus beliebigen Gründen in Anspruch nehmen: Ihm gefällt die bestellte Ware nicht; er ist mit der Form oder Farbe nicht zufrieden; er hat es sich anders überlegt und möchte die Ware nicht haben; er hat sich etwas anderes vorgestellt. All dies und mehr wird vom Widerrufsrecht gedeckt.

Für einen Online-Händler ist die Einräumung eines Widerrufsrechts unabdingbar. Dies ergibt sich aus den Vorschriften des Fernabsatzrechtes in den §§ 312g, 355 ff. BGB

> **i** Für jeden Unternehmer, der Waren an Verbraucher verkauft, gelten die Vorschriften des Fernabsatzes.
>
> Wer an andere Unternehmer verkauft, kann seinen Kunden ein Widerrufsrecht einräumen, ist hierzu jedoch nicht verpflichtet.

Das Widerrufsrecht gibt dem Kunden die Möglichkeit, die gekaufte Ware zurückzugeben und dafür den Verkaufspreis wieder zurückzuerlangen.

> **i** Jeder Händler muss sich an die gesetzlichen Vorschriften zum Widerruf halten. Eine Abweichung zu Lasten des Verbrauchers ist verboten. Zulässig hingegen ist es, über die gesetzlichen Vorschriften hinauszugehen.

a) Wer ist eigentlich Verbraucher?

Verbraucher ist jede natürliche Person, die ein Rechtsgeschäft zu Zwecken abschließt, die überwiegend weder ihrer gewerblichen noch ihrer selbstständigen beruflichen Tätigkeit zugerechnet werden können (§ 13 BGB).

Damit steht fest, dass es in Fällen, in denen gemischte Zwecke vorliegen, auf eine Schwerpunktbetrachtung ankommt.

Der Gegenbegriff zum Verbraucher ist der Unternehmer (§ 14 BGB). Hierbei handelt es sich um eine natürliche oder juristische Person oder eine rechtsfähige Personengesellschaft, die bei dem Abschluss eines Rechtsgeschäfts in Ausübung einer gewerblichen oder selbstständigen beruflichen Tätigkeit handelt.

Nicht um Verbraucher handelt es sich somit bei Freiberuflern und bei Gesellschaften bürgerlichen Rechts, die gewerblich oder selbstständig (frei)beruflich tätig werden.

Auch derjenige, der ein Kleingewerbe betreibt, ist ein Unternehmer. Es kommt nicht darauf an, ob die Einkünfte den Lebensunterhalt des Gewerbetreibenden decken. Es bedarf zudem nicht einmal einer Gewinnerzielungsabsicht. Jedes dauerhaft-planmäßige Auftreten am Markt reicht für ein unternehmerisches Handeln aus.

Auch der Existenzgründer ist Unternehmer. Für ein unternehmerisches Handeln reicht es aus, wenn ein Vertrag im Zuge der Aufnahme einer gewerblichen oder selbstständigen beruflichen Tätigkeit geschlossen wird.

Nicht jedes Geschäft, das ein Unternehmer tätigt, erfolgt im Rahmen seiner gewerblichen bzw. selbstständigen beruflichen Tätigkeit. Die Rechtsanwältin, die einen Satellitenempfänger bestellt, handelt daher als Verbraucherin, wenn die Empfangsanlage in ihren Privaträumen installiert werden soll (AG Siegburg Urteil vom 23.2.2005 – 117 C 262/04).

Bei einem gemischt genutzten Fahrzeug kommt es für die Verbrauchereigenschaft des Autobesitzers darauf an, ob die Nutzung als Firmenfahrzeug überwiegt.

Für ein unternehmerisches Handeln reicht bei einer Rechtsanwältin die Angabe einer beruflichen Rechnungs-, Liefer- und E-Mail-Adresse nicht aus (BGH Urteil vom 30.9.2009 – VIII ZR 7/09).

Der Autokäufer wird nicht zum Unternehmer, wenn er eine Teilfläche des Fahrzeugs für einen Werbeaufkleber nutzt und hiermit Gewinn erzielt (LG Köln Urteil vom 15.5.2008 – 37 O 1054/07).

b) Die Widerrufsbelehrung

Der Verbraucher muss über sein Widerrufsrecht umfassend und verständlich informiert werden. Hierunter fallen die Bedingungen, Fristen und das Verfahren des Widerrufsrechts, das Muster-Widerrufbelehrungsformular und die Kosten der Rücksendung. Die Belehrung muss vor Vertragsschuss erfolgen.

Das Gesetz schlägt ein Muster-Widerrufbelehrungsformular vor. Dieses muss nicht verwendet werden, sofern die Informationspflichten auf andere Weise erfüllt werden.

Tipp!

Verwenden Sie das Muster-Widerrufbelehrungsformular! Dadurch erfüllen Sie die rechtlichen Anforderungen und vermeiden es, erforderliche Informationen zu vergessen. Zudem gilt die „Gesetzesfiktion": Wenn der Gesetzgeber einen Fehler in seinem Muster gemacht hat, bleibt Ihre Belehrung dennoch rechtskonform.

Das Muster-Widerrufbelehrungsformular findet man in der Anlage 1 zu Art. 246a § 1 Abs. 2 Satz 2 EGBGB. Abgedruckt ist es im Bundesgesetzblatt (BGBl.) 2013, 3663 f.; im Netz ist es zu finden unter www.gesetze-im-internet.de/bgbeg/BJNR006049896.html.

c) Die Erklärung des Widerrufs

Neben dem Muster-Widerrufbelehrungsformular existiert noch ein Muster-Widerrufsformular. Auch über das Widerrufsformular ist vorvertraglich zu belehren.

Das Muster-Widerrufsformular befindet sich in Anlage 2 zu Art. 246a § 1 Abs. 2 Satz 1 Nr. 1 EGBGB und sieht folgendermaßen aus:

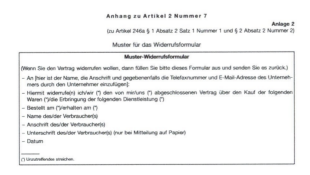

> **i** Der Verbraucher muss seinen Widerruf ausdrücklich erklären. Dies sieht § 355 Abs. 1 BGB vor.

Der Händler kann dem Kunden die Möglichkeit einräumen, das Widerrufsformular online auf der Website des Shops auszufüllen und auf diese Weise den Widerruf zu erklären (§ 356 Abs. 1 BGB). Wichtig ist bei dieser Form, dass der Zugang der Widerrufserklärung unverzüglich bestätigt werden muss.

> ✔ **Tipp!**
> Ein besonderer Fall liegt vor, wenn der Kunde die bestellte Ware ohne jegliche Erklärung an den Händler zurückschickt. In diesem Fall hat der Verbraucher seinen Widerruf nicht ausdrücklich erklärt. Der Händler ist daher nicht verpflichtet, den Kaufpreis zurückzuzahlen.
>
> Damit es zu keinen Missverständnissen kommt, kann man in den AGB vereinbaren, dass die kommentarlose Rücksendung als Widerruf zu werten ist.

d) Widerrufsfrist

Die Widerrufsfrist beträgt 14 Tage. In dieser Zeit kann der Verbraucher seinen Widerruf erklären. Grundsätzlich beginnt die Widerrufsfrist bei Vertragsschluss, § 355 Abs. 2 BGB. Bei Verbrauchsgüterkäufen beginnt die Widerrufsfrist jedoch erst mit Erhalt der Ware.

> **§** *Ein Verbrauchsgüterkauf liegt vor, wenn ein Verbraucher von einem Unternehmer eine bewegliche Sache kauft.*

> **i** Beginnt die Widerrufsfrist erst bei Erhalt der Ware, reicht es für den Fristbeginn vielfach nicht aus, dass die Ware bei einem Nachbarn oder in einem Laden abgegeben wird. Es kommt vielmehr darauf an, wann der Kunde die Ware erhält.
>
> Eine Ausnahme gilt, wenn es sich bei dem Nachbarn oder Ladenbesitzer um einen Empfangsboten handelt, der die Ware im Auftrag des Kunden entgegengenommen hat. Mit Zugang beim Empfangsboten gilt die Lieferung als (beim Kunden) zugegangen.

V. Die Abwicklung des Vertrages mit dem Kunden

Ein häufiges Problem sind Teillieferungen. Dies ist der Fall, wenn der Kunde mehrere Waren gleichzeitig bestellt hat, diese aber zu unterschiedlichen Zeitpunkten geliefert werden. In einem solchen Fall beginnt die Widerrufsfrist erst, wenn die letzte Ware geliefert wurde (§ 356 Abs. 2 Nr. 1 BGB).

> **Tipp!**
> Versuchen Sie, Teillieferungen zu vermeiden, um nicht einer langen Widerrufsfrist ausgesetzt zu sein.

Wurde der Kunde nicht ordnungsgemäß über sein Widerrufsrecht belehrt, beginnt die Widerrufsfrist nicht zu laufen und erlischt erst nach 12 Monaten und 14 Tagen (§ 356 Abs. 3 BGB).

Sobald die Widerrufsfrist abgelaufen ist, ist der Händler nicht mehr verpflichtet, eine Widerrufserklärung anzuerkennen. Aus Kulanz kann der Händler dem Widerruf natürlich stattgeben.

e) Ausnahmen vom Widerrufsrecht

Das Gesetz sieht in § 312g Abs. 2 BGB einige Ausnahmen für Waren und Dienstleistung vor, die vom Widerruf ausgenommen sind.

> *Die wichtigsten Ausnahmen sind:*
>
> – *Waren, die auf die persönlichen Bedürfnisse des Verbrauchers zugeschnitten und nicht vorgefertigt sind*
>
> – *schnell verderbliche Waren*
>
> – *Gesundheits- und Hygieneartikel*
>
> – *vermischte Waren*
>
> – *versiegelte Datenträger*
>
> – *Zeitungen und Zeitschriften (nicht Abonnements)*
>
> – *dringende Handwerkeraufträge*
>
> – *Beherbergung und Freizeitgestaltung*

i Der Händler ist nicht verpflichtet, für jeden angebotenen Artikel gesondert anzugeben, ob dem Verbraucher insoweit ein Widerrufsrecht zusteht.

Bei der Belehrung über das Nichtbestehen eines Widerrufsrechts kann sich der Händler auf die Wiedergabe des Wortlauts der gesetzlichen Ausnahmevorschriften beschränken (BGH Urteil vom 9.12.2009 – VIII ZR 219/08).

Kundenspezifikation: Kein Widerrufsrecht besteht bei Waren, die nicht vorgefertigt sind und für deren Herstellung eine individuelle Auswahl oder Bestimmung durch den Verbraucher maßgeblich ist oder die eindeutig auf die persönlichen Bedürfnisse des Verbrauchers zugeschnitten sind (§ 312g Abs. 2 Satz 1 Nr. 1 BGB).

Eine Anfertigung nach Kundenspezifikation liegt nicht bereits dann vor, wenn der Kunde die Ausstattung der Ware unter mehreren Varianten auswählt. Vielmehr muss es sich um eine Ware handeln, die kein standardisiertes Massenprodukt ist und für die der Unternehmer nicht ohne Weiteres einen anderen Abnehmer finden kann.

Entscheidend ist stets, ob sich die Ware ohne größeren Kostennachteil nach der Rücksendung wieder auseinanderbauen und erneut verkaufen lässt.

 Die Ausnahme greift nicht bei Waren, die im Baukastensystem angeboten werden wie beispielsweise bei Notebooks (Built-to-order-Verfahren), deren Komponenten der Kunde selbst zusammenstellen kann (OLG Frankfurt/Main Urteil vom 28.11.2001 – 9 U 148/01).

Keine Kundenspezifikation liegt vor bei der Persönlichkeitsanalyse einer Online-Partnerbörse, deren Aufbau erkennen lässt, dass sie aus vorgefertigten Textbausteinen besteht (LG Berlin Urteil vom 26.3.2013 – 16 O 180/12).

Schnell verderbliche Waren. Kein Widerrufsrecht besteht bei Waren, die schnell verderben können oder deren Verfallsdatum schnell überschritten würde (§ 312g Abs. 2 Satz 1 Nr. 1 BGB).

Außer leicht verderblichen Lebensmitteln fallen auch andere verderbliche Verbrauchsgüter unter den Ausnahmetatbestand. Ein Beispiel sind Schnittblumen, die eine Rückübersendung an den Unternehmer in aller Regel nicht überleben würden.

V. Die Abwicklung des Vertrages mit dem Kunden

Keine leichte Verderblichkeit ist bei wurzelnackten lebenden Bäumen anzunehmen. Dies gilt auch für den Fall, dass der Käufer die Bäume nach der Lieferung nicht einpflanzt, sodass sie absterben (OLG Celle Urteil vom 4.12.2012 – 2 U 154/12).

Gesundheits- und Hygieneartikel. Kein Widerrufsrecht besteht bei Waren, die aus Gründen des Gesundheitsschutzes oder der Hygiene nicht zur Rückgabe geeignet sind, wenn ihre Versiegelung nach der Lieferung entfernt wurde (§ 312g Abs. 2 Satz 1 Nr. 3 BGB).

Unter diese Ausnahme fallen beispielsweise Kosmetika, Parfümartikel, nicht jedoch Unterwäsche und andere Artikel, die sich reinigen lassen und danach wieder verkehrsfähig sind.

Das Widerrufsrecht des Verbrauchers hängt davon ab, ob der Unternehmer die jeweilige Ware versiegelt geliefert hat. Sieht der Unternehmer von einer Versiegelung ab, so bleibt dem Verbraucher das Widerrufsrecht in vollem Umfang erhalten.

Vermischte Waren. Das Widerrufsrecht ist ausgeschlossen bei Waren, die nach der Lieferung auf Grund ihrer Beschaffenheit untrennbar mit anderen Waren vermischt wurden (§ 312g Abs. 2 Satz 1 Nr. 4 BGB).

Ein typisches Beispiel für „vermischte" Waren ist Heizöl. Zu beachten ist allerdings, dass das Widerrufsrecht besteht, solange es noch nicht zu einer Vermischung gekommen ist (vgl. BGH vom 17.6.2015 – VIII ZR 249/14).

Versiegelte Datenträger. Ausgeschlossen ist das Widerrufsrecht auch bei Ton- oder Videoaufnahmen oder Computersoftware, die in einer versiegelten Packung geliefert werden, wenn die Versiegelung nach der Lieferung entfernt wurde (§ 312g Abs. 2 Satz 1 Nr. 5 BGB).

Das Widerrufsrecht des Verbrauchers hängt auch hier davon ab, ob der Unternehmer den jeweiligen Datenträger versiegelt geliefert hat. Sieht der Unternehmer von einer Versiegelung ab, so bleibt dem Verbraucher das Widerrufsrecht in vollem Umfang erhalten.

Die Ausnahme lässt sich nicht auf andere Waren erstrecken, die in Schutzverpackungen geliefert werden (zB elektrische Geräte oder Bücher). Ebenso wenig fallen Musik und Videos sowie Software (Apps), die per Download erworben werden, unter die Ausnahme.

2. Kapitel Online-Vertrieb

Von einer Versiegelung kann nur bei einer gewissen Festigkeit der Verbindung zwischen Ware und Umhüllung die Rede sein. Der bloße Verschluss einer CD- oder DVD-Hülle mit handelsüblichen Klebestreifen reicht für eine Versiegelung ebenso wenig aus wie eine schlichte Cellophanhülle (LG Dortmund Urteil vom 26.10.2006 – 16 O 55/06).

Wird Hard- und Software zusammen verkauft, bleibt das Widerrufsrecht für die Hardware uneingeschränkt erhalten (AG Aachen Urteil vom 28.6.2004 – 80 C 238/04).

Zeitungen und Zeitschriften. Für die einmalige Lieferung von Zeitungen und Zeitschriften gilt eine Ausnahme nach § 312g Abs. 2 Satz 1 Nr. 6 BGB. Die Ausnahme gilt nicht für Abos (vgl. § 510 Abs. 1 Satz 1 Nr. 2 BGB).

Auch ein Vertrag über die Lieferung eines Kinokalenders erfüllt nicht die Voraussetzungen des § 312g Abs. 2 Satz 1 Nr. 6 BGB (OLG Hamburg Urteil vom 27.3.2003 – 5 U 113/02).

Dringende Handwerkeraufträge. Kein Widerrufsrecht besteht bei Verträgen, bei denen der Verbraucher den Unternehmer ausdrücklich aufgefordert hat, ihn aufzusuchen, um dringende Reparatur- oder Instandhaltungsarbeiten vorzunehmen (§ 312g Abs. 2 Satz 1 Nr. 7 BGB).

Beherbergung und Freizeitgestaltung. Kein Widerrufsrecht gibt es bei Dienstleistungen in den Bereichen Beherbergung, Beförderung von Waren, Kraftfahrzeugvermietung, Lieferung von Speisen und Getränken sowie bei Dienstleistungen im Zusammenhang mit Freizeitbetätigungen, wenn der Vertrag für die Erbringung einen spezifischen Termin oder Zeitraum vorsieht (§ 312g Abs. 2 Satz 1 Nr. 9 BGB).

Die Beherbergungsausnahme gilt nur für die vorübergehende touristische Unterbringung, nicht aber für andere Wohnraum-Mietverträge.

Der Begriff der Freizeitveranstaltungen erfasst beispielsweise die Online-Bestellung von Konzertkarten oder den Kauf einer Eintrittskarte für eine Kinovorstellung über das Internet. Die Ausnahme gilt nicht nur für den Ticketverkauf durch den Veranstalter, sondern auch für den Kauf beim Händler (AG München Urteil vom 2.12.2005 – 182 C 26144/05).

V. Die Abwicklung des Vertrages mit dem Kunden

Voraussetzung ist stets die Vereinbarung eines genauen Zeitpunkts oder Zeitraums für die Erbringung der Dienstleistungen. Hieran fehlt es, wenn ein Gutschein für die eintägige Anmietung eines Ferraris ausgestellt und eine Einlösung des Gutscheins innerhalb eines Jahres vereinbart wird (AG Hamburg Urteil vom 7.6.2006 – 644 C 100/06).

Auch das Angebot eines Online-Kurses zur Vorbereitung auf die theoretische Prüfung für den Sportbootführerschein fällt nicht unter den Ausnahmetatbestand, des § 312 g Abs. 2 Satz 1 Nr. 9 BGB, da keine Leistungserbringung zu einem bestimmten Zeitpunkt vorliegt (OLG Hamm Urteil vom 21.2.2013 – I-4 U 135/12).

Bei einem Deutsche Bahn-Ticket mit einer Gültigkeitsdauer von nahezu drei Monaten handelt es sich um eine Dienstleistung mit Vereinbarung eines genauen Zeitraums für die Leistungserbringung, sodass kein Widerrufsrecht gilt (OLG Frankfurt/Main Urteil vom 15.4.2010 – 6 U 49/09).

Für **Downloads** gelten Ausnahmen nach Maßgabe des § 356 Abs. 5 BGB.

> Der Online-Shop-Betreiber S bietet Filme zum Download an. Der Kunde K kauft einen Film, schaut diesen an und widerruft seinen Kauf innerhalb der Widerrufsfrist. Was kann S in Zukunft tun, um den Widerruf von Downloads auszuschließen?

Nach § 356 Abs. 5 BGB erlischt das Widerrufsrecht bei Downloads unter folgenden Voraussetzungen:

1. *Es wurde bereits mit der Ausführung des Vertrags begonnen.*

2. *Der Verbraucher hat ausdrücklich zugestimmt, dass der Unternehmer vor Ablauf der Widerrufsfrist mit der Ausführung des Vertrags beginnt.*

3. *Der Verbraucher hat bestätigt, dass er weiß, dass er durch seine Zustimmung mit Beginn der Ausführung des Vertrags sein Widerrufsrecht verliert.*

Liegen diese Voraussetzungen vor, kann der Kunde nicht mehr widerrufen. Technisch lässt sich dies am besten umsetzen, indem im Bestellvorgang Checkboxen gesetzt werden, die der Kunde ankreuzen muss und mit denen er seine Zustimmung zur Vertragsausführung erklärt sowie bestätigt, dass er sein Widerrufsrecht durch den Download verliert.

> **i** Die Checkboxen sollten nicht bereits per Voreinstellung angekreuzt sein. Anderenfalls lässt sich eine ausdrückliche Zustimmung nicht eindeutig dokumentieren.

f) Folgen des Widerrufs

§ 355 Abs. 3 BGB sieht vor, dass im Falle des Widerrufs die empfangenen Leistungen unverzüglich zurückzugewähren sind. Für den Händler bedeutet dies, dass er eine Rückzahlung vornehmen muss, wenn der Kunde bereits Zahlungen geleistet hat. Ware, die der Kunde bereits erhalten hat, ist dem Händler zurückzugeben.

aa) Rücksendung

Die Rücksendung hat der Kunde spätestens 14 Tage nach dem Widerruf vorzunehmen. Hierbei kommt es auf die rechtzeitige Absendung der Ware und nicht auf deren Zugang beim Händler an.

> **i** Der Händler trägt gem. § 355 Abs. 3 BGB die Gefahr des Untergangs der zurückgesendeten Ware.

Die Kosten der Rücksendung trägt grundsätzlich der Kunde. Voraussetzung hierfür ist jedoch, dass der Kunde ausreichend über die Kostentragung informiert wurde. Ist dies nicht geschehen, bleibt der Händler auf den Rücksendekosten sitzen.

Die Information über die Rücksendekosten muss muss vorvertraglich erfolgen. Ist eine genaue Angabe nicht möglich, so muss eine Schätzung der Höchstkosten erfolgen.

Tipp!
Um den Online-Shop kundenfreundlich zu gestalten, kann der Händler in seinen AGB die Kosten der Rücksendung übernehmen.

Es ist auch möglich, einen Höchstsatz der Kostenübernahme bei Rücksendungen festzulegen oder zwischen der Rücksendung aus dem In- oder Ausland zu unterscheiden.

bb) Rückzahlung

Der Händler hat 14 Tage nach Widerruf die Rückzahlung vorzunehmen. Dabei steht es dem Händler aber zu, mit der Rückzahlung bis zum Erhalt der Rücksendung oder dem Nachweis der erfolgten Rücksendung zu warten. Der Händler vermeidet es auf diese Weise, der Ware nach Rückzahlung hinterherlaufen zu müssen.

> **Tipp!**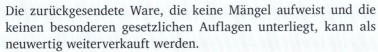
> Die zurückgesendete Ware, die keine Mängel aufweist und die keinen besonderen gesetzlichen Auflagen unterliegt, kann als neuwertig weiterverkauft werden.

Die Rückzahlung hat grundsätzlich mit demselben Zahlungsmittel zu erfolgen, das der Kunde zur Zahlung verwendet hat. Wenn der Kunde per Überweisung bezahlt hat, so muss ihm die Summe auf sein Konto zurücküberwiesen werden. Eine Erstattung durch einen Gutschein oder eine Gutschrift ist nicht erlaubt.

Die Hinsendekosten hat der Händler in jedem Fall zu erstatten. Hierbei kommt es auf die gewählte Versandart an: Die Erstattungspflicht gilt für die Kosten der Standardlieferung. Sollte der Kunde sich für eine andere Versandart, wie etwa einen Expressversand, entschieden haben, muss der Händler die zusätzlichen Kosten nicht erstatten.

cc) Wertersatz

Grundsätzlich gilt, dass der Kunde den Vertrag auch nach Benutzung der Ware und Inanspruchnahme einer Dienstleistung widerrufen und den Kaufpreis zurückverlangen kann. Vielfach kann der Händler allerdings vom Kunden Wertersatz verlangen.

Für Waren trifft § 357 Abs. 7 BGB die Regelung, dass ein Wertverlust zu ersetzen ist, soweit er nicht auf eine Prüfung der Waren zurückzuführen ist. Dies gilt allerdings nur bei entsprechender vorvertraglicher Belehrung des Verbrauchers.

> Beispiele für eine Nutzung, die keine Wertersatzpflicht auslöst, sind das Anschließen und Ausprobieren eines Notebooks, das Anziehen von Kleidung zu Hause vor dem Spiegel und das Durchblättern eines Buches zur Lektüre einzelner Seiten. Ersatzpflichtig sind dagegen die Nutzung des Notebooks für das Schreiben einer

Seminararbeit, das Tragen der Kleidung auf einer Party oder auch die komplette Lektüre des Buches, soweit diese Nutzung zu einem Wertverlust führt und der Verbraucher vorvertraglich auf die Ersatzpflicht hingewiesen wurde.

Kauft ein Verbraucher online ein Wasserbett, schuldet er im Falle des Widerrufs keinen Ersatz für die Wertminderung, die dadurch eintritt, dass der Verbraucher die Matratze zu Prüfzwecken mit Wasser befüllt (BGH Urteil vom 3.11.2010 – VIII ZR 337/09).

Beim Kauf eines Katalysators besteht kein Wertersatzanspruch, wenn der Käufer den Katalysator einbaut und zu einer Probefahrt aufbricht. Dies gilt auch dann, wenn der Katalysator nach der Probefahrt und dem Wiederausbau deutliche Gebrauchs- und Einbauspüren aufweist und daher wertlos ist (AG Lichtenberg Urteil vom 24.10.2012 – 21 C 30/12).

Der Kunde schickt eine bestellte Pfanne an VEGGI zurück. Die Teflon-Beschichtung ist deutlich abgenutzt, und es befinden sich angebrannte Essensreste in der Pfanne. VEGGI kann Wertersatz verlangen, wenn VEGGI den Kunden vorvertraglich auf den Wertersatzanspruch hingewiesen hat.

Bei Dienstleistungen und bei Verträgen über die Lieferung von Wasser, Gas, Strom oder Fernwärme steht dem Unternehmer nach § 357 Abs. 8 BGB Wertersatz zu, wenn er vorvertraglich über die Ersatzpflicht belehrt wurde. Eine Ausnahme gilt indes für digitale Inhalte (Downloads, Streaming), für die ein Wertersatzanspruch nach § 357 Abs. 9 BGB ausgeschlossen ist.

3. Die Gewährleistung

Im Unterschied zum Widerrufsrecht bedarf es für die Gewährleistung eines Grundes: Es muss ein Mangel vorliegen.

Dem Händler steht es frei, über die gesetzliche Gewährleistung hinaus weitere Regelungen zugunsten des Kunden zu treffen. Häufig erfolgt dies in Form einer **Garantie**. Eine Garantie stellt eine freiwillige Zusatzleistung des Verkäufers oder Herstellers dar, deren Dauer und Umfang frei festgelegt werden können.

V. Die Abwicklung des Vertrages mit dem Kunden

a) Der Mangel

Voraussetzung für einen Gewährleistungsanspruchs ist ein Mangel.

> *Ein Mangel einer Kaufsache liegt vor, wenn die vereinbarte Beschaffenheit von der tatsächlichen Beschaffenheit abweicht (§ 434 Abs. 1 Satz 1 BGB).*
>
> *Wenn nichts zur Beschaffenheit vereinbart wurde, ist die Sache mangelhaft, wenn sie sich nicht für die im Vertrag vorausgesetzte bzw. gewöhnliche Verwendung eignet oder eine Beschaffenheit aufweist, die bei Waren der gleichen Art unüblich ist (§ 434 Abs. 1 Satz 2 BGB).*

Beispiel: VEGGI verkauft online beschichtete Pfannen. Der Kunde erhält seine Pfanne, jedoch ist die Beschichtung zerkratzt.

> *Es liegt auch dann ein Mangel vor, wenn die tatsächliche Beschaffenheit der Sache von der in öffentlicher Werbung versprochenen Beschaffenheit abweicht (§ 434 Abs. 1 Satz 3 BGB).*

Beispiel: VEGGI macht Werbung mit seinen Teflon-beschichteten Pfannen. Der Kunde erhält seine Pfanne, diese hat aber keine Teflon-Beschichtung, sondern eine Emaille-Beschichtung.

> *Wenn eine fehlerhafte Montageanleitung mitgeschickt wurde, liegt ebenfalls ein Mangel vor (§ 434 Abs. 2 BGB).*

Beispiel: VEGGI verkauft kleine Regale, die zur Aufbewahrung von Gewürzen gedacht sind. Die Montageanleitung ist jedoch fehlerhaft, sodass der Kunde das Regal nicht nach Anleitung aufbauen kann.

> *Ein Mangel ist auch gegeben, wenn eine andere Sache als vereinbart geliefert wurde (§ 434 Abs. 3 BGB).*

Beispiel: VEGGI liefert anstatt der bestellten Pfanne einen Topf.

Der Mangel muss bei Übergabe der Ware an den Käufer (§ 446 BGB) vorliegen.

Bei einem Verbrauchsgüterkauf gilt die Vermutung, dass ein Mangel, der innerhalb von sechs Monaten nach Übergabe auftritt, bereits zum Zeitpunkt der Übergabe vorhanden war.

Stellt sich innerhalb der sechs Monate heraus, dass es einen Mangel gibt, muss der Händler hierfür einstehen, wenn er nicht nachweisen kann, dass der Mangel bei der Übergabe der Ware an den Kunden noch nicht vorhanden war.

b) Folgen eines Mangels

Liegt ein Mangel vor, kann der Kunde Nacherfüllung verlangen, vom Vertrag zurücktreten, den Kaufpreis mindern oder Schadensersatz verlangen.

> **i** Die Rechte des Kunden können nicht durch einen Vertrag oder durch AGB eingeschränkt werden, wenn der Kunde Verbraucher ist.

aa) Nacherfüllung

Die Nacherfüllung ist der primäre Anspruch des Käufers bei Mängeln (§ 439 Abs. 1 BGB). Der Käufer kann zwischen der Nachbesserung (wie etwa einer Reparatur) oder der Nachlieferung (der erneuten Lieferung) frei entscheiden.

Eine Reparatur kann der Verkäufer nur verweigern, wenn sie mit unverhältnismäßig hohen Kosten verbunden wäre.

> **i** Sämtliche Kosten, die durch die Nacherfüllung entstehen, hat der Verkäufer zu tragen.

Bei der Nachlieferung kann der Verkäufer die mangelhafte Ware vom Käufer zurückverlangen.

Der Kunde reklamiert die zerkratzte Pfanne. VEGGI schickt dem Kunden nun eine neue, mangelfreie Pfanne kostenfrei zu. Dafür verlangt VEGGI die beschädigte Pfanne vom Kunden zurück.

bb) Rücktritt

Wenn die Reparatur fehlschlägt oder die Nacherfüllung aus anderen Gründen erfolglos bleibt, kann der Käufer vom Vertrag zurücktreten. Dies führt dazu, dass der Verkäufer den Kaufpreis zurückzahlen und der Käufer die Kaufsache zurückgeben muss.

V. Die Abwicklung des Vertrages mit dem Kunden

VEGGI versäumt es, dem Kunden eine neue Pfanne zu senden. Der Kunde tritt vom Vertrag zurück. VEGGI zahlt dem Kunden das Geld zurück, während der Kunde die Pfanne zurücksendet.

Voraussetzungen für den Rücktritt sind

1. *eine abgelaufene Frist zur Nacherfüllung, die der Käufer gesetzt und der Verkäufer verstreichen lassen hat,*
2. *eine ausdrückliche Erklärung des Käufers zum Rücktritt (mündlich oder schriftlich) und*
3. *eine erheblicher Mangel.*

Ein Beispiel für einen unerheblichen Mangel, der nicht zum Rücktritt berechtigt, ist das Fehlen eines Knopfes an einem Hemd.

Ist die Kaufsache nicht mehr vorhanden, weil sie zerstört oder verbraucht wurde, ist der Käufer zum Wertersatz verpflichtet.

cc) Minderung

Möchte der Käufer nicht vom Vertrag zurücktreten, so hat er die Möglichkeit, die Ware zu behalten und dafür den Kaufpreis zu mindern. Die Minderung führt dazu, dass der Kaufpreis herabgesetzt wird. Die Herabsetzung erfolgt in dem Verhältnis, in dem der Wert der mangelfreien zur mangelhaften Sache steht.

Tipp!
Um dies besser berechnen zu können, gilt folgende Faustformel:

$$\text{Minderungspreis} = \frac{\text{Wert der mangelhaften Sache}}{\text{Wert der mangelfreien Sache}} \times \text{Kaufpreis}$$

dd) Schadensersatz

Zusätzlich kann der Käufer Schadensersatzansprüche geltend machen.

Im Gegensatz zu Nacherfüllung, Rücktritt und Minderung muss bei Schadensersatzansprüchen ein Verschulden des Verkäufers vorliegen. Der Verkäufer muss den Mangel vorsätzlich oder fahrlässig verursacht haben.

Der Schadensersatz erstreckt sich auf Betriebsausfallschäden und Mangelfolgeschäden. Dem Käufer steht zudem ein Anspruch auf Ersatz von Schäden zu, die aufgrund einer Verzögerung der Nacherfüllung entstanden sind.

> **i** Der Verkäufer hat auch Mängel, die ein Transportunternehmen verschuldet hat, zu vertreten.

c) Verjährung der Gewährleistungsrechte

Die Ansprüche des Käufers auf Gewährleistung verjähren zwei Jahre nach Ablieferung der Ware (§ 438 Abs. 1 Nr. 3, Abs. 2 BGB). Nur bei Gebrauchtwaren können der Unternehmer und der Verbraucher vereinbaren, dass die Verjährungsfrist nur ein Jahr beträgt (§ 475 Abs. 2 BGB).

> **i** Mehr Freiraum gibt es im B2B-Bereich. Beim Verkauf an einen Unternehmer kann die Gewährleistung individualvertraglich ausgeschlossen oder – beispielsweise durch eine Verkürzung der Gewährleistungsfrist – eingeschränkt werden. Einschränkungen der Gewährleistung sind im B2B-Bereich auch in den AGB in begrenztem Umfang möglich. Zulässig ist ein Gewährleistungsausschluss, sofern es sich um Second-Hand-Ware handelt. Bei Neuwaren darf die Gewährleistungsfrist in den AGB auf ein Jahr verkürzt werden.

d) Freiwillige Garantieerklärung

Neben der gesetzlichen Gewährleistung kann der Händler oder der Hersteller dem Kunden Garantien einräumen. Diese führen nicht zu einem Ausschluss der Gewährleistungsrechte. Der Kunde kann vielmehr sowohl Ansprüche aus der Garantieerklärung als auch aus Gewährleistung geltend machen.

Die Garantie ist in § 443 BGB geregelt. Bei einem Verbrauchsgüterkauf sieht § 477 BGB vor, dass sie einfach und verständlich abgefasst sein muss.

> *Folgendes muss eine Garantieerklärung enthalten:*
>
> *1. einen Hinweis auf die gesetzlichen Rechte des Verbrauchers,*
>
> *2. einen Hinweis darauf, dass durch die Garantie die gesetzlichen Rechte des Verbrauchers nicht eingeschränkt werden,*

3. den Inhalt der Garantie und alle wesentlichen Angaben, die für die Geltendmachung der Garantie erforderlich sind. Hierzu zählen die Dauer und der Geltungsbereich des Garantieschutzes sowie Name und Anschrift des Garantiegebers.

Der Verbraucher kann verlangen, dass ihm die Garantie in Textform (zB per E-Mail) mitgeteilt wird.

Wenn eine der gesetzlichen Erfordernisse nicht oder ungenügend eingehalten wird, führt dies nicht zur Unwirksamkeit der Garantieerklärung. Der Händler bzw. der Hersteller muss die Garantie dennoch gegen sich gelten lassen.

Eine Haltbarkeitsgarantie liegt vor, wenn der Garantiegeber (also der Händler oder der Hersteller) eine Garantie dafür übernommen hat, dass die Sache für eine bestimmte Dauer eine bestimmte Beschaffenheit behält. Tritt in dieser Zeit ein Mangel auf, so wird davon ausgegangen, dass der Mangel ein Garantiefall ist und damit die Rechte aus der Garantie auslöst (§ 443 Abs. 2 BGB).

VI. Einbinden von Inhalten

Jede Website – ob Shop oder Plattform – lebt von ihren Inhalten, von Texten, Datenbanken, Fotos, Graphiken, Videos, Musik. Bei all diesen Inhalten können sich urheberrechtliche Fragen stellen.

Die Einbindung von Inhalten erfolgt vielfach über Links und durch Framing bzw. als „embedded content". Dies führt zu der Frage möglicher Haftungsrisiken.

Oft stammen die Inhalte nicht vom Betreiber der Seite, sondern von den Nutzern, von Profilseiten, von Kommentar- und Bewertungsfunktionen: Wenn der Nutzer die Inhalte bereitstellt, handelt es sich um User Generated Content. Für den Seitenbetreiber stellt sich die Frage, wie er sich dagegen schützen kann, dass er für Rechtsverletzungen haftbar gemacht wird.

2. Kapitel Online-Vertrieb

1. Urheberrecht

a) Was ist denn eigentlich Urheberrecht?

Das Urheberrecht entstand ursprünglich aus der Idee, seine eigene geistige Schöpfung, in der Regel Dokumente oder Bücher, vor dem Nachdruck Fremder zu schützen.

In früheren Zeiten erforderte das Kopieren von Dokumenten großen Aufwand. Schaden hat es trotzdem seit jeher verursacht.

Grundlegend für das Urheberrecht ist das Kopierverbot. Eine Kopie benötigt grundsätzlich eine Erlaubnis des Urhebers und ist ansonsten verboten.

Das Kopierverbot wird in Zeiten des Internet vielfach in Frage gestellt und ist nur schwer mit den Vorstellungen der heutigen Zeit zu vereinbaren. Das Vervielfältigen gehört zum Alltag und lässt sich kaum verhindern. Da unser Urheberrecht jedoch noch keine allgemeinen Lösungen für die massenhafte Verbreitung von Kopien kennt, ist es umso mehr notwendig, die Regeln gut zu kennen und sich vor Auge zu halten, was man wie darf.

b) Was ist durch das Urheberrecht geschützt?

Der urheberrechtliche Schutz entsteht von Gesetzes wegen. Voraussetzung ist, dass es sich um ein Werk im Sinne des Urheberrechtsgesetzes handelt. Nach § 1 UrhG sind Werke der Literatur, Wissenschaft und Kunst durch das Urheberrecht geschützt. Ein Werk liegt nach § 2 Abs. 2 UrhG immer dann vor, wenn es sich um eine **persönlich-geistige Schöpfung handelt**.

Durch das Urheberrecht sind Inhalte vielfältiger Art geschützt. Spezifische Regeln gibt es zudem zum Schutz von Datenbanken und Sammelwerken sowie zum Schutz von Software.

*Eine persönliche geistige Schöpfung ist ein von einem Menschen geschaffenes Werk, welches individuelle Züge trägt und sich dadurch von anderen Werken unterscheidet. Zur Abgrenzung, ob ein Werk durch menschliche Kreativität geschaffen wurde oder lediglich durch menschlichen Fleiß, muss das Werk eine gewisse **Gestaltungshöhe** besitzen.*

aa) Texte

Nach § 2 Abs. 1 Nr. 1 UrhG können Sprachwerke, also Schriftwerke, Reden und im Allgemeinen Texte durch das Urheberrecht geschützt sein.

Schriftwerke im Sinne des Urheberrechts sind Sprachwerke, bei denen der sprachliche Gedankeninhalt durch Schriftzeichen oder andere Zeichen äußerlich erkennbar gemacht wird.

Als Sprachwerke geschützt können literarische Texte sein, aber auch Nachrichtenbeiträge und alle Arten von Beschreibungen. Geschützt sind vielfach auch Bedienungsanleitungen, Kochrezepte, Werbeslogans, Interviewäußerungen, Rätsel und Spiele.

Die Schutzfähigkeit kann sich aus der sprachlichen Form oder auch aus dem Inhalt ergeben. Gibt es für den Inhalt kaum kreativen Spielraum – wie beispielsweise bei einem Wetterbericht – kann sich der Schutz nur aus der (individuellen) Form ableiten.

Technische Texte. Bei wissenschaftlichen und technischen Texten stellt die Rechtsprechung hohe Anforderungen an das Maß schöpferischer Eigentümlichkeit. Ist die Darstellung üblich und fehlt es an einer individuellen Gestaltung des Textes, wird in der Regel eine Schutzfähigkeit abzulehnen sein. Der Text muss ausreichenden Spielraum für die Entfaltung individueller Merkmale lassen und darf sich nicht allein aus der Natur der Sache ergeben.

Nachrichtentexte. Zeitungsartikel, Pressemitteilungen und Artikel auf der Website zu bestimmten Themen sind bei eigener schöpferischer Themendarstellung in der Regel geschützt.

Ein aus elf Wörtern bestehender Auszug aus einem Presseartikel kann bereits schutzfähig sein (EuGH Urteil vom 16.7.2009 – C-5/08).

Interviewfragen sind urheberrechtlich geschützt, wenn sie einen gewissen Grad von Individualität aufweisen (LG Hamburg Urteil vom 8.11.2012 – 308 O 388/12).

Produktbeschreibungen. Nicht geschützt sind zumeist Produktbeschreibungen in Online-Shops.

Vertragstexte. Die auf der Website verwendeten AGB können Schriftwerke darstellen, sofern die Form und Art des Textes und die Darstellung individuelle schöpferische Züge tragen, die über die bloße Verwendung eines Musters hinausgeht.

Werbetexte. Werbemäßige Beschreibungen sind nur dann urheberrechtlich geschützt, wenn sie jedenfalls in ihrer Gesamtheit eine individuelle schöpferische Tätigkeit erkennen lassen.

Suchmaschinenoptimierung. Ein urheberrechtlicher Schutz kann sich daraus ergeben, dass eine Website sprachlich so geschickt gestaltet ist, dass sie an der Spitze der Google-Suchergebnisse erscheint.

bb) Bilder und Fotografien

Das Urheberrecht kennt zwei Arten des Schutzes für Bilder und Fotos. Es kann ein Schutz als Lichtbildwerk gem. § 2 Abs. 1 Nr. 5 UrhG oder als Lichtbild gem. § 72 UrhG bestehen.

Der Unterschied zwischen beiden Schutznormen liegt in der schöpferische Leistung.

> **i** Ist ein Foto durch eine gestalterische Überlegung entstanden und nicht lediglich durch „Knipsen", ist es als Lichtbildwerk geschützt.
>
> Urlaubsbilder und „Knipsbilder" sind als Lichtbilder geschützt.

Der Unterschied wird heute kaum noch relevant, da die Unterscheidung keine nennenswerte praktische Bedeutung hat und der Schutz bei beiden ähnlich ist.

cc) Video

Bei Videos gibt es eine ähnliche Unterteilung wie bei Fotos. Videos sind entweder als Filmwerke oder als einfache Laufbilder urheberrechtlich geschützt.

Ähnlich wie bei Fotos kommt es für die Unterscheidung auf die persönliche geistige Schöpfung an.

Als Filmwerk oder Laufbild geschützt sind unter anderem Musikvideoclips, computeranimierte Sequenzen, Liveübertragungen und Werbefilme, aber auch laienhaft hergestellte und auf YouTube hochgeladene Videos.

dd) Zeichnungen, Karten, Stadtpläne

§ 2 Abs. 1 Nr. 7 UrhG schützt wissenschaftliche oder technische Darstellungen, worunter auch kartografische Gestaltungen wie Stadtpläne fallen. Die Anforderungen an die schöpferische Eigentümlichkeit sind bei kartografischen Gestaltungen gering, und es wird ein großzügiger Maßstab bei der Beurteilung angewandt.

ee) Musik

Musik kann nach § 2 Abs. 1 Nr. 1 UrhG geschützt sein, wenn sie auf einer menschlich-gestalterischen Tätigkeit beruht.

> Bei Musik kann bereits eine kurze Tonfolge urheberrechtlich geschützt sein. Eine Urheberrechtsverletzung liegt bereits vor, wenn die Tonfolge für Dritte wiedererkennbar ist. Nicht geschützt sind lediglich kurze akustische Signale oder nur einzelne Töne.

Hinter einer Musikaufnahme steht ein komplexes Geflecht an kreativ und wirtschaftlich Beteiligten. Zu den Rechteinhabern zählen die Musikurheber (Komponisten und Textdichter), deren Rechte in der Regel von der GEMA verwaltet werden. Wer Musik nutzen möchte, die durch die GEMA geschützt ist, braucht eine GEMA-Lizenz.

Darüber hinaus gibt es die sogenannten Leistungsschutzberechtigten, die in der Regel mit der Nutzung und Verwertung von Werken zu tun haben, nämlich die ausübenden Künstler, §§ 73 ff. UrhG und die Tonträgerhersteller, § 85 ff. UrhG.

> **Tipp!**
> Bei einer Verwendung von Musik auf einer Website müssen stets jegliche Rechteinhaber kontaktiert werden. Nicht geschützt und damit erlaubnisfrei verwendbar sind der „Sound" sowie einzelne akustische Signale, einzelne Töne oder Akkorde.

ff) Design

Das Urheberrecht schützt auch das Design, wenn es sich um ein Werk der bildenden Kunst handelt, § 2 Abs. 1 Nr. 4 UrhG.

Bildende Kunst ist weit zu verstehen und umfasst auch Werke der Gebrauchskunst, also Bedarfs- und Gebrauchsgegenstände. Bei der

Schutzfähigkeit ist stets zu fragen, ob ein Künstler durch formgebende Tätigkeit über Formen und Farben das ästhetische Gefühl anregen will.

Schutzfähig sind zwei- oder dreidimensionale Figuren, aber auch grafisch gestaltete Bildschirmschoner und andere Layoutelemente.

Für den Schutz eines Designs kann sich neben dem urheberrechtlichen Schutz auch ein Schutz aus dem Designrecht ergeben. Dieser schützt das Design auf einem niedrigeren Niveau als das Urheberrecht, weil es nicht auf die persönliche geistige Schöpfung ankommt, sondern lediglich auf die Neuheit und Eigenart, § 2 Designgesetz.

gg) Datenbanken

Urheberrechtlich geschützt sind auch Datenbanken und Datenbankwerke.

Die Rechtsprechung neigt zu einem großzügigen Maßstab und hat beispielsweise bei Suchmaschinen, Online-Anzeigenmärkten, Internet-Nachrichtendiensten, Gedichtsammlungen, Chart-Listen, Bodenrichtwertsammlungen, der Sammlung von Ausschreibungsunterlagen und Autobahnmautdaten, der Sammlung von Flugwetterinformationen, der Sammlung europäischer Zolltarife, den Angebots- und Bewertungsdatenbanken des Online-Auktionshauses Ebay, einem Bewertungssystem für Zahnarztleistungen und bei Linklisten den Schutz als Datenbank bejaht.

Geschützt sind Datenbanken gegen Kopien, aber auch gegen die systematische Entnahme größerer Datenbestände. Dies ist ohne die Erlaubnis des Rechteinhabers unzulässig.

c) Wer ist Urheber?

Der Schöpfer des Werkes ist Urheber (§ 7 UrhG) und damit originärer Inhaber aller Urheberrechte. Wirken an der Schöpfung eines Werkes mehrere Personen mit, so sind sie gemäß § 8 Abs. 1 UrhG Miturheber. Dies ist beispielsweise der Fall, wenn Grafiker und Programmierer bei der Entwicklung des Designs einer Website eng zusammenwirken.

Originärer Inhaber von Urheberrechten ist auch der Arbeitnehmer oder Beamte, der ein Werk im Rahmen seines Arbeits- oder Dienstverhältnisses schafft (§ 43 UrhG). Allerdings ergibt sich aus dem

Arbeits- bzw. Dienstverhältnis zumeist, dass das Arbeitsergebnis dem Arbeitgeber bzw. Dienstherrn zusteht und somit der Arbeitgeber bzw. Dienstherr als Urheber gilt.

aa) Urhebernennung

Der Urheber hat ein Recht auf Urhebernennung nach § 13 UrhG. Jedes Werk auf der Website muss eindeutig dem Urheber zuzuordnen sein, und ein Verweis auf die Urheberschaft muss in der Nähe platziert werden – beispielsweise durch den gängigen Copyrightvermerk ©.

Der Urheber kann über das „ob" und „wie" seiner Urhebernennung entscheiden. Die Urhebernennung oder Kennzeichnung durch einen Copyright Hinweis muss auf allen Werken auftauchen. Allerdings kann das Recht auf Urhebernennung durch Vertrag eingeschränkt werden oder sogar gänzlich ausgeschlossen werden.

Tipp!

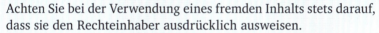

Achten Sie bei der Verwendung eines fremden Inhalts stets darauf, dass sie den Rechteinhaber ausdrücklich ausweisen.

In einen Vertrag zwischen Ihnen als Website-Betreiber und Webdesignern oder auch Content-Providern sollten Sie stets klare und detaillierte Regelungen zur Urheberschaft und zur Urhebernennung aufnehmen.

Eine Verletzung des Namensnennungsrechts liegt vor, wenn Dritte ein Werk zugänglich machen, ohne dass die Urheberbezeichnung erkennbar wird. Dies kann beispielsweise der Fall sein, wenn ein Copyrightvermerk auf einer Internetseite angebracht wird und auf diese Seite ein Deeplink gesetzt wird, über den die Seite unter Ausblendung des Copyrightvermerks aufgerufen werden kann. Entsprechendes gilt beim Framing, wenn der Urhebervermerk weggeschnitten wird.

bb) Öffentliche Zugänglichmachung

Neben dem Recht auf Urhebernennung hat der Urheber die Verwertungsrechte an seinem Werk, §§ 15 ff. UrhG. Dabei werden die Rechte zum Einspeisen in das Internet (Upload) und die Vervielfältigungshandlungen beim Abruf (Download) unterschieden.

Der Urheber hat das Recht, sein Werk in körperlicher Form zu verwerten, § 15 Abs. 1 UrhG, und das Werk in unkörperlicher Form öffentlich wiederzugeben, § 15 Abs. 2 UrhG.

Das öffentliche Zugänglichmachen als „Upload" Recht ergibt sich aus § 19a UrhG.

> **§** *Ein öffentliches Zugänglichmachen liegt vor, wenn Inhalte in einer solchen Weise in das Netz gestellt werden, dass sie auf einem Server gespeichert sind und Dritten der Zugriff auf die gespeicherten Daten jederzeit möglich ist.*

> **i** Für das öffentliche Zugänglichmachen wird die Zustimmung des Urhebers benötigt, § 15 iVm § 19 a UrhG.

cc) Vervielfältigungsrecht

Der Urheber eines Werks hat auch das originäre Recht der Vervielfältigung (Kopie), § 15 Abs. 1 Nr. 1 iVm § 16 UrhG.

> **§** *Das Vervielfältigungsrecht ist das Recht, Vervielfältigungsstücke des Werkes herzustellen, gleichviel ob vorübergehend oder dauerhaft, in welchem Verfahren und in welcher Zahl, § 16 Abs. 1 UrhG.*

> **i** Für das Kopieren von Werken wird eine Zustimmung des Urhebers benötigt, § 16 iVm § 19 a UrhG.

> **i** Auch „Thumbnails", also kleine Vorschaubilder in einer Bildersuchmaschine oder auf der eigenen Website, stellen eine Vervielfältigung dar, die der Erlaubnis des Rechteinhabers bedarf.

Eine Ausnahme gilt für die Kopie, die durch das bloße Aufrufen einer Website im Arbeitsspeicher des Computers entsteht (§ 44a UrhG). Eine solche Kopie ist auch ohne Zustimmung des Rechteinhabers erlaubt.

Keine Vervielfältigung ist das Lesen einer Seite auf dem Bildschirm. Der bloße „Konsum" stellt keine urheberrechtlich relevante Nutzung dar.

dd) Entstellung, Verfremdung

Nach § 14 UrhG hat der Urheber das Recht, eine Entstellung oder Verfremdung seines Werks zu verbieten, wenn er geltend machen kann, dass seine geistigen oder persönlichen Interessen am Werk gefährdet sind.

Ob eine Verfremdung zulässig ist, ergibt sich aus einer Interessenabwägung. Dabei stehen sich das Bestands- und Integritätsinteresse des Urhebers und das Nutzungs- bzw. Gebrauchsinteresse des Werknutzers gegenüber.

Ein Eingriff in das Integritätsinteresse des Urhebers kann darin liegen, dass das Werk in ein Umfeld (beispielsweise eine pornographische Website) eingebettet wird, das die Wirkung des Werks beeinträchtigt.

ee) Bearbeitung

Nach § 23 Satz 1 UrhG dürfen Bearbeitungen und andere Umgestaltungen eines Werks nur mit Einwilligung des Urhebers veröffentlicht oder verwendet werden. Werden daher Texte, Musik, Grafiken oder andere Werke in geänderter Form ins Netz gestellt, bedarf auch dies der vorherigen Zustimmung des Urhebers.

Keine Zustimmung ist notwendig bei einer „freien Benutzung" des Werks (§ 24 Abs. 1 UrhG). Wenn ein Collagenbild geschaffen wird, hat sich der Künstler durch andere Werke anregen lassen, um ein eigenständiges Werk zu schaffen. Dies ist keine unerlaubte Bearbeitung der anderen Werke, sondern eine erlaubte „freie Benutzung".

Voraussetzung für eine „freie Benutzung" ist ein eigenes Werkschaffen durch den Nutzer, wobei es für die Abgrenzung zwischen „freier Benutzung" und unfreier Bearbeitung darauf ankommt, ob angesichts der Eigenart des neuen Werks die entlehnten eigenpersönlichen Züge des geschützten Werks verblassen.

Auf die Abgrenzung zwischen „freier Benutzung" und Bearbeitung kommt es an, wenn kurze Zusammenfassungen (Abstracts) fremder Beiträge aus Printmedien veröffentlicht werden. Für eine „freie Benutzung" spricht es, wenn die Originalbeiträge stark komprimiert werden und der Gedankengang des Originals modifiziert wird (BGH Urteil vom 1.12.2010 – I ZR 12/08).

d) Was heißt Zustimmung?

Die Rechte des Urhebers können durch Zustimmung des Berechtigten ausgeschlossen bzw. eingeschränkt werden. Die Zustimmung kann durch schlichte Einwilligung erfolgen oder durch die Übertragung von Nutzungsrechten.

aa) Nutzungsrecht

Ein Urheber kann einem Dritten das Recht einräumen, sein Werk für bestimmte Handlungen zu nutzen, § 31 Abs. 1 UrhG. Auf diese Art und Weise lassen sich Nutzungsrechte an dem Werk erwerben, die zur Vervielfältigung von Inhalten und/oder zu deren Einbeziehung in die eigene Website berechtigen.

> **i** Nutzungsrechte berechtigen zur Nutzung des Werks, nicht jedoch zu dessen Bearbeitung oder Verfremdung. Nutzungsrechte lassen zudem das Recht des Urhebers auf Urheberbenennung bestehen.
>
> Wer fremde Inhalte nicht nur nutzen, sondern auch bearbeiten und zudem auf den Copyright-Vermerk verzichten möchte, muss sich die entsprechenden Rechte zusätzlich zu den Nutzungsrechten einräumen lassen.

Nutzungsrechte können einfach oder ausschließlich zwischen Urheber und Nutzer vereinbart werden. Beim einfachen Nutzungsrecht überträgt der Urheber dem Nutzer das Recht, neben ihm seine Werke zu nutzen, § 31 Abs. 2 UrhG. Beim ausschließlichen Nutzungsrecht verzichtet der Urheber auf seine eigenen Nutzungsrechte und räumt dem Nutzer das ausschließliche Recht auf Nutzung ein, § 31 Abs. 3 UrhG.

Die Reichweite einer Rechtseinräumung ist vertraglich frei bestimmbar. Nutzungsrechte können beliebigen räumlichen, zeitlichen oder inhaltlichen Beschränkungen unterworfen werden.

bb) Einwilligung

Ein Urheber kann seine Zustimmung zu einer Nutzung seiner Werke auch durch schlichte, einseitige Einwilligung erteilen. Anders als dies bei Nutzungsrechten der Fall ist, kann die Einwilligung allerdings jederzeit mit Wirkung für die Zukunft widerrufen werden.

Daher ist es für den Nutzer von Inhalten sicherer, wenn er sich vertraglich Nutzungsrechte einräumen lässt.

Es ist erlaubt, Inhalte zu verwenden, die vom Urheber ausdrücklich zur Verwendung freigegeben sind. Das sind vor allem Inhalte unter „freien Lizenzen". Solche freien Lizenzen sind nicht einheitlich gestaltet, sondern gehen unterschiedlich weit. Der Urheber kann Bedingungen festlegen, inwiefern seine Inhalte verwendet werden dürfen, zum Beispiel, dass sie nicht verändert oder für kommerzielle Zwecke genutzt werden dürfen.

e) Zustimmung bei Fotos

Bei Fotos muss der Betreiber der Website darauf achten, ob Personen auf den Bildern zu erkennen sind. Neben den Rechten der Fotografen müssen dann auch die Rechte der abgebildeten Personen beachtet werden. Nach § 22 Kunsturhebergesetz (KUG) genießt jede Person das Recht am eigenen Bild.

Bilder einer Person dürfen grundsätzlich nur mit deren Einwilligung verbreitet oder (im Internet) veröffentlicht werden.

Einwilligung. Voraussetzung für eine wirksame Einwilligung ist, dass dem Betroffenen Art, Umfang und Zweck der Veröffentlichung oder Verbreitung des Fotos bekannt sind. Je intensiver die geplante Veröffentlichung in die Privatsphäre des Betroffenen eingreift, desto klarer muss er über die Verwendung und die Art des Beitrags aufgeklärt worden sein.

Wer sich einverstanden mit der Ausstrahlung von Bildaufnahmen im Fernsehen erklärt, muss in aller Regel damit rechnen, dass der Fernsehbeitrag auch online verbreitet wird. Die Einwilligung in die Fernsehausstrahlung erstreckt sich daher im Zweifel auch auf die Verbreitung über das Netz (OLG Frankfurt/Main Urteil vom 24.2.2011 – 16 U 172/10).

Die Einwilligung kann auch stillschweigend erklärt werden. Für die Annahme einer stillschweigenden Einwilligung reicht es jedoch nicht, dass eine gefilmte Person bemerkt, dass sie aufgezeichnet wird und zwei Mal in die Kamera blickt (LG Berlin Urteil vom 20.5.2013 – 27 O 632/12).

Bildbearbeitung. Wenn ein bearbeitetes Bild veröffentlicht wird, bedarf es grundsätzlich einer – ausdrücklichen oder stillschweigenden – Einwilligung, die sich auch auf die Bearbeitung erstreckt.

Keiner gesonderten Einwilligung bedarf es allerdings, wenn sich die Bearbeitung auf Veränderungen beschränkt, die reproduktionstechnisch bedingt sind (LG Hamburg Urteil vom 14.10.2011 – 324 O 196/11).

Wird eine Veröffentlichung mit perspektivischen Verzerrungen und einer vertikalen Stauchung vorgenommen, kann man nicht davon ausgehen, dass der Betroffene mit einer solchen Bearbeitung ohne Weiteres einverstanden ist (LG Hamburg Urteil vom 14.10.2011 – 324 O 196/11).

Widerruf. Der Betroffene kann sich ein freies Widerrufsrecht vorbehalten. Fehlt es an einem solchen Vorbehalt, bedarf es eines wichtigen Grundes, damit sich der Betroffene durch Widerruf von seiner Einwilligung lösen kann.

Arbeitnehmer können ihre Einwilligung nicht allein aus Anlass der Beendigung des Arbeitsverhältnisses widerrufen. Vielmehr bedarf es eines Grundes, weshalb eine weitere Verwendung des Bildes durch den Arbeitgeber unzumutbar erscheint (BAG Urteil vom 11.12.2014 – 8 AZR 1010/13).

Auch ohne Widerruf kann es zu einem Erlöschen der Einwilligung kommen, wenn die Einwilligung entweder befristet oder so eingeschränkt erteilt wurde, dass sich aus dem Zeitablauf oder der Veränderung von Umständen ein Erlöschen der Einwilligung ergibt.

Personen der Zeitgeschichte. Bei Personen aus dem Bereich der Zeitgeschichte kann eine Veröffentlichung auch ohne Einwilligung der Betroffenen zulässig sein.

Maßgeblich für den Begriff der Zeitgeschichte ist das Informationsinteresse der Öffentlichkeit. Der Begriff ist in einem weiten Sinn zu verstehen; er umfasst nicht nur Vorgänge von historisch-politischer Bedeutung, sondern alle Fragen von allgemeinem gesellschaftlichen Interesse.

Ein Angeklagter kann durch einen außergewöhnlichen Strafprozess zur Person der Zeitgeschichte werden, sodass Fotos von ihm auch ohne seine Zustimmung veröffentlicht werden dürfen.

VI. Einbinden von Inhalten

Auch das Opfer einer spektakulären Straftat kann eine relative Person der Zeitgeschichte sein und muss es hinnehmen, in einem online veröffentlichten Video deutlich erkennbar zu sein (LG Essen Urteil vom 14.6.2014 – 4 O 107/14).

Teilnehmer an einem Mieterfest einer Wohnungsbaugenossenschaft dürfen in einer Informationsbroschüre der Genossenschaft ungefragt abgebildet werden, weil das Mieterfest ein zeitgeschichtliches Ereignis aus dem gesellschaftlichen Bereich ist (BGH Urteil vom 6.4.2014 – VI ZR197/13).

Wenn Bilder von einer Trauerfeier ohne Einwilligung der Betroffenen gefertigt werden, stellt dies eine Verletzung des Persönlichkeitsrechts der Mitglieder der Trauergemeinde dar, auch wenn die Trauerfeierlichkeit in der Öffentlichkeit stattfindet (LG Frankfurt/Oder vom 25.6.2013 – 16 S 251/12).

Beiwerk. Auch Bilder, auf denen Personen nur als Beiwerk neben einer Landschaft oder sonstigen Örtlichkeit erscheinen, dürfen ohne Einwilligung des Betroffenen verbreitet werden. Dies ist etwa für die Sportfotografie von Belang, wenn es um Zuschauer oder Sportler geht, die zufällig auf ein Foto geraten.

Veranstaltungen. Einer Einwilligung bedarf es des Weiteren nicht, wenn Personen fotografiert werden, die Teil einer Versammlung oder einer ähnlichen Menschenansammlung sind. Dies gilt immer dann, wenn es dem Fotografen darum geht, eine Veranstaltung abzubilden, ohne einzelne Teilnehmer hervorzuheben.

„Recht am Bild der eigenen Sache". Ein „Recht am Bild der eigenen Sache" gibt es nicht. Dennoch ist es unzulässig, ein fremdes Grundstück zu betreten, um Fotos von Gebäuden und Gartenanlagen zu fertigen, und diese Fotos kommerziell zu verwerten (BGH Urteil vom 17.12.2010 – V ZR 46/10).

2. Links, Framing, Embedded Content

a) Links

Über Links können digitale Inhalte in die eigene Website eingebunden werden. Hierzu bedarf es keiner Erlaubnis des Urhebers dieser Inhalte. Das Setzen eines Links stellt kein öffentliches Zugänglichmachen nach § 19a UrhG und auch keine Vervielfältigung nach § 16 UrhG dar.

Eine Ausnahme gilt, wenn durch den Link eine Zugriffssperre umgangen wird. Geschützte Inhalte dürfen nicht per Link frei zugänglich gemacht werden.

Bedient sich der Rechteinhaber technischer Schutzmaßnahmen, um den öffentlichen Zugang zu dem geschützten Werk nur über die Startseite seiner Website zu ermöglichen, greift die Umgehung dieser Schutzmaßnahmen in das Recht der öffentlichen Zugänglichmachung des Werks ein (BGH Urteil vom 29.4.2010 – I ZR 39/08).

b) Framing und Embedded Content

Anders als bei Links ist die fremde Herkunft beim Framing und Embedding nicht sofort erkennbar.

Beim Einbetten von Bildern und Videos befinden sich die jeweiligen Inhalte nicht auf der Website selbst, sondern auf externen Seiten wie YouTube.

Der EuGH hat entschieden, dass ein Seitenbetreiber Kurzfilme auch gegen den Willen des Videoerstellers in seine Website einbetten darf – sofern der Film frei zugänglich veröffentlicht wurde. Im Embedding liegt keine Verletzung des Rechts des Urhebers auf öffentliche Zugänglichmachung und Vervielfältigung. Etwas anderes gilt nur, wenn die eingebundenen Inhalte durch technische Zugriffssperren gesichert sind (EuGH Urteil vom 21.10.2014 – C-348/13).

 VEGGI will ein Werbevideo zur Produktpräsentation in seinem Online-Shop platzieren. Da VEGGI Kosten bei der Produktion des Videos sparen möchte, entscheidet man sich, das Werbevideo eines Konkurrenten einzubetten, das bei YouTube abrufbar ist.

Dies stellt keinen Urheberrechtsverstoß dar, wenn das Video bei YouTube frei zugänglich ist.

c) Gibt es eine Haftung für Links?

Entgegen landläufiger Meinung gibt es keine „Haftung für Links". Mit einer Verlinkung übernimmt derjenige, der den Link setzt, keinerlei Verantwortung für die Inhalte, auf die verlinkt wird.

VI. Einbinden von Inhalten

Links, die in Beiträge und Stellungnahmen als Belege und ergänzende Angaben eingebettet sind, stehen unter dem Schutz der Meinungsfreiheit (BGH Urteil vom 14.10.2010 – I ZR 191/08).

Eine Haftung kommt nur dann in Betracht, wenn über den bloßen Link hinaus ein Beitrag zu einer Rechtsverletzung geleistet wird, die sich auf der Zielseite findet. Ein solcher Beitrag kann darin liegen, dass der Hyperlink mit Äußerungen versehen wird, die den Rechtsverstoß unterstützen (zB „Unbedingt lesen und unterstützen!").

Keineswegs besteht eine generelle Verpflichtung des Linksetzenden zur „Distanzierung". Eine solche Verpflichtung kann allenfalls dann bestehen, wenn der Linksetzende es nicht bei der bloßen Verlinkung belässt, sondern den Link in Äußerungen einbettet, mit denen er sich die verlinkten Inhalte zu Eigen macht (§ 7 TMG).

> **i**
>
> Unausrottbar ist folgender „Disclaimer", der sich bis heute munter per Copy und Paste im Netz verbreitet:
>
> „Mit Urteil vom 12. Mai 1998 – 312 O 85/98 – Haftung für Links – hat das Landgericht (LG) Hamburg entschieden, dass man durch die Erstellung eines Links die Inhalte der gelinkten Seite ggf. mit zu verantworten hat. Dies kann – so das Gericht – nur dadurch verhindert werden, dass man sich ausdrücklich von diesen Inhalten distanziert. Hiermit distanziert sich [der Website-Betreiber] ausdrücklich von allen Inhalten aller extern gelinkten Seiten auf dieser Homepage."
>
> Das Urteil des LG Hamburg war schon 1998 alles andere als ein „Grundsatzurteil". Es stammt aus der Steinzeit des Internetrechts und ist durch eine Fülle höchstgerichtlicher Entscheidungen seit mindestens 15 Jahren veraltet. Wer den „Disclaimer" heute noch verwendet, bewirkt dadurch nichts und zeigt lediglich, dass er unprofessionell, fehlerhaft oder überhaupt nicht beraten wurde.

3. Blogs, Foren und User Generated Content

Viele Betreiber einer Website geben den Nutzern die Möglichkeit, an der Gestaltung des Internetauftritts interaktiv mitzuwirken. Dies kann zB durch Textbeiträge in Foren oder als Kommentar auf Blogs oder auch durch das Hochladen von eigenen Inhalten, zB Bildern, geschehen.

Zahlreiche Rechtsverstöße sind denkbar, zB Verstöße gegen das Urheber-, Marken oder Wettbewerbsrecht, häufig aber auch Eingriffe in Persönlichkeitsrechte durch Beleidigungen. Kann hierfür der Betreiber der Website haftbar gemacht werden?

Im Grundsatz gilt, dass der Betreiber einer Website nur für eigene im Internet bereitgestellte Inhalte unbeschränkt haftet, § 7 Abs. 1 TMG.

a) Zu Eigen machen von fremden Inhalten

Eigene Inhalte können auch Inhalte sein, die von Nutzern stammen, wenn sich der Betreiber der Website diese **zu Eigen macht**. Für zu Eigen gemachte Inhalte haftet der Betreiber unbegrenzt.

Ob dies der Fall ist, bestimmt sich nach dem Verständnis des Internetnutzers. Es kommt darauf an, ob erkennbar ist, dass der Inhalt fremd ist und nicht vom Betreiber selbst stammt.

Tipp!

Erwecken Sie nicht den Eindruck, dass Sie sich Inhalte zu Eigen machen, die von Dritten stammen!

Der Betreiber einer Website hat das Bedürfnis, die Einstellung rechtswidriger Inhalte im Interesse des eigenen guten Rufs zu verhindern. Dies führt gelegentlich dazu, dass er Inhalte kontrolliert und auf diese Kontrollen auch hinweist.

Kontrollen können jedoch kontraproduktiv sein und dazu führen, dass der Betreiber sich so behandeln lassen muss, als habe er sich die Inhalte zu Eigen gemacht.

In einem Fall, in dem es um eine Kleinanzeige in einem Anzeigenportal ging, hat das Landgericht Köln ein Zueigenmachen bejaht, weil der Portalbetreiber angegeben hatte, alle Anzeigen durchzusehen, bevor sie für das Portal freigegeben wurden (LG Köln, Urteil vom 26.11.2003 – 28 O 706/02).

Das Berliner Kammergericht hat ein Zueigenmachen bei einer Foto-Community bejaht und dies unter anderem darauf gestützt, dass der Plattformbetreiber der Veröffentlichung jedes einzelnen Fotos ein Auswahl- und Prüfungsverfahren vorgeschaltet hatte (Kammergericht, Beschluss vom 10.7.2009 – 9 W 119/08)

VI. Einbinden von Inhalten

Der BGH bejahte für die Plattform chefkoch.de ein Zueigenmachen für Fotos, die auf die Website hochgeladen worden waren. Zwar habe der Betreiber der Rezepte-Plattform die streitigen Lichtbilder nicht selbst auf die Plattform hochgeladen. Er habe diese Bilder aber nebst den jeweiligen Rezepten nach einer redaktionellen Kontrolle als eigenen Inhalt auf seiner Internetseite öffentlich zugänglich gemacht (BGH Urteil vom 12.11.2009 – I ZR 166/07).

> *Ein Zueigenmachen liegt insbesondere vor, wenn*
> - *der Betreiber sich sehr weitgehende Nutzungsrechte an den nutzergenerierten Inhalten einräumt,*
> - *der Betreiber laut den eigenen Nutzungsbedingungen die Inhalte vor der Freischaltung kontrolliert,*
> - *die Inhalte auf der Plattform nicht ohne weiteres als nutzergenerierte Inhalte zu identifizieren sind, da sie zB durch ein Wasserzeichen des Anbieters gekennzeichnet sind.*

b) Kenntnis vom Rechtsverstoß

Für fremde Inhalte, die sich der Betreiber nicht zu Eigen gemacht hat, haftet der Betreiber nur, wenn er die Rechtsverletzung kennt.

Der Seitenbetreiber unterliegt keiner Verpflichtung, User Generated Content auf mögliche Rechtsverletzungen zu untersuchen. Erhält er jedoch Kenntnis von einem konkreten Rechtsverstoß, muss er Maßnahmen ergreifen, um die beanstandeten Inhalte zu sperren oder zu entfernen.

Kenntnis von Rechtsverstößen erlangt der Seitenbetreiber durch Hinweise des Betroffenen oder auch durch eine Abmahnung. Nicht genügend ist ein pauschaler Hinweis, dass sich auf den Seiten des Betreibers rechtsverletzende Informationen befinden.

c) Was bedeutet Haftung?

Bei Kenntnis von einer Rechtsverletzung ist der Seitenbetreiber zur Löschung oder Sperrung der rechtswidrigen Inhalte verpflichtet (Beseitigungsanspruch).

Beseitigungspflichten können problematisch sein, wenn sie Inhalte betreffen, zu deren Speicherung sich der Seitenbetreiber gegenüber einem Kunden verpflichtet hat. Um einen Pflichtenkonflikt zu vermeiden, empfiehlt es sich, in den Nutzungsbedingungen der Website möglichst weitreichende Löschbefugnisse vorzusehen.

Eine Löschklausel kann wie folgt lauten:

„Wenn der Anbieter von Dritten auf Beseitigung vermeintlich oder tatsächlich rechtswidriger Inhalte in Anspruch genommen wird, ist er zu deren Sperrung und Löschung berechtigt. Soweit möglich und zumutbar, wird der Anbieter den Kunden von der Inanspruchnahme unterrichten, bevor eine Sperrung oder Löschung erfolgt.

Der Anbieter ist nicht verpflichtet, bei Eingang einer Beanstandung deren Berechtigung zu prüfen. Auch bei unberechtigten Beanstandungen besteht ein Recht zur Sperrung und Löschung."

Erlangt der Betreiber durch eine Abmahnung erstmalig Kenntnis von rechtswidrigen Inhalten, muss er keine Abmahnkosten bezahlen. Erst wenn er nicht auf die erste Abmahnung reagiert, kann eine Verpflichtung zum Kostenersatz entstehen.

Tipp!

Mit diesen einfachen Tipps verringern Sie ihr Haftungsrisiko bei einer Rechtsverletzung durch einen Nutzer:

- Kennzeichnen Sie Inhalte von Dritten stets eindeutig als User Generated Content, um klar anzuzeigen, dass Sie sich diese nicht zu Eigen machen.

- Verwenden Sie „Disclaimer", die automatisch erscheinen, wenn ein Inhalt gezeigt wird, der von Dritten stammt. Eine Formulierung für einen solchen Disclaimer kann lauten:

  „Wir stellen auf dieser Website Beiträge Dritter zusammen. Soweit einzelne Beiträge die Rechte Dritter verletzen oder aus anderen Gründen rechtswidrige Inhalte enthalten, ist für den Rechtsverstoß der jeweilige Verfasser verantwortlich. Eine inhaltliche Verantwortung – gleich welcher Art – übernehmen wir nicht."

- Integrieren Sie einen Missbrauchsbutton, über den Sie schnell über rechtswidriges Verhalten informiert werden.

- Gehen Sie bei Eingang einer Meldung allen Anhaltspunkten für einen Rechtsverstoß nach.

VI. Einbinden von Inhalten

- Löschen Sie im Zweifel Inhalte, bei denen sich Rechtsverstöße nicht ausschließen lassen.

Nach der Rechtsprechung des BGH (Urteil vom 16.5.2013 – I ZR 216/11) ist eine Haftung eines Plattformbetreibers auch dann gegeben, wenn er

1. Dritten die Möglichkeit gibt, rechtswidrige Angebote auf der Plattform einzustellen, und
2. diese Angebote selbst bewirbt.

Im genannten Fall ging es um einen Verkäufer von Kinderhochstühlen auf Ebay. Diese Hochstühle verletzten die Urheberrechte eines anderen Herstellers. Ebay selbst hatte eine AdWords-Anzeige bei Google geschaltet, die zu dem rechtswidrigen Angebot führte.

Es kommt darauf an, ob der Plattformbetreiber selbst eine **aktive Rolle** einnimmt oder nur die technischen Mittel zur Verfügung stellt.

Ein Plattformbetreiber ist nach der Rechtsprechung des EuGH im Fall „L'Oreal" (Urteil vom 12.7.2011 – C-324/09) nur dann neutral, wenn er seinen Dienst ausschließlich mittels rein technischer und automatischer Verarbeitung der von seinen Kunden eingegebenen Daten erbringt.

Bewirbt der Plattformbetreiber ein Angebot, so muss er sich einer strengeren Haftung unterziehen. Dies gilt auch dann, wenn der den Händlern Hilfestellung bei der Optimierung von Angeboten gibt.

Tipp!
Achten Sie als Plattformbetreiber auf verdächtige Angebote oder Hinweise auf einen möglichen Rechtsverstoß! Zudem ist es empfehlenswert, von jeder Form der gezielten Werbung für einzelne Angebote abzusehen. Ansonsten begeben Sie sich in die Gefahr einer verschärften Haftung.

VEGGI ermöglicht in seinem Online-Shop das Hochstellen von eigenen Rezepten der Nutzer. Dabei können die Nutzer neben dem Rezept auch Fotos der Gerichte auf die Website stellen. Teilweise benutzen die Nutzer hierfür urheberrechtlich geschützte Fotos, ohne die Rechteinhaber zu fragen.

Macht VEGGI sich die Bilder von den Nutzern zu Eigen, zB durch das Aufbringen des VEGGI-Logos oder durch die Nutzung der Bilder zu Werbezwecken, haftet VEGGI für jeden Rechtsverstoß. Das kann teuer werden!

VII. Den Online-Shop bewerben

Kundenpflege, Kundenkontakt, Neukunden: Jeder Online-Shop braucht gutes Marketing. Je größer der Kundenstamm, desto größer die regelmäßigen Einnahmen. Positive Bewertungen, ein gutes Beschwerdemanagement, eine gute Auffindbarkeit über Suchmaschinen und der regelmäßige Kontakt zum Kunden per Newsletter können zu dem Erfolg des Shops erheblich beitragen.

Die Einhaltung rechtlicher Vorgaben ist dabei essentiell. Die Werbung muss sich insbesondere an dem Gesetz gegen den unlauteren Wettbewerb (UWG) messen lassen.

1. E-Mail-Werbung

Die Werbung per E-Mail und Newsletter ist eine besonders kostengünstige Variante, um Kunden auf neue Produkte aufmerksam zu machen. Es gelten allerdings erhebliche rechtliche Hürden. Denn es ist verboten, Werbung ohne Einverständnis des Kunden per E-Mail zu versenden. Wer dies tut, kann abgemahnt oder auf Unterlassung verklagt werden.

Werbung ist jede Äußerung eines Unternehmens mit dem Ziel, den Absatz zu fördern.

Durch diese Definition wird klargestellt, dass nicht jede E-Mail per se Werbung darstellt. Eine geschäftliche E-Mail gilt nur als Werbung, wenn ihr Schwerpunkt in der Absatzförderung liegt.

Nicht um Werbung handelt es sich bei der E-Mail einer Verlagsredaktion, wenn die Mail ausschließlich der Nachrichtenbeschaffung dient (LG München I Urteil vom 15.11.2006 – 33 O 11693/06).

Als Werbung ist die Umfrage eines Marktforschungsinstituts anzusehen, wenn es bei der Umfrage ausschließlich um die Zufrie-

VII. Den Online-Shop bewerben

denheit der Kunden mit den Dienstleistungen eines Unternehmens geht mit dem Ziel, die Serviceleistungen des Unternehmens zu verbessern und dadurch den eigenen Kundenstamm zu erhalten (OLG Köln Urteil vom 12.12.2008 – 6 U 41/08).

Der Begriff der Werbung umfasst auch eine Nachfrage des Werbenden nach Waren oder Dienstleistungen (BGH Urteil vom 17.7.2008 – I ZR 197/05).

Enthält eine Mail nur die Aufforderung, für ein Projekt aus dem Geschäftsbereich des Empfängers ein Angebot abzugeben, fehlt es am Werbecharakter (OLG Naumburg Urteil vom 30.9.2005 – 10 U 33/05).

> **Tipp!**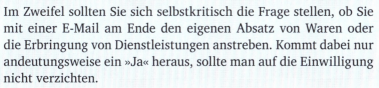
> Im Zweifel sollten Sie sich selbstkritisch die Frage stellen, ob Sie mit einer E-Mail am Ende den eigenen Absatz von Waren oder die Erbringung von Dienstleistungen anstreben. Kommt dabei nur andeutungsweise ein »Ja« heraus, sollte man auf die Einwilligung nicht verzichten.

Die rasante Verbreitung von Direktwerbung per E-Mail liegt an den geringen Kosten. Wer einige Millionen E-Mails versendet, muss dafür zumeist weniger Geld ausgeben als für 1000 Werbebriefe, die er per Post versendet. E-Mails lassen sich zudem leicht personalisieren und auf bestimmte Zielgruppen abstimmen.

Wer massenhaft Werbemails versendet, hat die Adressen oft von professionellen Adresshändlern erworben. Die Händler sammeln die Adressen mittels Harvester-Software aus dem Internet. Vielfach werden die Adressen auch automatisch generiert.

> § 7 Abs. 2 Nr. 3 UWG spricht von der Einwilligung in Werbung bei elektronischer Post. Neben E-Mail-Werbung muss daher auch bei SMS-, Bluetooth-, WhatsApp-, Messenger- oder Skype-Werbung eine Einwilligung vorliegen.

Das Versenden einer Bewertungsaufforderung per Mail kann als Werbung angesehen werden, die ohne Einwilligung unzulässig ist (AG Hannover Urteil vom 3.4.2013 – 550 C 13442/12).

a) Einholen des Einverständnisses

Der Empfänger der E-Mail-Werbung muss zuvor ausdrücklich in den Erhalt der Werbung eingewilligt haben. Es spielt keine Rolle, ob der Empfänger Unternehmer oder eine Privatperson ist. Wer also Unternehmen oder deren Mitarbeiter ansprechen möchte, muss eine Einwilligung haben. Eine Vermutung, dass der Empfänger mit dem Empfang einverstanden sein wird, genügt nicht. Ebenfalls reicht es nicht aus, wenn die Zustimmung nachträglich erfolgt: Jede werbende E-Mail, die ohne vorherige Zustimmung versendet wird, stellt einen Wettbewerbsverstoß dar.

> **i** E-Mail-Werbung, die ohne ausdrückliche Einwilligung versendet wird, wird als Spam bezeichnet.

Wer muss einwilligen? Grundsätzlich gilt, dass der Inhaber der E-Mail-Adresse einwilligen muss. Bei E-Mails, die eindeutig einer Person zugeordnet werden können, muss ebendiese Person einwilligen. Bei Minderjährigen muss eine Zustimmung der Erziehungsberechtigten vorliegen.

In Fällen, in denen die E-Mail-Adresse keiner Person zugeordnet werden kann, kann es schwieriger werden: Für Unternehmen gilt, dass der Vorstand, der Geschäftsführer, der Unternehmensinhaber oder sonstige Vertretungsberechtigte einwilligen können.

> **i** Ein **Newsletter** ist ein einfaches Mittel, um Kunden über neue Produkte zu informieren. Insbesondere wenn der Newsletter-Empfänger kein Kunde ist, sollte jedoch unbedingt eine rechtskonforme Anmeldungsmöglichkeit bereitgehalten werden. Ansonsten drohen Abmahnungen.

Wie kann die Einwilligung eingeholt werden? Für die Einwilligung gibt es eindeutige rechtliche Vorgaben.

> **i** Folgende Einwilligungsvarianten gibt es:
> - Single-Opt-in
> - Confirmed-Opt-in
> - Double-Opt-in

VII. Den Online-Shop bewerben

Das **Single-Opt-in-Verfahren** sieht vor, dass der zukünftige Newsletter-Empfänger seine E-Mail-Adresse auf der Website des Händlers einträgt und bestätigt, dass er den Newsletter empfangen möchte.

Problematisch an diesem Verfahren ist, dass es nicht vor Missbrauch schützt. Der Händler kann nicht nachweisen, dass der tatsächliche Inhaber der E-Mail-Adresse mit dem Empfang der Werbung einverstanden ist.

Das **Confirmed-Opt-in-Verfahren** birgt dasselbe Problem. Dem Empfänger wird eine Bestätigungs-E-Mail gesendet, in der er über seine Anmeldung informiert wird. Wurde die E-Mail-Adresse jedoch missbräuchlich eingegeben, so erhält der Empfänger dennoch die Werbung.

Die beste Variante, die Einwilligung rechtskonform einzuholen, ist das **Double-Opt-in-Verfahren**. Wie beim Confirmed-Opt-In erhält der Adressinhaber eine Bestätigungs-E-Mail. Der Empfänger muss entweder auf diese E-Mail antworten oder einen darin befindlichen Link anklicken, um den Empfang von Werbung zu bestätigen. Somit muss der Empfänger zweimal aktiv werden: einmal durch die Bestellung des Newsletters und ein weiteres Mal durch die Bestätigung der Bestellung.

Einem Newsletter-Versender ist es nicht zumutbar, in jedem Einzelfall sicherzustellen, dass das Double-Opt-In-Verfahren nicht missbraucht wird. Einzelne Missbrauchsfälle sind rechtlich unbedenklich (LG Berlin Urteil vom 23.7.2007 – 15 O 346/06).

> Die Bestätigungs-E-Mail darf keine Werbung enthalten! Überlegt es sich der Empfänger anders und entschließt er sich, den Newsletter doch nicht zu bekommen, oder wurde seine E-Mail-Adresse missbräuchlich verwendet, kann in der Werbung bereits ein Abmahngrund liegen.

VEGGI bietet auf seiner Website an, sich für einen Newsletter mit den neuesten Rezepten und Kreationen anzumelden.

Dazu kann der Interessierte seine E-Mail-Adresse auf der Website eintragen und ein Kästchen ankreuzen, in dem er in den Empfang einwilligt. Daraufhin sendet VEGGI eine Bestätigungs-E-Mail, die wie folgt aussieht:

„Lieber VEGGI-Freund,

> Deine E-Mail-Adresse wurde auf unserer Website für den Empfang unseres Newsletters eingetragen. Wenn Du den Newsletter empfangen möchtest, bestätige einfach die Eintragung in unseren Verteiler unter folgendem Link:
>
> Falls Du Dich nicht anmelden wolltest oder den Newsletter doch nicht möchtest, kannst Du diese E-Mail einfach löschen. Wir werden Dir keinen Newsletter schicken."

Darf die Einwilligung in AGB, Nutzungsbedingungen oder Datenschutzerklärungen eingebunden werden?

Häufig wird eine Einwilligung des Werbeempfängers in Nutzungsbedingungen, Datenschutzerklärungen oder AGB eingebunden.

Versteckte Einverständniserklärungen bleiben als überraschende Klauseln gemäß § 305c Abs. 1 BGB wirkungslos. Unzureichend ist es daher, wenn das Einverständnis eine Zustimmung zur Weitergabe der Daten an Dritte enthält und unter „Datenschutz" in den Allgemeinen Nutzungsbedingungen einer Plattform versteckt ist (LG Berlin Urteil vom 14.1.2003 – 15 O 420/02).

Die Einwilligung muss gut zu finden sein und darf nicht in Textpassagen aufgenommen werden, die auch andere Erklärungen oder Hinweise enthalten. Der Nutzer muss zudem die Möglichkeit haben, ein bestimmtes Kästchen anzukreuzen oder auf ähnliche Weise aktiv seine Zustimmung zu erklären (BGH Urteil vom 16.7.2008 – VIII ZR 348/06).

Ein unzulässiges „Opt-Out" liegt vor, wenn die Einverständniserklärung „voreingestellt" ist und der Kunde beispielsweise aus einer Checkbox den Haken entfernen muss, wenn er keine Werbung erhalten möchte (OLG Jena Urteil vom 21.4.2010 – 2 U 88/10).

Transparenzgebot: Die Einwilligungserklärung muss deutlich formuliert und transparent sein.

Unzureichend ist die Formulierung eines Einverständnisses, „dass ... wie alle Teilnehmer touristische und nicht touristische Werbung von uns und unseren Partnern erhält" (OLG Hamburg Urteil vom 29.7.2009 – 5 U 43/08).

Gleichfalls unzureichend ist eine vorformulierte Erklärung, laut der eine E-Mail-Adresse „nur von uns und unseren Geschäftspart-

VII. Den Online-Shop bewerben

nern für die Zusendung des 14-täglichen, kostenlosen Newsletters sowie von Verbraucher-Tipps und Markt-Informationen" genutzt werden soll (OLG Hamburg Urteil vom 29.7.2009 – 5 U 43/08).

Gegen das Transparenzgebot verstößt es auch, wenn das Einverständnis übermäßig weit gefasst ist und sich beispielsweise auf jegliche „Verwendung der Daten zu Werbezwecken und zur Weitergabe an Dritte" bezieht (LG Stuttgart vom 15.5.2007 – 17 O 490/06).

Wie kann eine Einwilligung nachgewiesen werden? Die Einwilligungen sollten unbedingt protokolliert werden. Dadurch kann der Versender des Newsletters nachweisen, dass eine Einwilligung vorliegt.

Der Werbende muss beweisen, dass eine ausdrückliche Einwilligung des Empfängers vorgelegen hat.

Tipp!
Führen Sie genau Protokoll, welcher Adressat mit welcher E-Mail-Adresse zu welchem Zeitpunkt in die E-Mail-Werbung eingewilligt hat. Nur so können Sie der Beweislast ausreichend nachkommen.

Welche Möglichkeit muss der Kunde zur Abmeldung von Werbung haben? § 7 Abs. 2 Nr. 4 UWG sieht vor, dass der Empfänger von E-Mail-Werbung jederzeit die Möglichkeit haben muss, diese wieder abzubestellen. So muss beispielsweise in jedem Newsletter über einen Link eine **Austragungsmöglichkeit** bestehen oder zumindest eine E-Mail-Adresse angegeben werden, an die die Abbestellung zu richten ist.

Meldet sich ein Empfänger ab, so hat der Versender des Newsletters dessen E-Mail-Adresse sofort aus dem Verteiler zu löschen. Jede weitere werbende E-Mail ist nach Abmeldung als unzumutbare Belästigung gem. § 7 UWG anzusehen und kann abgemahnt werden.

Sendet ein Empfänger eine allgemeine E-Mail, in der er um keine weiteren E-Mails des Unternehmens bittet, können Sie wie folgt vorgehen: Fragen Sie per E-Mail beim Empfänger nach, welche E-Mail-Adressen konkret aus dem Verteiler gelöscht werden sollen. Nur so können Sie verhindern, dass Sie E-Mail-Adressen des Empfängers vergessen.

b) Werbung bei bestehenden Kundenbeziehungen

§ 7 Abs. 3 UWG sieht eine Ausnahme vom Erfordernis der Einwilligung vor. Hierzu muss der Händler die E-Mail-Adresse aufgrund eines Verkaufs oder einer Dienstleistung erhalten haben. Der Kunde darf der Verwendung der E-Mail für Werbezwecke nicht widersprochen haben. Zudem muss er jederzeit die Möglichkeit haben, dem Empfang weiterer E-Mails zu widersprechen.

Unter den in § 7 Abs. 3 UWG genannten Voraussetzungen ist Werbung für Waren und Dienstleistungen auch ohne Einwilligung zulässig, wenn die beworbenen und die in der Vergangenheit bezogenen Waren oder Dienstleistungen ähnlich sind.

Eine Ware oder Dienstleistung ist ähnlich, wenn sie dem gleichen Bedarf oder dem gleichen typischen Verwendungszweck dient. Es genügt, wenn die Produkte austauschbar sind.

Seien Sie vorsichtig, von einer Ausnahme auszugehen: Gerichte neigen tendenziell dazu, die Voraussetzungen eng auszulegen.

VEGGI sendet dem Kunden nach Bestellung eines Kochbuches weitere Kochbuchangebote per E-Mail zu.

c) Empfehlungsmarketing

Eine beliebte Marketingstrategie ist das Empfehlungsmarketing. Hierbei handelt es sich um die sogenannte „Tell-a-Friend"-Funktion. Der Kunde kann dabei die E-Mail-Adresse eines Freundes eintragen und die Versendung einer Empfehlungs-E-Mail veranlassen.

Der Freund oder Bekannte erhält eine E-Mail, in der ihm ein bestimmtes Produkt empfohlen wird. In der E-Mail befindet sich meist ein Link auf die jeweilige Produktseite des Online-Shops.

Die rechtliche Beurteilung ist schwierig, da das Empfehlungsmarketing einerseits dem Unternehmer zu Gute kommt, andererseits jedoch durch eine Privatperson ausgeführt wird.

Wenn die Empfehlungsmail direkt von der Website versendet wird und das werbende Unternehmen als Absender der Mail in Erscheinung tritt, liegt rechtswidriges Spamming vor (BGH Urteil vom 12.9.2013 – I ZR 208/12).

VII. Den Online-Shop bewerben

> **Tipp!**
> Sofern Sie eine Tell-a-Friend-Funktion bereithalten, nutzen Sie die **mailto:-Funktion**. Der massenhafte Versand von E-Mails sollte zudem technisch ausgeschlossen werden.
>
> Halten Sie die Empfehlungs-E-Mail **frei von zusätzlicher Werbung**. Zudem sollte der **Empfehlende als Absender der E-Mail** erscheinen, nicht Sie selbst. Ebenfalls empfiehlt sich, dass der Kunde grundsätzlich den **vorformulierten Text umschreiben** oder etwas Eigenes hinzufügen kann.
>
> Die mailto:-Funktion ist ein Link, der das E-Mail-Programm (zB Outlook) anspricht. Sie kann frei im Text platziert werden. Neben dem Empfänger und dem Betreff kann auch mehrzeiliger Text als Content vorgegeben werden. Durch die mailto:-Funktion wird erreicht, dass die Mail aussieht wie jede andere Mail, die der „Empfehler" seinem Freund oder Bekannten schickt.

Grundsätzlich erlaubt ist das „**Share With Your Network**"-Marketing. Dabei kann der Kunde ein Produkt oder einen Kauf in einem sozialen Netzwerk unmittelbar vom Online-Shop aus teilen. Die Kontakte des Kunden im sozialen Netzwerk können dann über einen Link auf die Website des Online-Shops gelangen.

Der Unterschied zu Tell-a-Friend liegt darin, dass keine werbenden E-Mails versendet werden. Nur Kontakte, die ebenfalls bei dem sozialen Netzwerk angemeldet sind, können die Empfehlung sehen.

d) Weitere Formen von E-Mail-Werbung

Werbung an Kaufabbrecher. Für den Händler kann es interessant sein, einen Kaufabbrecher mit Werbung direkt anzusprechen. Der Kunde kann auf interessante Produkte hingewiesen und doch noch zu einem Kauf animiert werden.

Der rechtliche Rahmen ist eng. Es bedarf auch hier einer Einwilligung des Kunden in E-Mail-Werbung. Zudem ist es datenschutzrechtlich zumindest ratsam, eine Einwilligung einzuholen, die sich auf das Tracking erstreckt sowie auf die Nutzung der durch Tracking generierten Daten zu gezielter Werbung. Ohne Tracking lassen sich Kaufabbrecher nicht identifizieren.

2. Kapitel Online-Vertrieb

> **i** Der Kunde sollte eingewilligt haben in
>
> 1. das Tracking des Nutzungsverhaltens beim Bestellvorgang
> 2. die Nutzung der getrackten Daten zu Werbezwecken
> 3. die Zusendung von Werbung per E-Mail
>
> Zudem muss der Kunde wissen, dass er jederzeit der E-Mail-Werbung widersprechen kann.
>
> Beachte: Eine Ausnahme nach § 7 Abs. 3 UWG (bestehende Kundenbeziehung) liegt nicht vor! Es kam gerade nicht zu einem Kauf, da der Kunde den Kauf abgebrochen hat.

Werbung in Transaktions-E-Mails. Transaktions-E-Mails sind Mails, die der Unternehmer zur Bestätigung einer Bestellung, des Warenversands oder einer Registrierung des Kunden versendet. Der Versand solcher Bestätigungen ist zulässig und vielfach sogar vorgeschrieben. Wenn eine Einwilligung in Werbung vorliegt, kann die Transaktions-E-Mail auch werbende Zusätze enthalten. Wenn keine Einwilligung vorliegt, so muss die Werbung in einer Transaktions-E-Mail dezent sein: Der Schwerpunkt der Nachricht muss in der Transaktions-Benachrichtigung liegen.

> **i** Eine geschäftliche E-Mail ist grundsätzlich zulässig, wenn Sie damit vertragliche oder gesetzliche Informationspflichten erfüllen. Allerdings sollte es einen nachvollziehbaren Grund geben, warum die E-Mail versendet wurde. Die Werbung sollte dezent sein, also im Hintergrund stehen und optisch schlicht gestaltet sein.

2. Suchmaschinen-Werbung und Suchmaschinen-Optimierung

Die Suchmaschinen-Werbung dient dazu, dass der Online-Shop oder die Plattform durch den Kunden schnell gefunden werden kann. Dies kann durch zweierlei Methoden erfolgen: Bei der ersten Methode wird eine kostenpflichtige Anzeige bei einer Suchmaschine (zB Google) geschaltet. Bei der zweiten Methode wird die (kostenfreie) Suche optimiert. Dies bedeutet, dass der Link zur eigenen Website möglichst weit vorne in den Suchergebnissen erscheint. Denn für einen neuen Shop ist es misslich, wenn der Link zum Shop bei einer Google-Suche erst auf einer hinteren Ergebnisseite angezeigt wird.

a) Anzeige in einer Suchmaschine

Wie funktioniert eine Anzeige bei Google AdWords? Häufig verwendetes Mittel bei der Suchmaschinen-Werbung ist eine Anzeige über Google AdWords. Dabei bucht der Shopbetreiber eine Anzeige bei Google. Sobald der Kunde einen bestimmten Begriff (Keyword) eintippt, werden ihm passende, zu diesem Begriff gebuchte Anzeigen gezeigt.

Google bezeichnet Keywords, die zu Werbezwecken verwendet werden, als AdWords.

Der Werbetreibende kann bei Google die Keywords bestimmen, bei deren Eingabe seine Werbung eingeblendet wird. Dabei hat er sowohl die Option, bestimmte Suchbegriffe auszuschließen („ausschließende Keywords"), als auch die Möglichkeit, die gewählten Keywords auf ähnliche Begriffe („weitgehend passende Keywords" und „passende Wortgruppe") zu erstrecken („Broad Match"). Dies führt dazu, dass die Anzeige nicht nur bei Eingabe des exakten Keywords, sondern auch bei Eingabe von Synonymen erscheint.

Liegen zu einem Begriff mehrere Anzeigen vor, so staffelt Google je nach Höhe der gezahlten Summe. Je mehr gezahlt wird, desto prominenter die Platzierung der Anzeige.

Weil es bei Google-AdWords eine Vielzahl von Funktionen und Optionen gibt, beauftragen Werbetreibende vielfach spezialisierte Agenturen mit AdWords-Kampagnen

Kann ich auch Marken als Keywords verwenden? Problematisch wird eine Google-Anzeige dann, wenn ein fremder Markenname als Suchbegriff verwendet wird.

> Fremde Marken dürfen in dem Anzeigentext nur genannt werden, wenn hierfür eine Berechtigung vorliegt. Dies kann zum Beispiel der Fall sein, wenn es sich bei dem Werbenden um einen Reseller, einen Lizenznehmer oder einen Gebrauchtwarenhändler handelt.

Der EuGH und der BGH erlauben die Verwendung von fremden Marken als Suchbegriff immer dann, wenn sich die Anzeige deutlich abhebt, der Name der Marke im Anzeigetext nicht verwendet wird und nicht der Eindruck erweckt wird, dass eine wirtschaftliche Verbindung zu dem Unternehmen besteht, das Inhaber der Marke ist.

Jedoch gibt es Ausnahmen von diesen Voraussetzungen. So hielt der BGH fest, dass an besonders bekannte Marken ein strengerer Maßstab angelegt werden müsse (Urteil vom 20.2.2013 – I ZR 172/11)

Der BGH beschäftigte sich mit der Keyword-Verwendung von „Beate Uhse". Der Verwender des Keywords schaltete eine Anzeige, in der er einen Preisvergleich einband. Im Hinblick auf die bekannte Marke und die negativen Beeinträchtigung durch das um 94 % günstigere Preisangebot hielt das Gericht eine Rechtsverletzung für gegeben.

> **Erotik Shop & Erotik Shop**
>
> Ersparnis bis 94 % garantiert.
>
> Shop TÜV geprüft! Seriös & diskret.
>
> Eis.de/_Erotik-Shop_&_Erotik-Shop

Der BGH hielt zudem in einem weiteren Urteil fest, dass auch solche Anzeigen, die eine wirtschaftliche Verbindung zu einem anderen Unternehmen suggerieren, rechtswidrig sind (Urteil vom 27.6.2013 – I ZR 53/12).

Eine Anzeige darf nicht so gestaltet sein, dass der Eindruck erweckt wird, es handele sich um ein Partnerunternehmen des Markeninhabers. Dies muss dadurch verhindert werden, dass in dem Anzeigentext auf die fehlende wirtschaftliche Verbindung hingewiesen wird.

Es ging in diesem Fall um eine Anzeige, die bei Eingabe des Wortes „Fleurop" erschien.

> **Blumenversand online**
>
> www.blumenbutler.de/blumenversand Blumenschnell & einfach bestellen Mit kostenloser Grußkarte
>
> **Blumenversand online** Blumen schnell & einfach bestellen Mit kostenloser Grußkarte www.blumenbutler.de/blumenversand

Die Verwendung von Marken als Keywords ist grundsätzlich zulässig, sofern die Voraussetzungen eingehalten werden, die der EuGH und der BGH entwickelt haben.

VII. Den Online-Shop bewerben

Wie muss eine Anzeige gestaltet sein? Die Gestaltung der Anzeige darf den Verbraucher nicht in die Irre führen. Vor allem dürfen keine Falschangaben gemacht werden.

> In einem Fall vor dem BGH ging es um das Versandhandelsunternehmen Otto (Urteil vom 12.5.2011 – I ZR 119/10). Dieses warb in einer Anzeige mit einer 24-Stunden-Lieferung.
>
> Grundsätzlich ist es in Ordnung, mit schnellen Lieferzeiten zu werben, sofern diese der Wahrheit entsprechen. Dem Wahrheitsgebot wird auch dann genüge getan, wenn die beworbene „24-Stunden-Lieferung" nur für Bestellungen bis 16.45 Uhr gilt oder am Sonntag nicht geliefert wird. Es kommt darauf an, ob der durchschnittlich informierte, aufmerksame und verständige Verbraucher mit solchen Einschränkungen rechnen kann. Dies bejahte der BGH im konkreten Fall.

Es ist nicht empfehlenswert, einen Preis in der Anzeige zu nennen. Diese unterliegt nämlich den Anforderungen aus der PAngV. Dies bedeutet, dass stets der Gesamtpreis angezeigt werden muss, wenn mit Preisangaben geworben wird. Zudem muss die Information erbracht werden, dass die Mehrwertsteuer enthalten ist.

Gibt es noch weitere Besonderheiten? Problematisch kann es werden, wenn beschreibende Begriffe als Keywords verwendet werden. Grundsätzlich ist die Verwendung eines solchen Begriffs erlaubt. Jedoch kann es passieren, dass der Verbraucher dadurch irregeführt wird.

> Das LG Berlin entschied, dass das Leihauto-Unternehmen Sixt nicht den Begriff „Taxi" für eine Anzeige für seinen Fahrdienst „MyDriver" verwenden darf (Urteil vom 4.11.2014 – 15 O 290/14). Bei diesem Dienst handelt es sich um einen Limousinenservice mit Chauffeur. Dies unterscheidet sich jedoch von einem gewöhnlichen Taxi-Unternehmen, sodass der Verbraucher durch die Anzeige irregeführt wird.

b) Suchmaschinen-Optimierung

Die Suchmaschinen-Optimierung dient dazu, dass das eigene Unternehmen bei einer Google-Suche möglichst am Anfang der Trefferliste erscheint. Dies ist grundsätzlich erlaubt.

Wie funktionieren Suchmaschinen? Suchmaschinen arbeiten mit einem Algorithmus. Durch diesen Algorithmus werden die Suchergebnisse gestaffelt. Dabei gleicht die Suchmaschine die Suchbegriffe mit den Inhalten der Website ab. Entscheidend ist meistens, wie oft ein Wort auf der Website verwendet wird. Zudem spielen die Links, die auf die Website verweisen, eine große Rolle.

Google-Richtlinien. Google selbst hat Richtlinien für die Suchmaschinen-Optimierung aufgestellt, an denen sich ein Unternehmer orientieren kann. Hierbei handelt es sich um ein freiwilliges Angebot von Google.

Die Richtlinien dienen in erster Linie dazu, dass das Suchergebnis bei Google verbessert und optimiert wird. Hält sich ein Nutzer nicht an die Richtlinien und verstößt gegen ein erhebliches Maß von Vorschriften, so behält sich Google vor, gegen den Nutzer vorzugehen. Dies kann unter anderem dazu führen, dass die Website nicht mehr bei Google gelistet wird.

Metatags. Bei der Verwendung von Metatags kam es in der Vergangenheit häufiger zu Rechtsstreitigkeiten.

> Bei Metatags handelt es sich um HTML-Elemente auf einer Website, die dazu dienen, eine Website mittels einer Suchmaschine leichter zu finden. Metatags sind Seitenbeschreibungen, die nur im Quelltext der Website sichtbar sind.

Meist stellt es kein Problem dar, wenn in den Metatags sachfremde Gattungsbegriffe verwendet werden.

> Bei der Suche nach „Luxusautos" wird auch ein Reiseveranstalter für Luxusreisen angezeigt, weil „Luxusautos" als Metatag im Quelltext hinterlegt ist.

Verboten ist die unberechtigte Verwendung von fremden Marken als Metatags. Nur dann, wenn der Markeninhaber zustimmt, kann die Marke in den Metatags verwendet werden. Dasselbe gilt für die Namen natürlicher und juristischer Personen (§ 12 BGB).

Hidden Content. Bei Hidden Content handelt es sich um Text, der sich auf der Website befindet, für den Nutzer aber unsichtbar ist. Dies kann beispielsweise durch eine Schriftfarbe erreicht werden, die gleich wie die Hintergrundfarbe der Website ist. Es gilt dasselbe

VII. Den Online-Shop bewerben

wie für Metatags. So dürfen fremde Marken nicht als Hidden Content verwendet werden, wenn der Markeninhaber nicht zugestimmt hat.

3. Andere Formen von Werbung

Banner-Werbung und Pop-Ups. Bei der **Banner-Werbung** handelt es sich um eine Anzeige auf einer Website. Möglich ist es, diese mit einem Link zu weiteren Informationen oder der Website des Online-Shops zu versehen.

Grundsätzlich gilt, dass die Werbung sich deutlich vom redaktionellen Teil einer Website unterscheiden muss.

Ähnliches gilt für **Pop-Ups.** Diese sind dem Kunden zumutbar. Es muss jedoch die Möglichkeit geben, die Pop-Ups sofort weg zu klicken.

Ist in das Pop-Up ein Werbevideo integriert, so stellt es keinen Wettbewerbsverstoß dar, wenn das Pop-Up erst nach Ende des Videos geschlossen werden kann, solange dieses sich im zeitlichen Rahmen hält.

> Eine Pop-Up-Werbung stellt keine unzumutbare Belästigung im Sinne des § 7 Abs. 1 UWG dar, wenn sie nach wenigen Sekunden automatisch verschwindet (Kammergericht Urteil vom 18.10.2013 – 5 U 138/12).

> Auch für eine (zehnsekündige) Vorschaltwerbung auf einem Kinder-Online-Spieleportal gilt das Einwilligungserfordernis nicht (OLG Köln Urteil vom 12.4.2013 – 6 U 132/12).

Telefonwerbung. § 7 Abs. 2 Nr. 2 UWG schreibt vor, dass es für Telefonwerbung einer ausdrücklichen Einwilligung des Verbrauchers bedarf. Daher gilt Ähnliches wie bei der E-Mail-Werbung: Es muss eine ausdrückliche Einwilligung des Kunden vorliegen und diese Einwilligung muss dokumentiert werden.

Für die Telefonwerbung bei Unternehmern kann eine mutmaßliche Einwilligung ausreichen. Eine mutmaßliche Einwilligung liegt vor, wenn der Empfänger des Anrufs zwar nicht ausdrücklich eingewilligt hat, man jedoch erwarten darf, dass ein Einverständnis vorliegt.

Auch bei der Telefonwerbung gilt, dass geschäftliche Anrufe nicht als Werbung zu qualifizieren sind.

Faxwerbung. § 7 Abs. 2 Nr. 3 UWG verbietet Werbung über Faxgeräte, sofern keine Einwilligung des Kunden vorliegt. Dies gilt sowohl für Werbung gegenüber Verbrauchern als auch für Werbung gegenüber Unternehmern.

Doorwaypages. (auch Brückenseiten oder Gatewaypages) sind Websites, deren alleiniger Inhalt Links auf andere Seiten sind. Hiermit soll der Page-Rank bei Google verbessert werden, da die Anzahl und Qualität der Verlinkungen auf anderen Seiten bei Google als wichtiges Kriterium für die Bestimmung der „Relevanz" einer Seite herangezogen wird.

Es ist wettbewerbswidrig, die Namen von Konkurrenten für die Suchmaschinenoptimierung einzusetzen und zugleich Tausende von leeren Seiten zu installieren, die nur für die Suchmaschine „sichtbar" sind, um auf diese Weise ein höheres Ranking zu erreichen (OLG Hamm Urteil vom 18.6.2009 – 4 U 53/09).

4. Bewertungsportale

Um neben der aktiven Werbung neue Kunden zu gewinnen, ist es für einen Online-Shop wichtig, auf Bewertungsportalen positiv bewertet zu werden. Dem Händler sind dabei weitestgehend die Hände gebunden. Es gibt kaum Möglichkeiten, positive Bewertungen ohne Wettbewerbsverstoß herbeizuführen.

a) Aufforderung zu einer Bewertung

Viele (positive) Bewertungen steigern die Bekanntheit und die Attraktivität des Online-Shops. Verbreitet sind daher E-Mails, die den Kunden auffordern, das erworbene Produkt zu bewerben.

Vorsicht ist geboten: Denn grundsätzlich gilt, dass es sich auch bei einer solchen E-Mail um Werbung handelt. Dies betrifft auch Bewertungs- und Feedbackaufforderungen. Es gelten die bereits erläuterten Grundsätze: Der Händler muss über eine ausdrückliche Einwilligung des Kunden verfügen. Nur wenn dies der Fall ist, kann eine Bewertungsaufforderung an den Kunden per Mail geschickt werden.

VEGGI verschickt nach Einholen der Einwilligung folgende E-Mail:

„Wie hat Dir unser veganes Schnitzel geschmeckt? Bewerte unser Rezept auf unserer Website! Dazu musst Du nur auf diesen Link klicken."

VII. Den Online-Shop bewerben

Neben der Zulässigkeit der Bewertungsaufforderung ist auf deren Inhalt zu achten.

Es ist wettbewerbswidrig, wenn dem Kunden bei einer (positiven) Bewertung verdeckte Rabatte auf vergangene Käufe gewährt werden. „Erkaufte" Bewertungen sind nur zulässig, wenn auf dem Bewertungsportal deutlich gekennzeichnet wird, dass der Kunde für die Bewertung einen Rabatt bekam. (OLG Hamm Urteil vom 23.11.2010 – I-4 U 136/10)

b) Beeinflussung von Bewertungen

Eine häufige Form der Schleichwerbung sind selbstgeschriebene Bewertungen und Rezensionen für Produkte oder den eigenen Online-Shop. Wer Werbung verdeckt betreibt, begeht einen Wettbewerbsverstoß.

So ist es nicht erlaubt, eine Rezension über ein Produkt oder den Online-Shop selbst zu verfassen, ohne dies als Werbung kenntlich zu machen. Dies betrifft vor allem Bewertungen auf Blogs und Bewertungsportalen.

Gleiches trifft für das **Unterdrücken von negativen Bewertungen** auf eigenen Bewertungsportalen zu. So ist es nicht erlaubt, schlechte Bewertungen zurückzuhalten oder erst zu überprüfen. Dies stellt eine irreführende Werbung dar, da das Unternehmen rein positiv dargestellt wird. Positive Bewertungen dürfen nicht bevorzugt veröffentlicht werden. (OLG Düsseldorf Urteil vom 19.2.2013 – 20 U 55/12).

Ebenso ist es wettbewerbswidrig, sich verdeckt eine bessere Platzierung in dem Beliebtheits-Ranking eines Bewertungsportals zu erkaufen. Auch dies stellt eine unlautere irreführende Werbung dar (LG Berlin Beschluss vom 25.8.2011 – 16 O 418/11).

c) Reaktion auf negative Bewertungen

Schlechte Bewertungen sind schlecht für das Geschäft. Es kann sich die Frage stellen, ob man rechtlich gegen solche Bewertungen vorgehen kann.

Ein Unternehmer muss sich der Kritik seiner Leistung stellen. Selbst eine geschäftsschädigende Kritik ist daher grundsätzlich erlaubt.

Ein Unternehmen kann von einem Portalbetreiber nicht verlangen, dass er es unterlässt, Bewertungen zu verbreiten, die das Unternehmen betreffen (OLG Hamburg Urteil vom 18.1.2012 – 5 U 51/11).

Allerdings kann ein Anspruch eines Unternehmens bestehen auf Löschung bestimmter einzelner, unzutreffender und für das Unternehmen abträglicher Bewertungen und sonstiger Äußerungen. Dies gilt insbesondere für unwahre Tatsachenbehauptungen.

 Wenn in einem Bewertungsportal behauptet wird, die gekauften veganen Schnitzel enthielten Fleischreste und seien daher ungenießbar, geht es um eine Tatsache („Fleischreste"), die entweder wahr oder falsch ist. Stimmt die Behauptung nicht, besteht ein Rechtsanspruch auf Löschung.

Bei der Angabe „sieht hässlich aus" handelt es sich dagegen um ein reines (subjektives) Werturteil ohne Tatsachenkern. Ein solches Werturteil ist durch die Meinungsfreiheit geschützt, solange keine sachfremden Zwecke (zB eine gezielte Schmähung des Unternehmens) ersichtlich sind.

Zu unterscheiden ist grundsätzlich zwischen wahren und unwahren Tatsachenbehauptungen, Meinungsäußerungen und Schmähkritik.

 Die Abgrenzung dieser Tatbestände ist schwierig, da die Grenzen fließend sind.

 Tatsachenbehauptungen sind wahrnehmbare oder feststellbare äußere und innere Zustände oder Vorgänge, die in der Gegenwart oder Vergangenheit liegen und dem Beweis zugänglich sind.

Meinungsäußerungen sind Werturteile, die aus einer subjektiven Schlussfolgerung des Äußernden entstehen und sich weder als wahr oder falsch bezeichnen lassen.

Schmähkritik ist eine Meinungsäußerung, die nicht auf die Bewertung einer Sache, sondern auf die Diffamierung einer Person (oder eines Unternehmens) abzielt.

Tatsachenbehauptungen. Bei den Tatsachenbehauptungen ist zwischen wahren und unwahren zu Behauptungen unterscheiden: Wahre Tatsachenbehauptungen muss der Händler hinnehmen. Unwahre Tatsachenbehauptungen muss der Händler hingegen nicht akzeptieren und kann gegen sie vorgehen.

Die Beweislast trägt der Händler. Er muss also beweisen, dass eine Behauptung unwahr ist und deshalb entfernt werden muss.

Bei der Beurteilung, ob eine Behauptung wahr oder falsch ist, kommt es allein auf den Zeitpunkt der Abgabe der Bewertung an (LG Köln Urteil vom 10.6.2009 – 28 S 4/09).

Ein Kunde schreibt folgende Bewertung:

„Die Zutaten für das vegane Schnitzel waren zum Zeitpunkt der Lieferung teilweise abgelaufen."

Hierbei handelt es sich um eine Tatsachenbehauptung. VEGGI kann sich nicht gegen eine solche Bewertung wehren, wenn das Verfallsdatum tatsächlich abgelaufen war.

Daran ändert sich auch nichts, wenn VEGGI dem Kunden aufgrund der Reklamation neue Zutaten zugesendet hat. Der Kunde muss den Kommentar nicht zurücknehmen oder verändern, da zum Zeitpunkt der Behauptung die Zutaten abgelaufen waren.

Meinungsäußerungen. Werturteile sind eine Form von Meinungsäußerungen. Art. 5 Abs. 1 GG schützt solche Äußerungen. Nur im Ausnahmefall der Schmähkritik kann eine Meinungsäußerung unzulässig sein.

Schmähkritik. Schmähkritik liegt vor, wenn mit einer Äußerung eine Herabwürdigung der Person (bzw. eines Unternehmens) beabsichtigt wird.

Bei einer **Beleidigung** kann der Straftatbestand des § 185 Strafgesetzbuch (StGB) erfüllt sein. Eine Beleidigung ist ein Angriff auf die Ehre des anderen. Beleidigungen sind rechtswidrig, der Händler kann sie entfernen lassen.

Aussagen wie „Schwein", „Idiot", „Trottel" stellen Beleidigungen dar.

Mischäußerungen. Schwierig kann es werden, wenn eine Meinungsäußerung und eine Tatsachenbehauptung miteinander vermischt werden.

Entscheidend ist, ob die Äußerung in entscheidender Weise durch die Elemente der Stellungnahme, des Dafürhaltens oder des Meinens geprägt ist. Ist dies der Fall, so handelt es sich um ein zulässiges Werturteil und nicht um eine Tatsachenbehauptung.

So wurden als zulässige Meinungsäußerungen beispielsweise angesehen:

- „Vorsicht bei Reklamation! Übelste Abzocke bei Versandkosten" (AG Bremen Urteil vom 27.11.2009 – 9 C 412/09)

- „unglaublich unverschämt" (LG Eggenfelden Urteil vom 16.8.2004 – 1 C 196/04)

- „Ich habe beim Verkäufer angerufen, Fazit: Er will sich dazu lieber nicht äußern, allein das ist eine Frechheit" (OLG München Beschl. vom 12.2.2015 – 27 U 3365/14)

Achtung: Bei den jeweiligen Beispielen ist natürlich immer auf den Sachverhalt zu achten. Denn daraus kann sich ergeben, ob eine Behauptung wahr oder falsch ist.

VIII. Abmahnungen verhindern

Die abmahnsichere Gestaltung eines Online-Shops stellt viele Shopbetreiber vor enorme Schwierigkeiten. Gesetzgebung und Rechtsprechung unterliegen einem stetigen Wandel und führen zu einer vielfach unübersichtlichen Rechtslage. Besonders das Wettbewerbsrecht bietet schier endlose Möglichkeiten, Konkurrenten abzumahnen. Aber auch Verstöße gegen das Markenrecht und das Urheberrecht sind häufig Gegenstand von Abmahnschreiben.

Ob berechtigt oder nicht, Abmahnungen verursachen massive Kosten bei Shopbetreibern. Übereilter Gehorsam ist meist der falsche Weg und kann gravierende Folgen nach sich ziehen. Ein paar grundlegende Kenntnisse über den Umgang mit Abmahnungen sind daher unerlässlich, um im Ernstfall richtig zu reagieren.

1. Was sind Abmahnungen?

§ 12 UWG umreißt den **Zweck** der (wettbewerbsrechtlichen) Abmahnung wie folgt:

VIII. Abmahnungen verhindern

> *Die zur Geltendmachung eines Unterlassungsanspruchs Berechtigten sollen den Schuldner vor der Einleitung eines gerichtlichen Verfahrens abmahnen und ihm Gelegenheit geben, den Streit durch Abgabe einer mit einer angemessenen Vertragsstrafe bewehrten Unterlassungsverpflichtung beizulegen. Soweit die Abmahnung berechtigt ist, kann der Ersatz der erforderlichen Aufwendungen verlangt werden.*

Eine Abmahnung ist also nichts anderes als die formale Aufforderung einer Person an eine andere Person, eine bestimmte Handlung oder ein bestimmtes Verhalten zu unterlassen. Sie hat die Funktion, Streitigkeiten über Unterlassungspflichten unmittelbar zwischen den Beteiligten beizulegen ohne Inanspruchnahme eines Gerichts und somit in kostengünstiger Weise.

> Die Abmahnung ist also besser als ihr Ruf. Denn sie ist ein wirksames Mittel,
>
> – um Rechtsverletzungen abzustellen und vorzubeugen,
>
> – um die Fairness des Wettbewerbs sicherzustellen,
>
> – um gerichtliche Auseinandersetzungen zu vermeiden.
>
> Allerdings wird die Abmahnung in vielen Fällen ihrem schlechten Ruf gerecht,
>
> – wenn sie missbraucht wird, um andere zu schädigen,
>
> – wenn sie missbraucht wird, um damit Geld zu machen.

Der **Inhalt** der Abmahnung soll dem Abgemahnten den Weg weisen, wie er sich zu verhalten hat, damit ein Prozess vermieden wird. Das Abmahnschreiben enthält daher in der Regel neben der knappen Darstellung des Sachverhalts und des geltend gemachten Verstoßes eine Aufforderung an den Abgemahnten, innerhalb einer angemessenen Frist eine **strafbewehrte Unterlassungserklärung** abzugeben. Eine rechtliche Begründung gehört nicht zu den Erfordernissen einer Abmahnung, erfolgt aber üblicherweise, um die Bereitschaft des Abgemahnten zur Abgabe der geforderten Erklärung zu erhöhen.

Gleichfalls nicht erforderlich, aber üblich ist es, dass der Versender seinem Abmahnschreiben bereits die abzugebende Unterlassungserklärung beifügt. Insbesondere den oft massenweise versandten wettbewerbsrechtlichen Abmahnungen liegt in der Regel eine vorformulierte Erklärung bei. Bevor diese unterschrieben wird, sollte in jedem Fall juristischer Rat eingeholt werden.

Da die Anspruchsberechtigten regelmäßig Anwälte mit der Durchsetzung ihrer Ansprüche beauftragen, werden mit der Abmahnung regelmäßig auch die **Kosten der Rechtsverfolgung** geltend gemacht. Teilweise sind die vorformulierten Unterlassungserklärungen so aufgebaut, dass der Schuldner mit der Annahme zugleich der Übernahme der Anwaltskosten zustimmt.

2. Übliche Abmahnfälle

Prinzipiell sind Abmahnungen für jeden Bereich privatrechtlicher Unterlassungsansprüche und in jedem vertraglichen Dauerschuldverhältnis einsetzbar. Besondere Relevanz hat die Abmahnung im Wettbewerbsrecht, im Urheberrecht und im Markenrecht. Die Nennung der „typischen Abmahnfallen" ist aufgrund der sich ständig aktualisierenden Rechtsprechung und Gesetzgebung schwierig. Zudem bringt die fortlaufende Entstehung neuer Geschäftsfelder im Internet auch kontinuierlich neue Abmahngründe hervor.

Betreiber von Online-Shops sollten zumindest einige rechtliche Stolpersteine kennen, die regelmäßig als Grund für Abmahnungen dienen.

a) Anbieterkennzeichnung (Impressum)

Die Erstellung eines korrekten Impressums ist nicht besonders schwierig. Trotzdem sollte man bei der Abfassung Vorsicht walten lassen, denn die Konkurrenz wird das Impressum genau unter die Lupe nehmen und die folgenden einfachen Fehler rigoros abmahnen:

- Das Impressum fehlt.

- Ungenügende Erkennbarkeit oder Erreichbarkeit des Impressums (2-Klick-Modell).

- Das Impressum ist inhaltlich fehlerhaft, insbesondere fehlende Angaben zur Rechtsform und Vertretungsbefugnis, unzureichende Kontaktangaben, fehlende Angaben zu Registereintragung und zur Umsatzsteuer-ID.

b) Widerrufsrecht

Die grundlegende Reformierung des Widerrufsrechts mit der Umsetzung der Verbraucherrechterichtlinie im Jahre 2014 hat ein umfangreiches Programm an neuen Informationspflichten eingeführt und die Regelungen zum Widerrufsrecht in einigen Punkten geändert. Versäumnisse bei der Umsetzung der Anforderungen haben Online-Shops zu einem beliebten Ziel für Abmahnungen gemacht.

Die häufigsten Abmahngründe liefern:

- die unzulässige Einschränkung des Widerrufsrechts (Rücknahme nur in Originalverpackung, keine unfreie Rücksendung, unzulässiger Ausschluss für bestimmte Warenklassen usw.);
- eine fehlerhafte Widerrufsbelehrung;
- Strafporto und Hinsendekosten beim Widerrufsrecht;
- Gutschriften nach Widerruf.

c) Preisangabe-, Kennzeichnungs- und sonstige Informationspflichten

Preise in Online-Shops müssen korrekt und vollständig wiedergegeben werden. Abmahnklassiker sind der fehlende Hinweis auf die Umsatzsteuer oder die unrichtige Darstellung der Versandkosten bzw. deren fehlende Angabe für bestimmte Länder trotz Werbung mit weltweiter Lieferung.

Häufiger Grund für wettbewerbsrechtliche Abmahnungen sind auch Verstöße gegen die Bestimmungen der EU-Textilkennzeichnungsverordnung, insbesondere wegen unterlassener oder unzureichender Angaben zur Material- und Faserzusammensetzung in der Artikelbeschreibung. Sonstige spezialgesetzliche Kennzeichnungspflichten existieren unter anderem für die Branchen Lebensmittel, Elektronikartikel, Arzneimittel und Kosmetik.

Auch fehlende Angaben über die wesentlichen Merkmale der Ware nach § 312j Abs. 2 BGB iVm Art. 246a § 1 Abs. 1 Nr. 1 EGBGB und die Vorgaben des Button-Gesetzes führen häufig zu kostenpflichtigen Abmahnungen.

d) Fehlerhafte AGB-Klauseln

Eine Liste der Fehler, die bei der Erstellung von AGB, besonderes aber bei der ungeprüften Übernahme von Mustervorlagen oder AGB anderer Online-Shops gemacht werden, ist endlos. Neben der fehlerhaften Einbindung von AGB sind es vor allem folgende Klauseln, die häufig durch Konkurrenten oder Verbände abgemahnt werden:

- Liefervorbehalte
- Verfall von Gutscheinen
- Rügefristen beim Erhalt mangelhafter Waren
- Abweichungen von der gesetzlichen Gewährleistung
- Schadenspauschalen
- unverbindliche Lieferzeiten
- Abwälzung der Transportgefahr auf den Kunden (gegenüber Verbrauchern)
- Gerichtsstandvereinbarungen (gegenüber Verbrauchern)

e) Sonstige Abmahngründe

Klassische Abmahnfallen sind zudem das Fehlen einer Datenschutzerklärung, die Zusendung von Newslettern ohne vorherige Einwilligung im Wege des Double Opt-In-Verfahrens und die unzulässige Übernahme von Produktfotos, Videos und Artikelbeschreibungen.

3. Was tun bei Abmahnungen?

Obwohl sich viele Shopbetreiber bei der Gestaltung ihrer Seiten rechtlich beraten lassen, kommt es in der Praxis immer wieder zu Abmahnungen. Was also tun, wenn es einen selbst einmal erwischt? Die wichtigste Regel: Bloß nicht in Panik verfallen. Eine Überprüfung der Abmahnung ist in jedem Fall lohnenswert, und häufig lässt sich die zunächst sehr bedrohlich wirkende Situation mit ein paar einfachen Handgriffen entschärfen.

Die folgenden Ausführungen sollen es ermöglichen, Abmahnungen und das mit ihnen verbundene Risiko richtig einzuschätzen und darauf angemessen zu reagieren.

VIII. Abmahnungen verhindern

a) Reaktionsmöglichkeiten

Prinzipiell gibt es drei Möglichkeiten auf eine Abmahnung zu reagieren: Die Abgabe der geforderten Unterlassungserklärung, die Zurückweisung der geltend gemachten Ansprüche (dem gleich gestellt ist ein Schweigen auf die Abmahnung) sowie die Aufnahme von Verhandlungen mit der Gegenseite zum Zwecke des Abschlusses eines Vergleichs.

Maßgeblich für die Entscheidung, welcher Weg beschritten wird, ist vor allem die Frage der Rechtmäßigkeit der Abmahnung, welche oft nur ein Anwalt beantworten können wird. Darüber hinaus können taktische Überlegungen eine Rolle spielen.

Aber auch ohne juristische Beratung können oft schon wichtige Weichen gestellt werden.

b) Abmahnfrist

Die gesetzte Frist zur Abgabe der Unterlassungserklärung ist unbedingt zu beachten. Das Verstreichenlassen der Frist bietet regelmäßig Anlass für ein gerichtliches Vorgehen. Dies gilt auch bei Fristen, die zu kurz bemessen sind.

> Unangemessen kurz gesetzte Fristen führen nicht zur Unwirksamkeit der Abmahnung oder zum Wegfall des Unterlassungsanspruchs.

Wann ist eine Frist angemessen?

- bei schwerem Verstoß mit schweren Folgen: wenigen Stunden oder Tage

- bei einem „Allerweltsverstoß": in der Regel eine Woche

Tipp!
Wurde eine zu kurze Frist gesetzt, sollte man das Schreiben zunächst damit beantworten, dass man sich eine Antwort innerhalb angemessener Frist vorbehält. Auf diese Weise gewinnt man Zeit, um sich beraten zu lassen und in aller Ruhe über die richtige Reaktion nachzudenken.

c) Rechtmäßigkeit der Abmahnung

Vor Abgabe einer Unterlassungserklärung muss zwingend geprüft werden, ob die Abmahnung überhaupt berechtigt ist. Falls das vorgeworfene Verhalten nicht rechtswidrig ist oder der Vorwurf auf falschen Tatsachen beruht, besteht keine Pflicht zur Abgabe einer Unterlassungserklärung.

Tipp!
Die Überprüfung der Rechtmäßigkeit einer Abmahnung erfordert Erfahrung und vertiefte Rechtskenntnisse. Juristische Laien sollten einen Rechtsanwalt oder eine andere zur Rechtsberatung berechtigte Person konsultieren.

d) Die Unterlassungserklärung

Sofern ein Rechtsverstoß vorliegt, ist die Abgabe einer strafbewehrten Unterlassungserklärung oft ratsam.

Die Abgabe der Unterlassungserklärung begründet eine (vertragliche) Pflicht zur Unterlassung des darin bezeichneten Handelns und zur Zahlung einer Vertragsstrafe, falls gegen die Unterlassungspflicht verstoßen wird. Dies gilt grundsätzlich sogar dann, wenn das bezeichnete Verhalten an sich gar nicht rechtswidrig ist. Deshalb ist eine kritische Prüfung des Inhalts der Unterlassungserklärung zwingend, bevor man eine solche Erklärung abgibt.

Tipp!
Ist dem Abmahnschreiben bereits eine Unterlassungserklärung beigefügt, sollte man diese nicht ungeprüft unterschreiben. Dies gilt auch dann, wenn man Fehler gemacht hat und die Berechtigung der Abmahnung offensichtlich ist.

Bei folgenden Punkten gilt es, besonders vorsichtig zu sein.

- Achtung vor zu hohen Vertragsstrafen. Standard ist sog. „neuer Hamburger Brauch" – Abmahnender setzt Vertragsstrafe fest, die im Streitfall vom zuständigen Gericht zu überprüfen ist

- Keine zusätzlichen Verpflichtungen in der Unterlassungserklärung eingehen (zB versprechen, Rechtsverfolgungskosten zu zahlen).

- Beschränkung auf konkrete Verletzungsform (Beispiel: Unterlassen der Zusendung von Werbe-E-Mails nur an konkret genannte E-Mail-Adressen).

DIE ABMAHNUNG: GRUND ZUR PANIK – ODER RUHE BEWAHREN?
Die Unterlassungserklärung

DIE TÜCKEN DER UNTERLASSUNGSERKLÄRUNG

UNTERLASSUNGS- UND VERPFLICHTUNGSERKLÄRUNG

Die XX GmbH, vertreten durch den Geschäftsführer YY, [Anschrift]

Unterlassungsschuldner

... ohne Anerkennung einer Rechtspflicht aber rechtsverbindlich ...

... an die E-Mail-Adresse zz@t-online.de ...

Unterlassungsgläubiger

es zu unterlassen, dem Unterlassungsgläubiger E-Mail mit werbendem Inhalt zu senden, es sei denn der Unterlassungsgläubiger hat dem Empfang vorab zugestimmt;

dem Unterlassungsgläubiger für den Fall des Verstoßes gegen die Unterlassungspflicht aus vorstehender

Ziff. 1 eine Vertragsstrafe zu zahlen, die vom Unterlassungsgläubiger angemessen festzusetzen und im Streitfall vom zuständigen Gericht zu überprüfen ist;

~~dem Unterlassungsgläubiger die Kosten der Abmahnung in Höhe von xxx,- EUR zu erstatten.~~

Datum Unterlassungsschuldner

HÄRTING

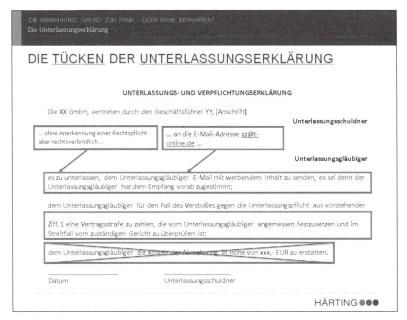

Abb. 19: Beispiel für eine „tückische“ Unterlassungserklärung

Unterlassungs- und Verpflichtungserklärung

Die

XYZ GmbH
vertreten durch den GF ABC
Chausseestr. 13
10115 Berlin

- Unterlassungsschuldnerin -

verpflichtet sich hiermit gegenüber dem

ZYX e.V.
Friedrichstr. 100, 10117 Berlin

- Unterlassungsgläubiger -

rechtsverbindlich, jedoch ohne Anerkennung einer Rechtspflicht, es zu unterlassen,

im geschäftlichen Verkehr in Online-Medien für nach § 5 Pkw-EnVKV kennzeichnungspflichtige neue Personenkraftwagen zu werben, ohne den offiziellen Kraftstoffverbrauch und die offiziellen spezifischen CO2-Emissionen in der Werbeanzeige anzugeben, wie geschehen auf der Seite www........ abgerufen am 1.8.2015.

Für jeden Fall der schuldhaften Zuwiderhandlung verpflichtet sich die Unterlassungsschuldnerin, eine durch den Unterlassungsgläubiger festzusetzende und im Streitfall durch das zuständige Landgericht überprüfbare Vertragsstrafe zu zahlen (Hamburger Brauch).

____________, den ______________ ________________________
Unterlassungsschuldnerin

Abb. 20: Beispiel für eine modifizierte Unterlassungserklärung

e) Muss ich die Kosten des Abmahnenden begleichen?

Ist die Abmahnung berechtigt, so hat der Abmahnende einen Anspruch auf Ersatz der Abmahnkosten. Die Höhe der erstattungsfähigen Kosten bemisst sich nach dem Rechtsanwaltsvergütungsgesetz (RVG) und dem jeweils anzusetzenden Gegenstandswert. Darüber hinaus gehende Kosten müssen nicht erstattet werden. Es ist daher stets zu überprüfen, ob die angegeben Gegenstandswerte zutreffend sind.

Beispiele für Gegenstandswerte:
- Falsche Widerrufsbelehrung auf eBay – OLG Karlsruhe → 3.000 EUR
- E-Mail-Werbung an Kfz-Händler – BGH → 25.000 EUR
- Fehlerhafte Belehrung über die Rücksendekosten – OLG Koblenz → 10.000 EUR

Ist die Abmahnung rechtmäßig ausgesprochen, der Gegenstandswert aber unrealistisch hoch angesetzt worden, so empfiehlt es sich, neben der Abgabe einer modifizierten Unterlassungserklärung die Übernahme der Kosten lediglich auf Grundlage des korrekten Gegenstandswertes anzubieten.

Eine Erstattung der eigenen Kosten aufgrund einer (unberechtigten) Abmahnung ist in der Regel nicht möglich. Ausnahmen existieren in Fällen missbräuchlicher wettbewerbsrechtlicher Abmahnung (§ 8 Abs. 4 UWG) sowie bei unberechtigten Schutzrechtsverwarnungen im Markenrecht.

f) Die Folgen einer Unterlassungserklärung

Mit einer Unterlassungserklärung verpflichtet sich der Unterlassungsschuldner, ein bestimmtes rechtswidriges Verhalten (zB eine Verletzung von Marken- oder Urheberrechten des anderen) abzustellen und künftig nicht mehr in gleicher Weise zu handeln. Jeder Verstoß gegen die Unterlassungsverpflichtung ist mit einer empfindlichen Vertragsstrafe bedroht, die an den anderen (den Unterlassungsgläubiger) im Falle des Verstoßes zu zahlen ist.

Die Unterlassungspflicht bezieht sich auf ein zukünftiges Verhalten und beginnt mit dem Zugang der Unterlassungserklärung beim Gegner.

VIII. Abmahnungen verhindern

Spätestens mit Abgabe der Unterlassungserklärung muss der abgemahnte Rechtsverstoß, der unter Umständen noch andauert, beseitigt werden. Ansonsten würde unmittelbar im Moment der Abgabe gegen die Unterlassungspflicht verstoßen werden, und die Zahlung der vereinbarten Vertragsstrafe würde fällig.

Tipp!
Stellen Sie sicher, dass bei Abgabe der Unterlassungserklärung alle abgemahnten Inhalte von der Website endgültig entfernt wurden. Seien Sie dabei besonders aufmerksam und sorgfältig. Sollten nämlich noch Inhalte zu finden sein, drohen Vertragsstrafen.

Auch Dritte, wie etwa Werbepartner oder Lizenznehmer, und Mitarbeiter müssen über die Unterlassungspflicht frühzeitig, klar und unmissverständlich aufgeklärt werden. Verbreiten diese nämlich die abgemahnten Inhalte, so fällt dies auf den Unterlassungsschuldner zurück. Die Aufklärung sollte zu Beweiszwecken schriftlich erfolgen.

g) Gerichtlicher Rechtsschutz

Unterlassungsansprüche werden typischerweise im Rahmen eines Verfahrens auf Erlass einer einstweiligen Verfügung verfolgt. Weist der Abgemahnte den Unterlassungsanspruch zurück, so drohen ein einstweiliges Verfügungsverfahren und der Erlass einer einstweiligen Verfügung. Dies ist in der Regel mit erheblichen zusätzlichen Kosten verbunden.

Nicht selten folgt dem einstweiligen Verfügungsverfahren zudem noch ein gerichtliches Hauptsacheverfahren. Auch dort richten sich die Kosten nach dem – oft beträchtlichen – Streitwert. Das Kostenrisiko, das man mit einem solchen Verfahren eingeht, ist hoch.

Das Kostenrisiko eines gerichtlichen Verfahrens trifft immer beide Seiten. In aller Regel trägt am Ende eines Prozesses die Partei die Kosten, die den Prozess verloren hat. Wer die Konkurrenz mit einstweiligen Verfügungen und Klagen überzieht, geht das Risiko ein, die Verfahren zu verlieren und nicht nur die Gerichtskosten und die Kosten für den eigenen Anwalt zu zahlen, sondern auch noch die Kosten des gegnerischen Anwalts.

Wie reagiere ich bei Erhalt einer Abmahnung?

☐ *Eingangsdatum und die Art der Zustellung (Fax, Mail, Einschreiben etc.) notieren*

☐ *gesetzte Frist beachten und vermerken (ggf. Fristverlängerung beantragen)*

☐ *Überprüfung des Absenders*

    – Im Bereich des Wettbewerbsrechts dürfen nur Konkurrenten und gewerbliche Verbände bzw. Wettbewerbsvereine abmahnen

    – Im Bereich des Urheber-/Markenrechts darf nur der Rechtsinhaber Ansprüche geltend machen

    – Vollmacht?

☐ *Sachverhalt zutreffend?*

☐ *Überprüfung der Rechtmäßigkeit der Abmahnung (Einholung einer fachkundigen Beratung)*

☐ *Unterlassungserklärung*

    – Andauernde Rechtsverstöße beenden

    – inhaltlich überprüfen (ggf. modifizierte Unterlassungserklärung abzugeben)

    – Höhe der angedrohten Vertragsstrafe überprüfen

☐ *Kosten der Abmahnung prüfen*

IX. Muster-Verträge und Erklärungen

1. Allgemeine Geschäftsbedingungen (Online-Shop)

§ 1 Geltungsbereich und Anbieter

(1) Diese Allgemeinen Geschäftsbedingungen gelten für alle Bestellungen, die Sie bei dem Online-Shop der

… ,

Geschäftsführer: … ,

tätigen.

Service-Hotline:

unter Telefon … ,

E-Mail …

(2) Das Warenangebot in unserem Online-Shop richtet sich ausschließlich an Käufer, die das 18. Lebensjahr vollendet haben.

(3) Unsere Lieferungen, Leistungen und Angebote erfolgen ausschließlich auf der Grundlage dieser Allgemeinen Geschäftsbedingungen. Die Allgemeinen Geschäftsbedingungen gelten gegenüber Unternehmen somit auch für alle künftigen Geschäftsbeziehungen, auch wenn sie nicht nochmals ausdrücklich vereinbart werden. Der Einbeziehung von Allgemeinen Geschäftsbedingungen eines Kunden, die unseren Allgemeinen Geschäftsbedingungen widersprechen, wird schon jetzt widersprochen.

(4) Vertragssprache ist ausschließlich deutsch.

(5) Sie können die derzeit gültigen Allgemeinen Geschäftsbedingungen auf der

Website

abrufen und ausdrucken.

§ 2 Vertragsschluss

(1) Die Warenpräsentation im Online-Shop stellt keinen verbindlichen Antrag auf den Abschluss eines Kaufvertrages dar. Vielmehr handelt es sich um eine unverbindliche Aufforderung, im Online-Shop Waren zu bestellen.

(2) Mit Anklicken des Buttons „Jetzt zahlungspflichtig bestellen" geben Sie ein verbindliches Kaufangebot ab (§ 145 BGB).

(3) Nach Eingang des Kaufangebots erhalten Sie eine automatisch erzeugte E-Mail, mit der wir bestätigen, dass wir Ihre Bestellung erhalten haben (Eingangsbestätigung). Diese Eingangsbestätigung stellt noch keine Annahme Ihres Kaufangebots dar. Ein Vertrag kommt durch die Eingangsbestätigung noch nicht zustande.

(4) Ein Kaufvertrag über die Ware kommt erst zustande, wenn wir ausdrücklich die Annahme des Kaufangebots erklären oder wenn wir die Ware – ohne vorherige ausdrückliche Annahmeerklärung – an Sie versenden.

§ 3 Preise

Die auf den Produktseiten genannten Preise enthalten die gesetzliche Mehrwertsteuer und sonstige Preisbestandteile und verstehen sich zzgl. der jeweiligen Versandkosten.

§ 4 Zahlungsbedingungen; Verzug

(1) Die Zahlung erfolgt wahlweise:

Rechnung per Vorkasse,

Nachnahme,

Kreditkarte,

Paypal oder

Lastschrift.

(2) Bei Auswahl der Zahlungsart Vorkasse nennen wir Ihnen unsere Bankverbindung in der Auftragsbestätigung. Der Rechnungsbetrag ist innerhalb von 10 Tagen nach Erhalt der Auftragsbestätigung auf unser Konto zu überweisen.

(3) Bei Zahlung per Kreditkarte wird der Kaufpreis zum Zeitpunkt der Bestellung auf Ihrer Kreditkarte reserviert („Autorisierung"). Die tatsächliche Belastung Ihres Kreditkartenkontos erfolgt in dem Zeitpunkt, in dem wir die Ware an Sie versenden.

(4) Bei Zahlung per Lastschrift haben Sie ggf. jene Kosten zu tragen, die infolge einer Rückbuchung einer Zahlungstransaktion mangels Kontodeckung oder aufgrund von Ihnen falsch übermittelter Daten der Bankverbindung entstehen.

(5) Geraten Sie mit einer Zahlung in Verzug, so sind Sie zur Zahlung der gesetzlichen Verzugszinsen in Höhe von 5 Prozentpunkten über dem Basiszinssatz verpflichtet. Für jedes Mahnschreiben, das nach Eintritt des Verzugs an Sie versandt wird, wird Ihnen mindestens eine Mahngebühr in Höhe von 5 EUR berechnet, sofern Sie nicht einen niedrigeren Schaden nachweisen können.

§ 5 Aufrechung/Zurückbehaltungsrecht

(1) Ein Recht zur Aufrechnung steht Ihnen nur dann zu, wenn Ihre Gegenforderung rechtskräftig festgestellt worden ist oder von uns nicht bestritten wird.

(2) Sie können ein Zurückbehaltungsrecht nur ausüben, soweit Ihre Gegenforderung auf demselben Vertragsverhältnis beruht.

§ 6 Lieferung; Eigentumsvorbehalt

(1) Sofern nicht anders vereinbart, erfolgt die Lieferung der Ware von unserem Lager an die von Ihnen angegebene Adresse.

(2) Die Ware bleibt bis zur vollständigen Zahlung des Kaufpreises unser Eigentum.

(3) Wenn Sie Unternehmer im Sinne des § 14 BGB sind, gilt ergänzend Folgendes:

- Wir behalten uns das Eigentum an der Ware bis zum vollständigen Ausgleich aller Forderungen aus der laufenden Geschäftsbeziehung vor. Vor Übergang des Eigentums an der Vorbehaltsware ist eine Verpfändung oder Sicherheitsübereignung nicht zulässig.

- Sie dürfen die Ware im ordentlichen Geschäftsgang weiterverkaufen. Für diesen Fall treten Sie bereits jetzt alle Forderungen in Höhe des Rechnungsbetrages, die Ihnen aus dem Weiterverkauf erwachsen, an uns ab. Wir nehmen die Abtretung an, Sie sind jedoch zur Einziehung der Forderungen ermächtigt. Soweit Sie Ihren Zahlungsverpflichtungen nicht ordnungsgemäß nachkommen, behalten wir uns das Recht vor, Forderungen selbst einzuziehen.

- Bei Verbindung und Vermischung der Vorbehaltsware erwerben wir Miteigentum an der neuen Sache im Verhältnis des Rechnungswertes der Vorbehaltsware zu den anderen verarbeiteten Gegenständen zum Zeitpunkt der Verarbeitung.

- Wir verpflichteten uns, die uns zustehenden Sicherheiten auf Verlangen insoweit freizugeben, als der realisierbare Wert unserer Sicherheiten die zu sichernden Forderungen um mehr als 10 % übersteigt. Die Auswahl der freizugebenden Sicherheiten obliegt uns.

§ 7 Widerrufsbelehrung

Für den Fall, dass Sie Verbraucher im Sinne des § 13 BGB sind, also den Kauf zu Zwecken tätigen, die überwiegend weder ihrer gewerblichen noch ihrer selbstständigen beruflichen Tätigkeit zugerechnet werden können, haben Sie ein Widerrufsrecht nach Maßgabe der folgenden Bestimmungen.

Widerrufsrecht

Sie haben das Recht, binnen vierzehn Tagen ohne Angabe von Gründen diesen Vertrag zu widerrufen.

Die Widerrufsfrist beträgt vierzehn Tage ab dem Tag, an dem Sie oder ein von Ihnen benannter Dritter, der nicht der Beförderer ist, die Waren in Besitz genommen haben bzw. hat.

Um Ihr Widerrufsrecht auszuüben, müssen Sie uns

Firma:

Adresse:

E-Mail:

Fax:

mittels einer eindeutigen Erklärung (zB ein mit der Post versandter Brief, Telefax oder E-Mail) über Ihren Entschluss, diesen Vertrag zu widerrufen, informieren. Sie können dafür das beigefügte Muster-Widerrufsformular verwenden, das jedoch nicht vorgeschrieben ist.

Zur Wahrung der Widerrufsfrist reicht es aus, dass Sie die Mitteilung über die Ausübung des Widerrufsrechts vor Ablauf der Widerrufsfrist absenden.

Folgen des Widerrufs

Wenn Sie diesen Vertrag widerrufen, haben wir Ihnen alle Zahlungen, die wir von Ihnen erhalten haben, einschließlich der Lieferkosten (mit Ausnahme der zusätzlichen Kosten, die sich daraus ergeben, dass Sie eine andere Art der Lieferung als die von uns angebotene, günstigste Standardlieferung gewählt haben), unverzüglich und spätestens binnen vierzehn Tagen ab dem Tag zurückzuzahlen, an dem die Mitteilung über Ihren Widerruf dieses Vertrags bei uns eingegangen ist. Für diese Rückzahlung verwenden wir dasselbe Zahlungsmittel, das Sie bei der ursprünglichen Transaktion eingesetzt haben, es sei denn, mit Ihnen wurde ausdrücklich etwas anderes vereinbart; in keinem Fall werden Ihnen wegen dieser Rückzahlung Entgelte berechnet.

Wir können die Rückzahlung verweigern, bis wir die Waren wieder zurückerhalten haben oder bis Sie den Nachweis erbracht haben, dass Sie die Waren zurückgesandt haben, je nachdem, welches der frühere Zeitpunkt ist.

Sie haben die Waren unverzüglich und in jedem Fall spätestens binnen vierzehn Tagen ab dem Tag, an dem Sie uns über den Widerruf dieses Vertrags unterrichten, an uns oder an ... zurückzusenden oder zu übergeben. Die Frist ist gewahrt, wenn Sie die Waren vor Ablauf der Frist von vierzehn Tagen absenden.

Sie tragen die unmittelbaren Kosten der Rücksendung der Waren.

Sie müssen für einen etwaigen Wertverlust der Waren nur aufkommen, wenn dieser Wertverlust auf einen zur Prüfung der Beschaffenheit, Eigenschaften und Funktionsweise der Waren nicht notwendigen Umgang mit ihnen zurückzuführen ist.

Muster-Widerrufsformular

Wenn Sie den Vertrag widerrufen wollen, dann füllen Sie bitte dieses Formular aus und senden Sie es zurück.

An

Firma:
Adresse:

E-Mail:
Fax:

Hiermit widerrufe(n) ich/wir (*) den von mir/uns (*) abgeschlossenen Vertrag über den Kauf der folgenden Waren (*):

Bestellt am (*)/erhalten am (*)

Name des/der Verbraucher(s):

Anschrift des/der Verbraucher(s):

Unterschrift des/der Verbraucher(s) (nur bei Mitteilung auf Papier)

Datum

(*) Unzutreffendes streichen.

Ende der Widerrufsbelehrung

(1) Das Widerrufsrecht besteht nicht bei Lieferung von Waren, die nicht vorgefertigt sind und für deren Herstellung eine individuelle Auswahl oder Bestimmung durch den Verbraucher maßgeblich

ist oder die eindeutig auf die persönlichen Bedürfnisse des Verbrauchers zugeschnitten sind (zB T-Shirts mit Ihrem Foto und Ihrem Namen), bei Lieferung versiegelter Waren, die aus Gründen des Gesundheitsschutzes oder der Hygiene nicht zur Rückgabe geeignet sind, wenn ihre Versiegelung nach der Lieferung entfernt wurde oder bei Lieferung von Ton- oder Videoaufnahmen oder Computersoftware in einer versiegelten Packung, wenn die Versiegelung nach der Lieferung entfernt wurde.

(2) Bitte vermeiden Sie Beschädigungen und Verunreinigungen. Senden Sie die Ware bitte möglichst in Originalverpackung mit sämtlichem Zubehör und mit allen Verpackungsbestandteilen an uns zurück. Verwenden Sie ggf. eine schützende Umverpackung. Wenn Sie die Originalverpackung nicht mehr besitzen, sorgen Sie bitte mit einer geeigneten Verpackung für einen ausreichenden Schutz vor Transportschäden, um Schadensersatzansprüche wegen Beschädigungen infolge mangelhafter Verpackung zu vermeiden.

(3) Bitte rufen Sie vor Rücksendung unter der [Tel.Nr.] bei uns an, um die Rücksendung anzukündigen. Auf diese Weise ermöglichen Sie uns eine schnellstmögliche Zuordnung der Produkte.

(4) Bitte beachten Sie, dass die in den vorstehenden Absätzen 2 und 3 genannten Modalitäten nicht Voraussetzung für die wirksame Ausübung des Widerrufsrechts sind.

§ 8 Transportschäden

(1) Werden Waren mit offensichtlichen Transportschäden angeliefert, so reklamieren Sie solche Fehler bitte sofort bei dem Zusteller und nehmen Sie bitte schnellstmöglich Kontakt zu uns auf.

(2) Die Versäumung einer Reklamation oder Kontaktaufnahme hat für Ihre gesetzlichen Gewährleistungsrechte keine Konsequenzen. Sie helfen uns aber, unsere eigenen Ansprüche gegenüber dem Frachtführer bzw. der Transportversicherung geltend machen zu können.

§ 9 Gewährleistung

(1) Soweit nicht ausdrücklich etwas anderes vereinbart ist, richten sich Ihre Gewährleistungsansprüche nach den gesetzlichen Bestimmungen des Kaufrechts (§§ 433 ff. BGB).

IX. Muster-Verträge und Erklärungen

(2) Wenn Sie Verbraucher im Sinne des § 13 BGB sind, beträgt die Verjährungsfrist für Gewährleistungsansprüche bei gebrauchten Sachen – abweichend von den gesetzlichen Bestimmungen – ein Jahr. Diese Beschränkung gilt nicht für Ansprüche aufgrund von Schäden aus der Verletzung des Lebens, des Körpers oder der Gesundheit oder aus der Verletzung einer wesentlichen Vertragspflicht, deren Erfüllung die ordnungsgemäße Durchführung des Vertrags überhaupt erst ermöglicht und auf deren Einhaltung der Vertragspartner regelmäßig vertrauen darf (Kardinalpflicht) sowie für Ansprüche aufgrund von sonstigen Schäden, die auf einer vorsätzlichen oder grob fahrlässigen Pflichtverletzung des Verwenders oder seiner Erfüllungsgehilfen beruhen.

(3) **Im Übrigen gelten für die Gewährleistung die gesetzlichen Bestimmungen.**

(4) Wenn Sie Unternehmer im Sinne des § 14 BGB sind, gelten die gesetzlichen Bestimmungen mit folgenden **Modifikationen:**

– Für die Beschaffenheit der Ware sind nur unsere eigenen Angaben und die Produktbeschreibung des Herstellers verbindlich, nicht jedoch öffentliche Anpreisungen und Äußerungen und sonstige Werbung des Herstellers.

– Sie sind verpflichtet, die Ware unverzüglich und mit der gebotenen Sorgfalt auf Qualitäts- und Mengenabweichungen zu untersuchen und uns offensichtliche Mängel binnen 7 Tagen ab Empfang der Ware anzuzeigen. Zur Fristwahrung reicht die rechtzeitige Absendung. Dies gilt auch für später festgestellte verdeckte Mängel ab Entdeckung. Bei Verletzung der Untersuchungs- und Rügepflicht ist die Geltendmachung der Gewährleistungsansprüche ausgeschlossen.

– Bei Mängeln leisten wir nach unserer Wahl Gewähr durch Nachbesserung oder Ersatzlieferung (Nacherfüllung). Im Falle der Nachbesserung müssen wir nicht die erhöhten Kosten tragen, die durch die Verbringung der Ware an einen anderen Ort als den Erfüllungsort entstehen, sofern die Verbringung nicht dem bestimmungsgemäßen Gebrauch der Ware entspricht.

– Schlägt die Nacherfüllung zweimal fehl, können Sie nach Ihrer Wahl Minderung verlangen oder vom Vertrag zurücktreten.

– Die Gewährleistungsfrist beträgt ein Jahr ab Ablieferung der Ware.

§ 10 Haftung

(1) Unbeschränkte Haftung: Wir haften unbeschränkt für Vorsatz und grobe Fahrlässigkeit sowie nach Maßgabe des Produkthaftungsgesetzes. Für leichte Fahrlässigkeit haften wir bei Schäden aus der Verletzung des Lebens, des Körpers und der Gesundheit von Personen.

(2) Im Übrigen gilt folgende beschränkte Haftung: Bei leichter Fahrlässigkeit haften wir nur im Falle der Verletzung einer wesentlichen Vertragspflicht, deren Erfüllung die ordnungsgemäße Durchführung des Vertrags überhaupt erst ermöglicht und auf deren Einhaltung Sie regelmäßig vertrauen dürfen (Kardinalpflicht). Die Haftung für leichte Fahrlässigkeit ist der Höhe nach beschränkt auf die bei Vertragsschluss vorhersehbaren Schäden, mit deren Entstehung typischerweise gerechnet werden muss. Diese Haftungsbeschränkung gilt auch zugunsten unserer Erfüllungsgehilfen.

§ 11 Schlussbestimmungen

(1) Sollten eine oder mehrere Bestimmungen dieser AGB unwirksam sein oder werden, wird dadurch die Wirksamkeit der anderen Bestimmungen im Übrigen nicht berührt.

(2) Auf Verträge zwischen uns und Ihnen ist ausschließlich deutsches Recht anwendbar unter Ausschluss der Bestimmungen der United Nations Convention on Contracts for the International Sale of Goods (CISG, „UN-Kaufrecht").

(3) Sind Sie Kaufmann, juristische Person des öffentlichen Rechts oder öffentlich-rechtliches Sondervermögen, so ist Gerichtsstand für alle Streitigkeiten aus oder im Zusammenhang mit Verträgen zwischen uns und Ihnen: ...

2. Datenschutzerklärung

Wir,

... ,

sind Betreiber dieser Website und der darauf angebotenen Dienste und somit verantwortlich für die Erhebung, Verarbeitung und Nutzung von personenbezogenen Daten im Sinne des Bundesdatenschutzgesetzes (BDSG) und des Telemediengesetzes (TMG). Der ordnungsgemäße Umgang mit Ihren persönlichen Daten ist uns ein besonderes Anliegen. Daher informieren wir Sie im Folgenden gern über den Umgang mit Ihren persönlichen Daten.

Wir verwenden Ihre personenbezogenen Daten unter Beachtung der geltenden datenschutzrechtlichen Bestimmungen. Im Folgenden erläutern wir, welche Daten wir erheben, wie diese durch uns verwendet werden und welche Rechte Ihnen im Hinblick auf die Verwendung Ihrer Daten gegenüber uns zustehen:

1. Erhebung personenbezogener Daten

a) Bei Besuch unserer Website

Beim Besuch unserer Website speichern unsere Server temporär jeden Zugriff in einer Protokolldatei. Folgende Daten werden dabei ohne Ihr Zutun erfasst und bis zur automatisierten Löschung nach spätestens … Monaten von uns gespeichert: …

Die Erhebung und Verarbeitung dieser Daten erfolgt zu dem Zweck, die Nutzung unserer Website zu ermöglichen (Verbindungsaufbau), die Systemsicherheit und -stabilität dauerhaft zu gewährleisten, die technische Administration der Netzinfrastruktur und die Optimierung unseres Internetangebotes zu ermöglichen, sowie zu internen statistischen Zwecken. Die IP-Adresse wird nur bei Angriffen auf unsere Netzinfrastruktur sowie zu statistischen Zwecken ausgewertet.

Darüber hinaus setzen wir bei Besuch unserer Website Cookies und Webanalysedienste ein. Hierzu siehe Ziff. 5 und Ziff. 6 dieser Datenschutzerklärung.

b) Bei Registrierung auf unserer Website

Wir erheben von Ihnen im Zuge der Registrierung auf unserer Website folgende Daten: …

Die Erhebung dieser Daten erfolgt, …

c) bei der Bestellung unseres Newsletters

Sofern Sie ausdrücklich eingewilligt haben, verwenden wir Ihre E-Mail-Adresse dafür, Ihnen regelmäßig unseren Newsletter zu übersenden. Am Ende jedes Newsletters findet sich ein Link, über den Sie den Newsletter jederzeit abbestellen können. Den Newsletter können Sie auch jederzeit per E-Mail an

…

abbestellen.

2. Verwendung personenbezogener Daten

Die Verwendung Ihrer personenbezogenen Daten erfolgt zum Zwecke der Abwicklung des mit Ihnen bestehenden Vertragsverhältnisses.

a) Ihren Namen und Ihre Anschrift benötigen wir, um Kenntnis zu haben, wer unser Vertragspartner ist, dh wem gegenüber wir unsere Leistungen erbringen und abrechnen.

b) Ihre Kontaktdaten (E-Mail-Adresse und Telefonnummer) benötigen wir, um Ihnen Ihre Registrierungsbestätigung zu übersenden, für Rückfragen sowie um

...

Ihre E-Mail-Adresse dient zum Empfang unseres Newsletters, sofern Sie Abonnent des Newsletter sind (siehe auch Ziff. 4).

c) Ihre Kreditkartendaten oder Ihre Kontodaten benötigen wir, um

...

abrechnen zu können.

3. Übermittlung personenbezogener Daten an Dritte

a) Wir verzeichnen Ihren Namen, Ihre Anschrift und das Unternehmen, für das Sie tätig sind, in einem Verzeichnis. Das Verzeichnis übermitteln wir an

...,

die Ihnen Werbung per Post zukommen lassen.

Sofern Sie bei der Registrierung hierin eingewilligt haben, übermitteln wir Ihre Daten an

...,

der Ihnen per E-Mail Werbung über seine Angebote zukommen lässt.

Eine Weitergabe zu anderen Zwecken an Dritte findet nicht statt.

b) Sie können der Übermittlung Ihrer Daten zum Zwecke der Werbung an unsere Partner jederzeit widersprechen. Hierzu wenden Sie sich bitte an unsere Kontaktadresse unter Ziff. 8.

Ohne Ihre Zustimmung werden wir im Übrigen Ihre Daten nicht an Dritte verkaufen oder anderweitig weitergeben. Etwas anderes gilt nur, soweit hierfür eine gesetzliche Verpflichtung besteht oder soweit dies zur Durchsetzung unserer Rechte erforderlich ist, insbesondere zur Durchsetzung von Ansprüchen aus dem Vertragsverhältnis mit Ihnen.

4. Einwilligung in weitergehende Nutzung

Um Ihnen per E-Mail Informationen zukommen zu lassen, erhalten Sie unseren Newsletter. Der Versand des Newsletters erfolgt an die von Ihnen bei der Online-Registrierung angegebene E-Mail-Adresse. Sie können bereits bei der Online-Registrierung dem Versand des Newsletters widersprechen.

Sie können den Newsletter jederzeit abbestellen. Dazu können Sie uns entweder eine E-Mail zusenden oder über einen Link am Ende des Newsletters eine Stornierung vornehmen.

5. Cookies

Cookies helfen unter vielen Aspekten, Ihren Besuch auf unserer Website einfacher, angenehmer und sinnvoller zu gestalten. Cookies sind alphanumerische Informationsdateien, die Ihr Webbrowser automatisch auf der Festplatte Ihres Computers speichert, wenn Sie unsere Internetseite besuchen.

Cookies beschädigen weder die Festplatte Ihres Rechners noch werden durch die Setzung von Cookies personenbezogene Daten an uns übermittelt.

Wir setzen Cookies beispielsweise ein, um Sie als Nutzer identifizieren zu können, ohne dass Sie sich gesondert einloggen müssen. Die Verwendung führt nicht dazu, dass wir neue personenbezogene Daten über Sie als Onlinebesucher erhalten. Die meisten Internet-Browser akzeptieren Cookies automatisch. Sie können Ihren Browser jedoch so konfigurieren, dass keine Cookies auf Ihrem Computer gespeichert werden oder stets ein Hinweis erscheint, wenn Sie ein neues Cookie erhalten.

Die Deaktivierung von Cookies kann dazu führen, dass Sie nicht alle Funktionen unserer Website nutzen können.

6. Webanalysedienste

Zum Zwecke der bedarfsgerechten Gestaltung und fortlaufenden Optimierung unserer Seiten nutzen wir Webanalyse-Dienste. In diesem Zusammenhang werden pseudonymisierte Nutzungsprofile erstellt und Cookies (siehe Ziff. 5) verwendet. Die durch den Cookie erzeugten Informationen über Ihre Benutzung dieser Website wie

- Browser-Typ/-Version;
- verwendetes Betriebssystem;
- Referrer-URL (die zuvor besuchte Seite);
- Hostname des zugreifenden Rechners (IP-Adressse);
- Uhrzeit der Serveranfrage

werden an Server übertragen und dort gespeichert. Die Informationen werden verwendet, um die Nutzung der Website auszuwerten, um Reports über die Websiteaktivitäten zusammenzustellen und um weitere mit der Websitenutzung und der Internetnutzung verbundene Dienstleistungen zu Zwecken der Marktforschung und bedarfsgerechten Gestaltung dieser Internetseiten zu erbringen. Auch werden diese Informationen gegebenenfalls an Dritte übertragen, sofern dies gesetzlich vorgeschrieben ist oder soweit Dritte diese Daten im Auftrag verarbeiten.

Es wird in keinem Fall die IP-Adresse mit anderen den Nutzer betreffenden Daten in Verbindung gebracht. Die IP-Adressen werden anonymisiert, so dass eine Zuordnung nicht möglich ist (IP-Masking).

Der Nutzer kann die Installation der Cookies durch eine entsprechende Einstellung der Browser-Software verhindern (siehe Ziff. 5); wir weisen jedoch darauf hin, dass in diesem Fall gegebenenfalls nicht sämtliche Funktionen dieser Website vollumfänglich genutzt werden können.

Der Erstellung von Nutzungsprofilen kann der Nutzer jederzeit widersprechen. Für die Mitteilung des Widerspruchs können die unter 8. genannten Kontaktdaten verwendet werden.

7. Sicherheit

Wir bedienen uns geeigneter technischer und organisatorischer Sicherheitsmaßnahmen, um Ihre Daten gegen zufällige oder vorsätzliche Manipulationen, teilweisen oder vollständigen Verlust, Zerstörung oder gegen den unbefugten Zugriff Dritter zu schützen. Unsere Sicherheitsmaßnahmen werden entsprechend der technologischen Entwicklung fortlaufend verbessert.

8. Auskunft, Berichtigung, Korrektur und Löschung von Daten

Ihnen steht ein Auskunftsrecht bezüglich der über Sie gespeicherten personenbezogenen Daten und ein Recht auf Berichtigung unrichtiger Daten sowie deren Sperrung und Löschung zu.

IX. Muster-Verträge und Erklärungen

Für eine Auskunft über Ihre personenbezogenen Daten, zur Veranlassung einer Korrektur unrichtiger Daten oder deren Sperrung bzw. Löschung sowie für weitergehende Fragen über die Verwendung Ihrer personenbezogenen Daten kontaktieren Sie bitte:

...

Tel:

Fax:

E-Mail:

Sie können auch jederzeit Ihre von uns gespeicherten Daten durch Einloggen auf unserer Website mit Ihren Login-Daten einsehen und verändern.

Sie können Ihre Daten bzw. Ihr gesamtes Benutzerprofil jederzeit löschen. Dies kann durch Verwenden der entsprechenden Option in Ihrem Benutzerprofil oder durch Versand einer entsprechenden Bitte per E-Mail an

...

geschehen. Wir weisen darauf hin, dass im Falle der Löschung Ihrer Daten eine Inanspruchnahme unserer Dienste nicht oder nicht in vollem Umfang möglich ist.

9. Aktualität der Datenschutzerklärung

Diese Datenschutzerklärung ist aktuell gültig und datiert vom ...

Sie kann jederzeit auf unserer Website

...

von Ihnen abgerufen und ausgedruckt werden.

3. Plattform – Nutzungsbedingungen (Beispiel: Social Network)

§ 1 Geltungsbereich der Nutzungsbedingungen

(1) Diese Nutzungsbedingungen gelten für das Online-Angebot ... . Hierbei handelt es sich um eine Plattform, auf der Nutzer Profile anlegen können.

(2) Sie können die derzeit gültigen Nutzungsbedingungen auf der

Website

abrufen und ausdrucken.

§ 2 Vertragsschluss

(1) Durch Abschluss des Online-Registrierungsvorgangs und Erstellung eines Profils kommt ein Nutzungsvertrag mit dem Betreiber zustande.

(2) Gegenstand des Nutzungsvertrages ist die kostenlose Nutzung des Profils.

(3) Für die Erstellung eines Profils ist die Erstellung eines Benutzerkontos erforderlich. Dieses besteht aus einem Usernamen und einem Kennwort („Login-Daten").

(4) Die Erstellung eines Benutzerkontos ist nur unter Angabe einer aktuellen E-Mail-Adresse des Nutzers möglich. Diese E-Mail-Adresse dient zugleich der Kommunikation mit dem Betreiber.

(5) Der Nutzer sichert zu, dass die bei Erstellung seines Profils verwendeten Daten („Profil-Daten") zutreffend und vollständig sind.

(6) Die Nutzung von Pseudonymen ist unzulässig.

(7) Vertragssprache ist ausschließlich deutsch.

(8) Bei jedweder Kommunikation des Nutzers mit anderen Nutzern entstehen etwaige Vertragsbeziehungen ausschließlich zwischen den beteiligten Nutzern. Der Betreiber ist weder Stellvertreter noch wird er selbst Vertragspartner.

§ 3 Nutzung des Profils

(1) Bei der Nutzung des Profils kann der Nutzer verschiedene Dienste in Anspruch nehmen:

- Der Nutzer hat die Möglichkeit, eigene Inhalte (Text, Bilder etc.) innerhalb des Portals zu publizieren.

- Der Nutzer hat die Möglichkeit, Nachrichten an andere Nutzer zu versenden.

- ...

(2) Der Betreiber ist jederzeit berechtigt, den Zugang zu einzelnen Inhalten zu sperren, zB wenn der Verdacht besteht, dass diese gegen geltendes Recht oder Rechte Dritter verstoßen.

(3) Es besteht kein Anspruch des Nutzers auf Aufrechterhaltung einzelner Funktionalitäten des Portals.

(4) Der Betreiber ist um einen störungsfreien Betrieb des Portals bemüht. Dies beschränkt sich naturgemäß auf Leistungen, auf die der Betreiber einen Einfluss hat.

(5) Dem Betreiber ist es unbenommen, den Zugang zu dem Portal aufgrund von Wartungsarbeiten, Kapazitätsbelangen und aufgrund anderer Ereignisse, die nicht in seinem Machtbereich stehen, ganz oder teilweise, zeitweise oder auf Dauer, einzuschränken.

§ 4 Mitwirkungspflicht des Nutzers: Einstellen von Inhalten

(1) Der Nutzer verpflichtet sich, bei der Erstellung und Verwendung eigener Inhalte geltendes Recht (zB Straf-, Wettbewerbs- und Jugendschutzrecht) zu beachten und keine Rechte Dritter (zB Namens-, Marken-, Urheber- und Datenschutzrecht) zu verletzen.

(2) Der Nutzer verpflichtet sich gegenüber dem Betreiber, dass jedwede Inhalte, die in das Portal eingestellt werden, weder durch ihren Inhalt oder die Form gegen geltendes Recht oder die guten Sitten verstoßen. Das gleiche gilt für das Setzen von externen Links. Nicht erlaubt ist insbesondere das Verbreiten von Inhalten, die

– konkrete medizinische Diagnosen, Beratungen oder Behandlungen;

– Rassismus;

– Gewaltverherrlichung und Extremismus irgendwelcher Art;

– Aufrufe und Anstiftung zu Straftaten und Gesetzesverstößen, Drohungen gegen Leib, Leben oder Eigentum;

– Hetzen gegen Personen oder Unternehmen;

– persönlichkeitsverletzende Äußerungen, Verleumdung, Ehrverletzung und üble Nachrede von Nutzern und Dritten sowie Verstöße gegen das Lauterkeitsrecht;

– urheberrechtsverletzende Inhalte oder andere Verletzungen von Immaterialgüterrechten;

– sexuelle Belästigung von Nutzerinnen und Nutzern und Dritten;

– Pornografie;

– anstößige, sexistische, obszöne, vulgäre, abscheuliche oder ekelerregende Materialien und Ausdrucksweisen;

– religiöses Missionieren

darstellen, betreffen oder beinhalten.

(3) Urheberrechtlich geschützte Inhalte dürfen ohne Zustimmung des Rechteinhabers nur im Rahmen des anwendbaren Zitatrechts wörtlich in Beiträge aufgenommen werden. Zitate sind durch Hervorheben mittels Zitatfunktion und Quellenangabe zu kennzeichnen. Fremdsprachige Zitate sind zusätzlich soweit auf Deutsch zu übersetzen, dass der Inhalt grob ersichtlich ist. Insbesondere nicht korrekt zitierte Beiträge können von den Moderatoren entfernt oder berichtigt werden, dazu zählen insbesondere

– die Verwendung von Software, Scripten oder Datenbanken iVm der Nutzung des Portals;

– das automatische Auslesen, Blockieren, Überschreiben, Modifizieren, Kopieren von Daten und/oder sonstigen Inhalten, soweit dies nicht für die ordnungsgemäße Nutzung des Portals erforderlich ist;

– die Verbreitung und/oder öffentliche Wiedergabe von jedweden Inhalten des Portals ohne Einwilligung des Betreibers.

§ 5 Weitere Mitwirkungspflichten des Nutzers

(1) Der Nutzer darf ohne ausdrückliche Gestattung des Betreibers das Portal nur für private Zwecke nutzen und keine Werbung für sich oder Dritte machen. Das bedeutet insbesondere, dass der Nutzer keine Nachrichten werbenden Inhalts ohne eine Einwilligung des Betreibers und des Empfängers verwenden darf (insbesondere: Spam-Nachrichten).

(2) Für den Fall, dass der Nutzer die Möglichkeit nutzt, Dritte über die Existenz des Portals über die von dem Betreiber bereitgestellte Empfehlungsfunktion zu informieren, hat er sicherzustellen, dass der Dritte mit der Übersendung der werbenden Empfehlungs-E-Mail einverstanden ist.

(3) Für den Fall, dass die Inhalte Hyperlinks auf Seiten Dritter enthalten, sichert der Nutzer zu, dass er die Berechtigung zur Nutzung des Hyperlinks hat und die Website, auf die verweisen

IX. Muster-Verträge und Erklärungen

wird („Landingpage"), mit geltendem Recht und Rechten Dritter iSd § 4 Abs. 1 vereinbar ist.

(4) Der Nutzer ist verpflichtet, mit den Login-Daten sorgfältig umzugehen.

(5) Dem Nutzer ist es ausnahmslos untersagt, die Login-Daten Dritten mitzuteilen und/oder Dritten den Zugang zu dem Profil unter Umgehung der Login-Daten zu ermöglichen.

(6) Der Nutzer muss jedwede Tätigkeit unterlassen, die geeignet ist, den Betrieb des Portals oder der dahinter stehenden technischen Infrastruktur zu beeinträchtigen und/oder übermäßig zu belasten. Dazu zählen insbesondere:

– die Verwendung von Software, Skripten oder Datenbanken in Verbindung mit der Nutzung des Portals;

– das Blockieren, Überschreiben, Modifizieren, Kopieren von Daten und/oder sonstigen Inhalten,

soweit dies nicht für die ordnungsgemäße Nutzung des Portals erforderlich ist.

(7) Persönlichkeitsverletzend und deshalb nicht zulässig ist es zudem, die Anonymität anderer Nutzer aufzuheben oder Informationen von anderen Nutzern aus privaten Nachrichten, E-Mails oder Chats bekanntzugeben, die nicht für die Öffentlichkeit bestimmt sind. Nutzer dürfen keine Informationen in Ihre Beiträge aufnehmen oder sonst bekannt machen, die Aufschluss über die Identität eines anderen Nutzers geben könnten oder die der Nutzer von anderen Nutzern ausschließlich in privaten Nachrichten, E-Mails oder Chats erhalten hat.

(8) Sollte es bei der Nutzung des Portals oder seiner Funktionalitäten zu Störungen kommen, wird der Nutzer den Betreiber von dieser Störung unverzüglich in Kenntnis setzen. Gleiches gilt, wenn der Nutzer Informationen über von Dritten veröffentlichte Inhalte erlangt, die offensichtlich gegen die Verhaltensweisen in § 4 verstoßen.

§ 6 Nutzungsrechte

(1) Der Nutzer räumt dem Betreiber ein räumlich, zeitlich und inhaltlich unbeschränktes, unwiderrufliches, auf Dritte übertragbares, nicht exklusives, unentgeltliches Nutzungsrecht an den eingestellten Inhalten ein. Der Betreiber ist jederzeit berechtigt,

die Inhalte zu verwenden, zu bearbeiten und zu verwerten. Das schließt insbesondere das Vervielfältigungsrecht, das Verbreitungsrecht und das Recht der öffentlichen Wiedergabe, insbesondere das Recht der öffentlichen Zugänglichmachung mit ein. Der Nutzer verzichtet auf das Recht zur Urhebernennung. Von dieser Regelung unberührt bleibt die Möglichkeit des Nutzers, Dritten Rechte an eingestellten Inhalten nach bestimmten Lizenzmodellen einzuräumen.

(2) Sämtliche Rechte an den Inhalten des Portals liegen bei dem Betreiber. Dem Nutzer ist die Vervielfältigung, Verbreitung und/oder Veröffentlichung von Inhalten untersagt, die der Betreiber, andere Nutzer oder Dritte in das Portal eingestellt haben.

§ 7 Haftung

(1) Unbeschränkte Haftung: Der Betreiber haftet unbeschränkt für Vorsatz und grobe Fahrlässigkeit sowie nach Maßgabe des Produkthaftungsgesetzes. Für leichte Fahrlässigkeit haftet der Betreiber bei Schäden aus der Verletzung des Lebens, des Körpers und der Gesundheit von Personen.

(2) Im Übrigen gilt folgende beschränkte Haftung: Bei leichter Fahrlässigkeit haftet der Betreiber nur im Falle der Verletzung einer wesentlichen Vertragspflicht, deren Erfüllung die ordnungsgemäße Durchführung des Vertrags überhaupt erst ermöglicht und auf deren Einhaltung der Nutzer regelmäßig vertrauen darf (Kardinalpflicht). Die Haftung für leichte Fahrlässigkeit ist der Höhe nach beschränkt auf die bei Vertragsschluss vorhersehbaren Schäden, mit deren Entstehung typischerweise gerechnet werden muss. Diese Haftungsbeschränkung gilt auch zugunsten der Erfüllungsgehilfen des Betreibers.

§ 8 Freistellungsanspruch

Der Nutzer stellt den Betreiber und seine Mitarbeiter bzw. Beauftragten für den Fall der Inanspruchnahme wegen vermeintlicher oder tatsächlicher Rechtsverletzung und/oder Verletzung von Rechten Dritter durch von dem Nutzer im Zusammenhang mit der Nutzung des Portals vorgenommenen Handlungen von sämtlichen sich daraus ergebenden Ansprüchen Dritter frei. Darüber hinaus verpflichtet sich der Nutzer, alle Kosten zu ersetzen, die dem Betreiber durch die Inanspruchnahme durch Dritte entstehen. Zu den erstattungsfähigen Kosten zählen auch die Kosten einer angemessenen Rechtsverteidigung.

IX. Muster-Verträge und Erklärungen

§ 9 Personenbezogene Daten

(1) Der Nutzer willigt hiermit in die Speicherung der von ihm eingegebenen personenbezogenen Daten ein. Dies gilt auch für die Speicherung der IP-Adressen, die bei jeder Nutzung des Portals übermittelt werden. Der Nutzer willigt insbesondere auch in die Darstellung der von ihm eingegebenen personenbezogenen Daten in seiner Profildarstellung innerhalb des Portals für andere Nutzer des Portals und Dritte ein, die nicht Nutzer des Portals sind.

(2) Der Nutzer willigt auch in die Nutzung seiner personenbezogenen Daten für die Personalisierung von in dem Portal geschalteten Werbeanzeigen ein (eine Weitergabe personenbezogener Daten an die Werbetreibenden erfolgt nicht). Der Nutzer ist ferner damit einverstanden, dass Werbeanzeigen Dritter, gleich welcher Art, auf seinen Profilseiten geschaltet werden.

(3) Die Nutzung des Portals macht die Erhebung, Verarbeitung und Nutzung personenbezogener Daten durch den Betreiber unumgänglich. Der Betreiber versichert, alle gespeicherten Daten sorgsam zu behandeln und ausschließlich im Rahmen der datenschutzrechtlichen Einwilligungen des Nutzers zu verarbeiten. Eine darüber hinausgehende Nutzung personenbezogener Daten erfolgt durch den Betreiber nur, sofern dies gesetzlich zulässig ist oder der Nutzer vorab eingewilligt hat.

(4) Der Nutzer erklärt sich ferner damit einverstanden, dass der Betreiber personenbezogene Daten des Nutzers für Direktmarketingzwecke benutzt. Dazu zählt die werbliche Ansprache des Nutzers per E-Mail und per Post.

§ 10 Vertragsdauer/Kündigung

(1) Der Vertrag läuft auf unbestimmte Zeit und kann von beiden Seiten jederzeit ohne Einhaltung einer Kündigungsfrist und Angabe von Gründen gekündigt werden.

(2) Daneben und darüber hinaus bleibt das Recht der Parteien, das Vertragsverhältnis durch außerordentliche Kündigung aus wichtigem Grund zu beenden, unbenommen.

(3) Für den Betreiber liegt ein wichtiger Grund zur Kündigung dieses Vertrages vor, wenn der Kunde seine Verpflichtungen gemäß §§ 4, 5 dieses Vertrages nachhaltig verletzt.

§ 11 Schlussbestimmungen

(1) Sollte der Vertrag unwirksame Regelungen enthalten, bleibt die Wirksamkeit des Vertrages im Übrigen unberührt.

(2) Die Leistungen erfolgen ausschließlich auf der Grundlage dieser Allgemeinen Geschäftsbedingungen. Die Allgemeinen Geschäftsbedingungen gelten gegenüber Unternehmen somit auch für alle künftigen Geschäftsbeziehungen, auch wenn sie nicht nochmals ausdrücklich vereinbart werden. Der Einbeziehung von Allgemeinen Geschäftsbedingungen eines Kunden, die unseren Allgemeinen Geschäftsbedingungen widersprechen, wird schon jetzt widersprochen.

(3) Auf den vorliegenden Vertrag ist ausschließlich deutsches Recht unter Ausschluss des UN-Kaufrechts anwendbar.

(4) Sind Sie Kaufmann, juristische Person des öffentlichen Rechts oder öffentlich-rechtliches Sondervermögen, so ist ... Gerichtsstand für alle Streitigkeiten aus oder im Zusammenhang mit Verträgen zwischen uns und Ihnen.

Stichwortverzeichnis

A
Allgemeine Geschäftsbedingungen (AGB) 83; 87
- Änderungsvorbehalt (-klauseln) 90
- Einbeziehung 85
- Fiktion 91
- Gewährleistungsausschluss 90
- Haftungsausschlussklausel 88
- Inhaltskontrolle 84
- Kenntnisnahme 86
- Transparenzgebot 91; 105
- Überraschende Klauseln 87; 105
- Unwirksame Klauseln 88
Abmahnung 220 ff.
App, App-Vertrag 121 ff.
- AGB 127
- Button-Lösung 126
- Datenschutz 128
- Informations- & Gestaltungspflichten 122 ff.
- Preisangaben 125
- Standortdaten 129
- Widerrufsrecht 125

B
Bestell-Button 163
Bewertungen 216 ff.
- Beleidigung 219
- Meinungsäußerung 218
- Schmähkritik 218
- Tatsachenbehauptung 218
Bewertungsportale 216
Blogs 197

C
Copyrightvermerk 189

D
Dauerhafter Datenträger 158
Domain
- Dispute-Eintrag 73
- Domain-Grabbing 67
- Generische Domain 65
- Geographische Domain 65
- Prioritätsprinzip (Domain) 67
- Registrierung 66
- Top-Level-Domain 65
- Verwechslungsgefahr (Domain) 68
Doorwaypages 216

E
Embedding 196

F
Foren 197

G
Garantie 178

Stichwortverzeichnis

Gatewaypages Siehe *Doorwaypages*
Gerichtsstandsklauseln 110
Gesellschaft
– Personengesellschaft 20
– Kapitalgesellschaft 23
– Gesellschafterversammlung 38
– Gesellschaftsvertrag 32
– Gesellschaftsvertretung/Geschäftsführer 36
– Handelsregisteranmeldung 31
– Stille Gesellschaft 45
– Vor-GmbH 29
– Vorgründergesellschaft 28
Gestaltungshöhe 184
Google AdWords 211

H
Hidden Content 214

I
Impressumspflicht 75

L
Lieferzeitangabe 152 (87)

M
Marke
– Benutzungsmarke 58
– Internationale Marke (IR-Marke) 58
– Marke (Begriff) 55
– Markenanmeldung (Kosten) 63
– Markenrecherche 61
– Nizza-Klassifikation 59
– Unterscheidungskraft (Marke) 60
– Verwechslungsgefahr (Marke) 63
Metatags 214

N
Newsletter 204
Nutzungsbedingungen 103; 105

O
Opt-in 204

P
Plattform
– AGB 115
– Gestaltung 111 f.
– Haftung (des Plattformbetreibers) 117
– Kündigung 119
– Plattformbedingungen (Nutzungsbedingungen) 113 ff.
– User Generated Contect Siehe *Haftung des Plattformbetreibers*
– Vergütung 115
Pop-Ups 215
Preisangaben 147
– Endpreis 147
– Grundpreis 148
Produktbeschreibung 132 ff.
– Arzneimittel 139
– Bücher 140
– Elektronik 136
– Jugendschutz 145; 103
– Kosmetik 143
– Lebensmittel 133
– Textilien 142
– Verpackungsverordnung 138

R
Rechtswahlklauseln 108
Registrierung 103 ff.

S
Spam 204
Sprechender Link 150

T
Thumbnails 190
Transaktions-E-Mails 210
Transportrisiko 166

U
Unterlassungserklärung 221, 226
Unternehmer 168
User Generated Content 105, 197 ff.

Stichwortverzeichnis

V
Verbraucher 167
Verbrauchsgüterkauf 170
Vervielfältigungsrecht 190

W
Warenkorb 160
Werbung 202 ff.
– Banner-Werbung 215
– E-Mail-Werbung 202
– Faxwerbung 216
– Share with your Network 209
– Suchmaschinenoptimierung, (SEO) 213
– Suchmaschinenwerbung (SEA) 211
– Telefonwerbung 215
– Tell-a-friend 208
Widerruf
– Ausnahmen 171
– Downloads 175
– Widerrufsbelehrung 169
– Widerrufserklärung 169
– Widerrufsfrist 170

Z
Zueigenmachen 198